누구나 쉽게 배울 수 있는

어린이 바둑④

포석과 정석

〈기초편〉

프로바둑연구회 편

太乙出版社

머 리 말

바둑에 있어서 포석이라 함은, 상대방보다 유리한 국면을 만들기 위해서 먼저 전략적으로 기초적인 돌을 놓는 작업을 말합니다. 이를 테면 건축가가 집을 짓기 위해서는 무엇보다도 먼저 주춧돌을 놓는 작업을 하는데 바둑에 있어서의 포석은 말하자면 건축에 있어서의 주춧돌을 놓는 작업과도 같은 것입니다.

또 이렇게 생각하면 포석을 더 쉽게 이해할 수 있을 것입니다. 나라와 나라끼리 전쟁을 할 때, 먼저 상대방보다 유리한 곳에다가 군사를 집결하여 진지를 구축하면 전투에서 상당히 앞선 승리를 할 수 있을 것입니다. 이 때 진지를 만드는 일이 곧 바둑에서의 포석과 같다고 할 수가 있겠읍니다.

그리고 정석이라 함은 바둑에 있어서의 기본적인 법칙을 말합니다. 공격하는 쪽에서도 방어하는 쪽에서도 이익과 손해가 서로 반반인 상태의 최선책을 정석이라고 할 수 있읍니다.

정석은 바둑에서 모든 수순의 기본이 되는 법칙입니다. 그러므로 정석을 올바로 이해하고 습득하는 일이야말로 무엇보다도 중요한 일이라 아니할 수 없읍니다. 실제로 바둑을 두는 때에 있어서의 변화무쌍한 기법은 바로 정석의 활용(응용)으로 비롯되기 때문입니다.

이 책에서는 바둑의 기초가 [illegible] 포석과 정석을 어느 누가 보아도 이해하고 배우기 쉽도록 설명하여 체계적으로 다루었습니다. 이제 바둑을 갓 시작한 어린이 여러분의 바둑 실력 향상에 이 책이 상당한 도움을 줄 수 있으리라 믿습니다.

그럼 어린이 여러분의 앞날에 행운이 깃들기를 빕니다.

지은이 씀.

차 례

제 1 장

포석의 기초 지식

바둑의 면은 넓은 바다입니다. 어디에서부터 출항해도, 룰에 위반되는 것은 아닙니다. 그렇다고는 해도, 나름대로 능률이 좋은 착점과 그렇지 않은 착점이 있어, 그것을 알기 쉽게 정한 '모양' 이라는 것이 있습니다. 우선, 모양의 공부에서부터.

1. 돌의 간격

한 칸

한길 열어 친다. 기본적인 모양이다. 이 의미를 알게 되면 입문은 졸업.

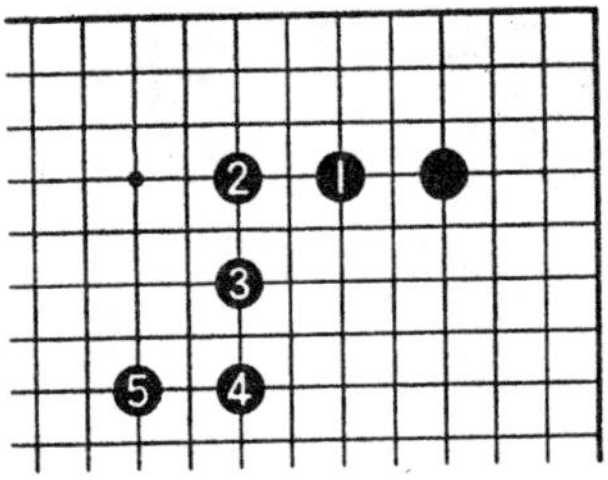

1도

1도

집을 둘러 싸는 때도, 돌을 연결하는 때도, 한 칸이 기본입니다. 흑1에서부터 5까지. 모두 한 칸입니다.

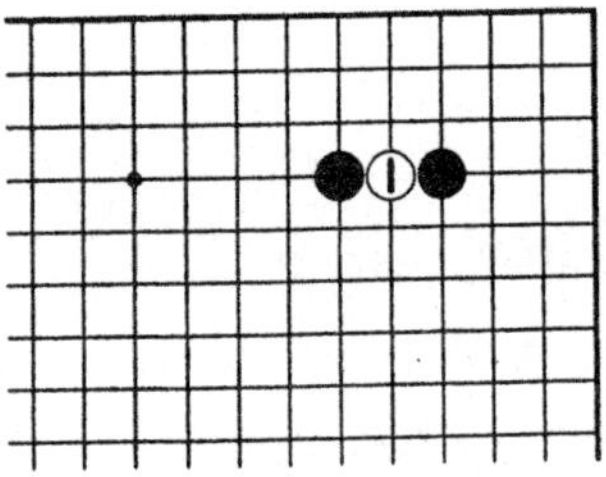

2도

2도

백1로 연락을 끊길 것 같지만——

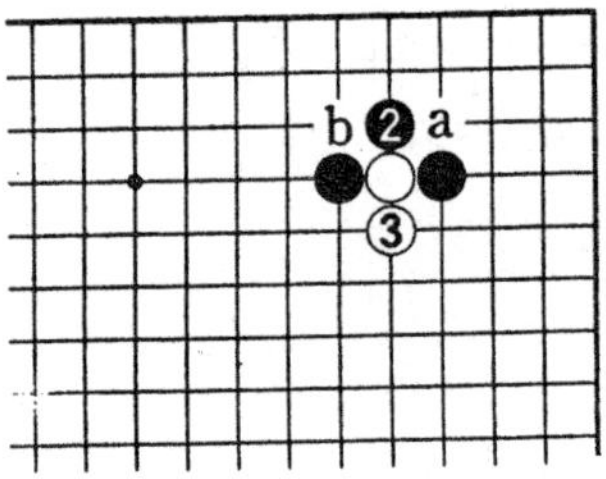

3도

3도

흑2를 단수로 칠 수 있는 것이 강합니다. 백3에서 a와 b에 약점이 생기지만 문제 없읍니다.

4도

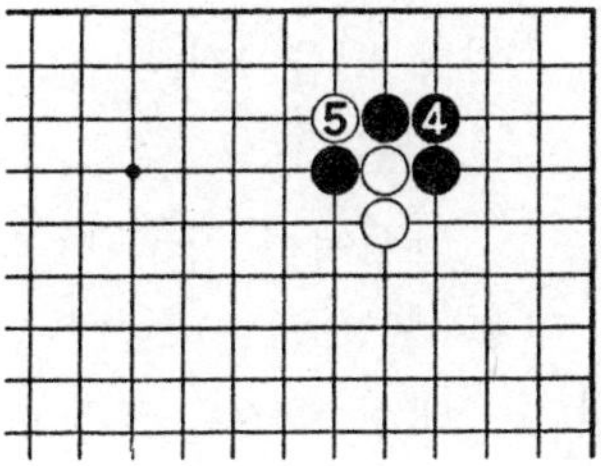
4도

흑4로 한쪽을 이으면, 백5로 한쪽을 끊겨도 끊은 백돌 보다도 끊긴 흑쪽이 강한 것입니다.

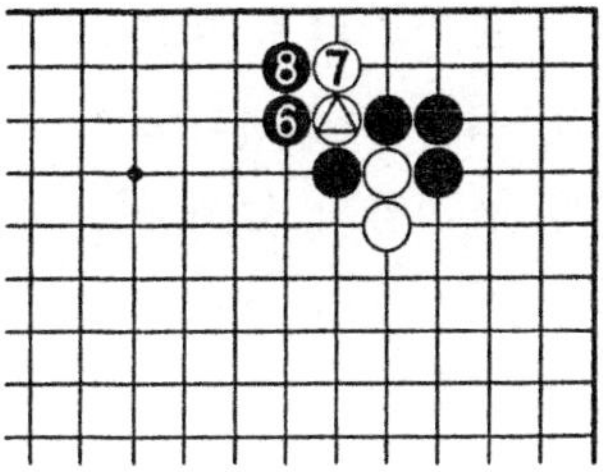
5도

5도

흑6에서 ◬을 잡을 수가 있읍니다. 아뭏든 흑돌쪽이 백돌보다 하나 많으므로, 질 리가 없읍니다.

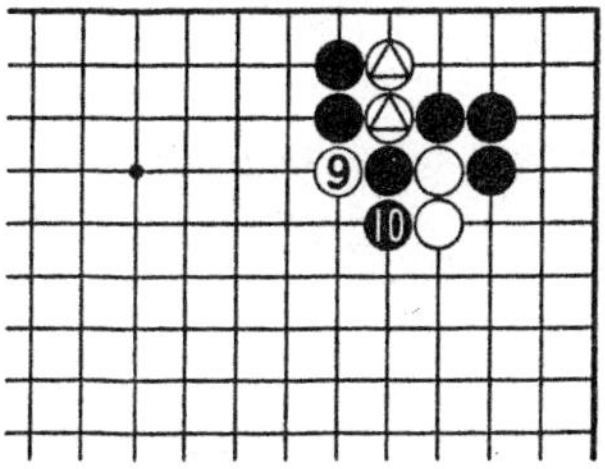
6도

6도

백9에는 흑10으로 도망쳐 아무것도 되지 않읍니다. ◬의 두 점은 도울 수 [illegible]

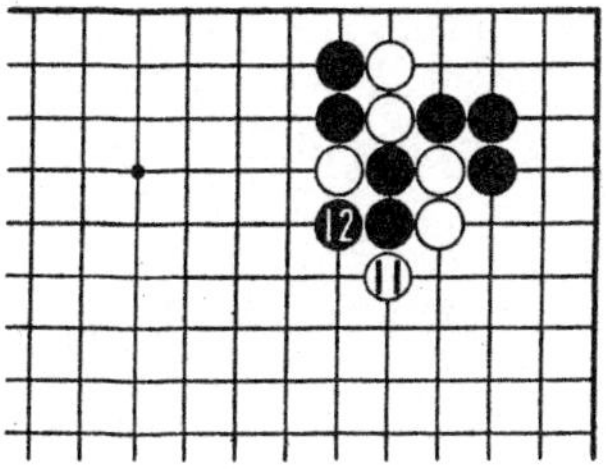
7도

7도

백11이라면 흑12.

알기 쉽게, 변 가까운 한 칸의 예를 나타내었는데, 안쪽에서도 비슷한 원리로, '한 칸 뛰기에 나쁜 수 없다' 라는 말이 옛부터 전해

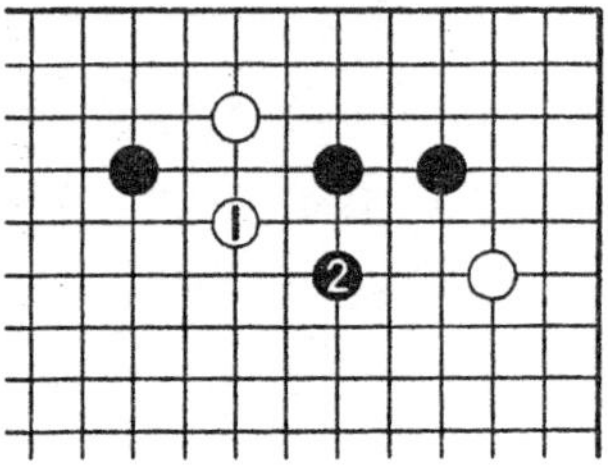

8 도

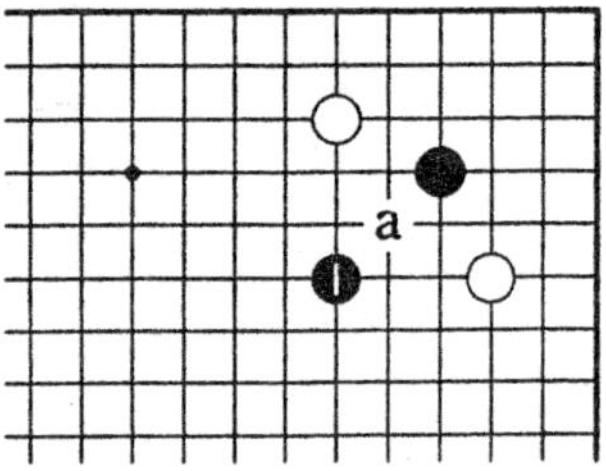

9 도

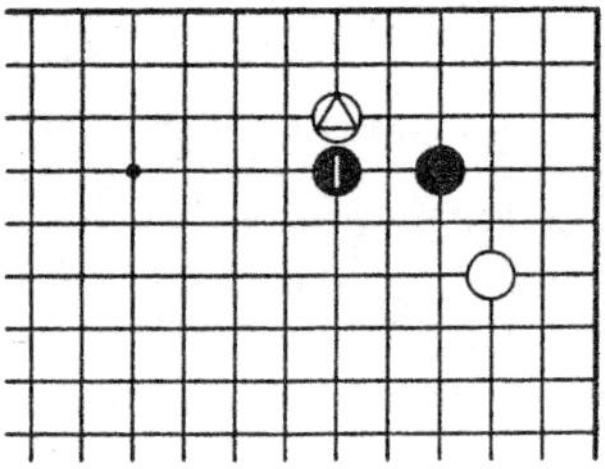

10 도

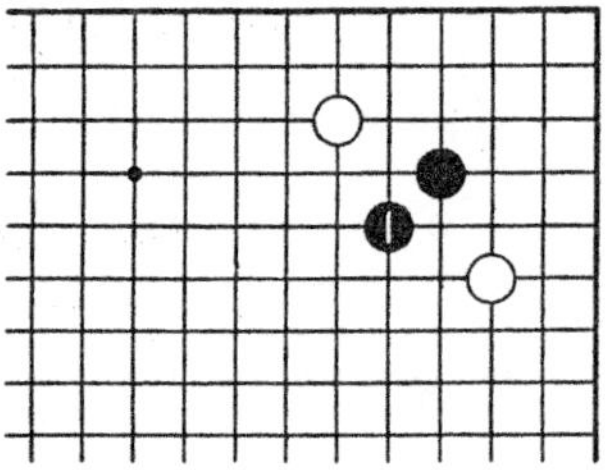

11 도

지고 있습니다.

8 도

실전에서 자주 나오는 모양을 나타냅니다.

백 1, 흑 2 는 모두 한 칸. 천하의 명인이라도, 막 외운 것을 두는 서툰 사람이라도,이 돌 움직임에 있어서는 차이가 없습니다.

9 도

이것은 한 칸이라고는 할 수 없습니다. 백 a로 깨끗하게 절단되어 버렸습니다.

10 도

흑 1 은 한 칸입니다. △이 먼저 있으므로, 변화는 어려워지지만, 기본형인 것에는 변함이 없습니다.

11 도

흑 1 은 비스듬히 쳐져 있으므로 마늘모.

두 칸

한 칸보다 능률은 좋지만 그만큼 약점도 있다. 사용법에는 주의.

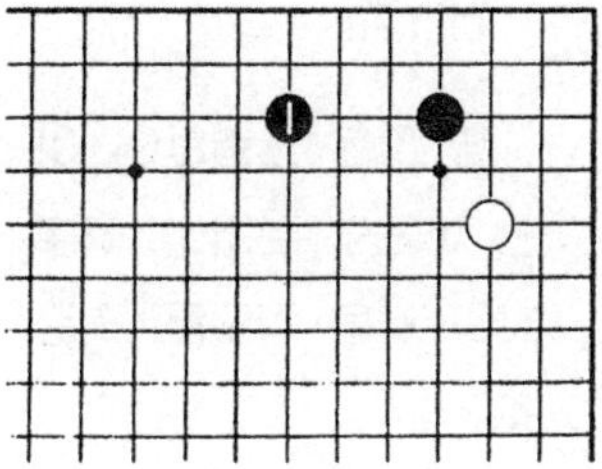
1도

1도

흑1이 두 칸. 제3선에서 사용되는 경우가 많습니다.

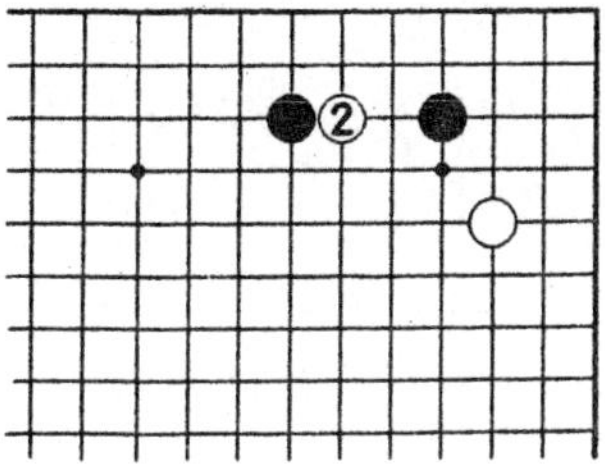
2도

2도

한 칸보다 넓으므로, 백2로 절단하러 갈 때 주의가 필요합니다.

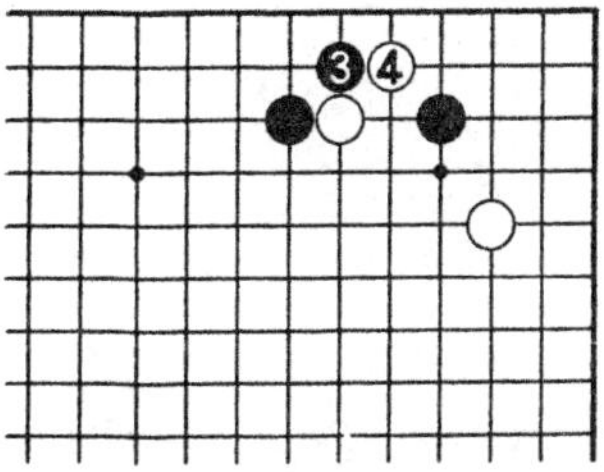
3도

3도

단단한 수는 흑3. 백4에 ——

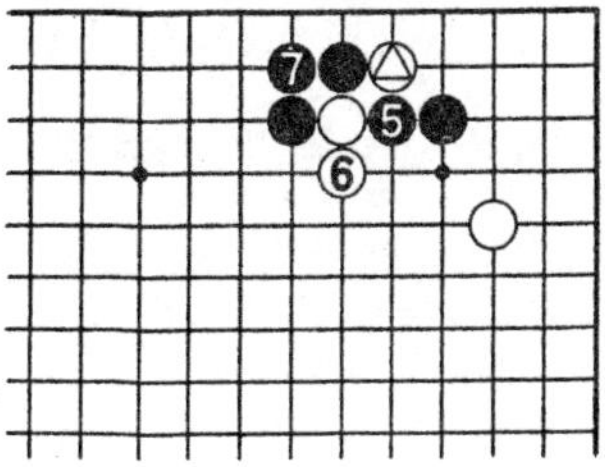
4도

4도

흑5로 끊고, 7로 이으면 문제 없습니다. △이 도망칠 수 없다는 것은 알 수있을 것입니다.

세 칸

세 칸은 연결형이 아닌 싸움의 준비. 적을 맞아 싸울 각오를 가질 것.

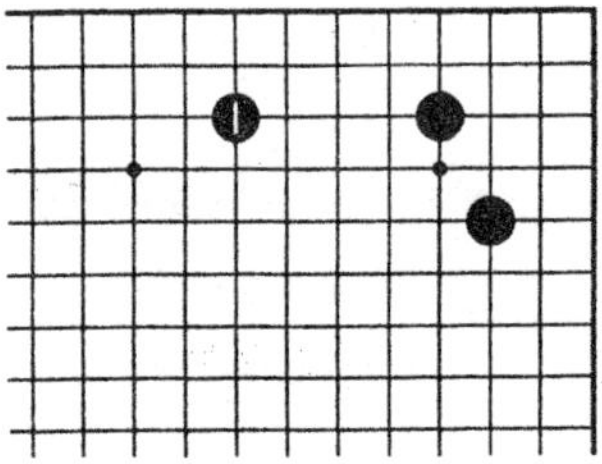

1도

1도

흑 1로 세 칸에 준비, 크게 집을 삼으려는 것입니다.

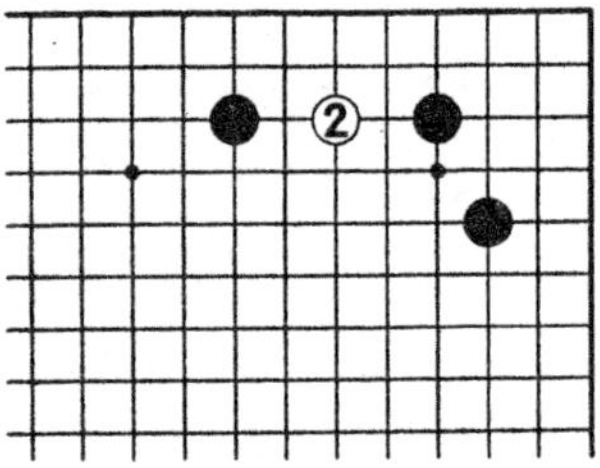

2도

2도

백 2로 들어 가면—

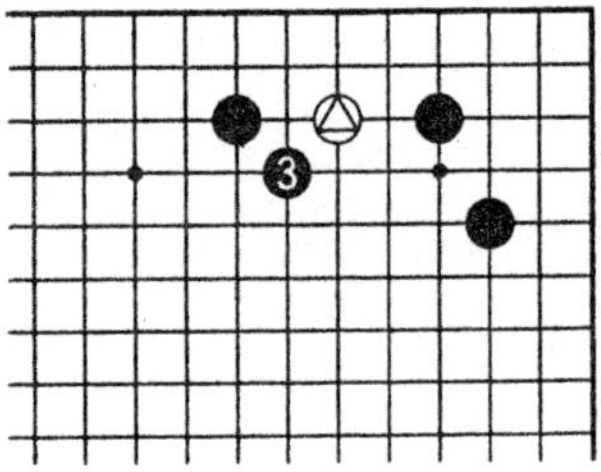

3도

3도

흑 3으로 △을 공격할 준비입니다.

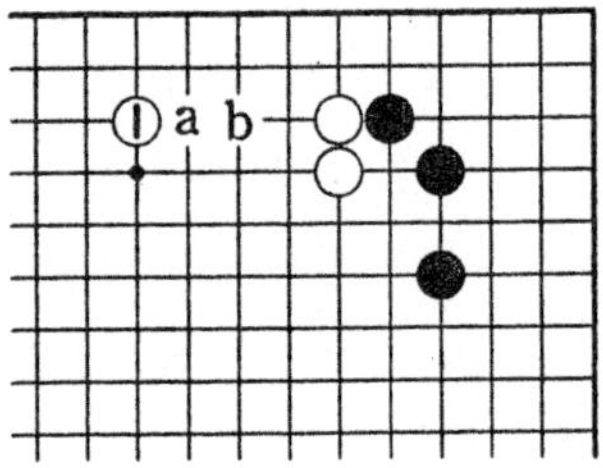

4도

4도

백 1에서 a의 두 칸이라면 확실하지만, 좀 부족할 것입니다. 생각해 보면, 흑도 백의 세력권 안에 들어가는 것이므로 용기가 필요합니다.

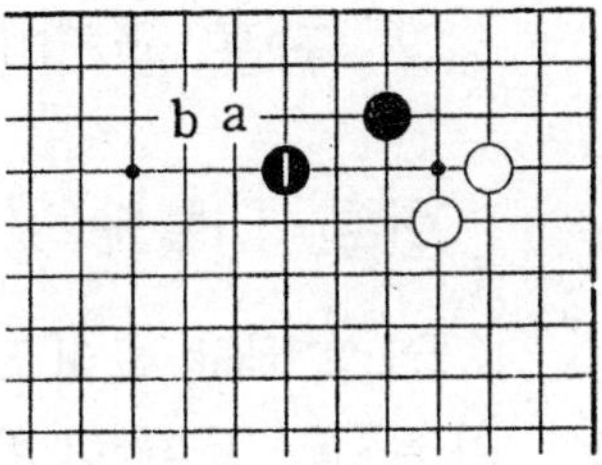

1도

날일자

장기의 계마(桂馬)가 작용맥에 뛰는 것이므로 날일자. 큰 것과 작은 것 두 가지가 있다.

1도

흑1이 날일자. a의 두 칸, b의 세 칸에 비해 변의 집은 만들기 어렵지만, 중앙으로 향한 발전력은 큽니다.

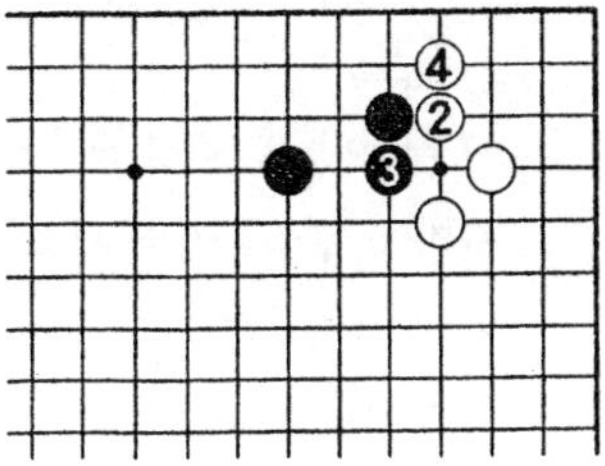

2도

2도 · 3도

백2에서 흑5까지는 하나의 정형입니다.

흑5는 날일자보다 한길 멀기 때문에 눈목자라고 불리웁니다. a라면 큰 눈목자. 정리하면——

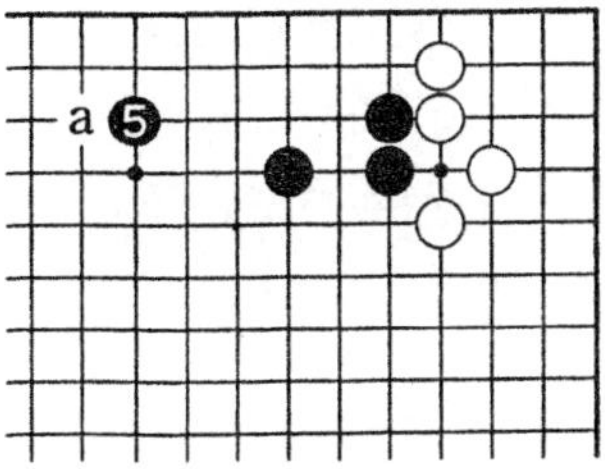

3도

4도

a 마늘모, b 한 칸, c 두 칸, d 날일자, e 눈목자, f 세 칸, g 큰 눈목자.

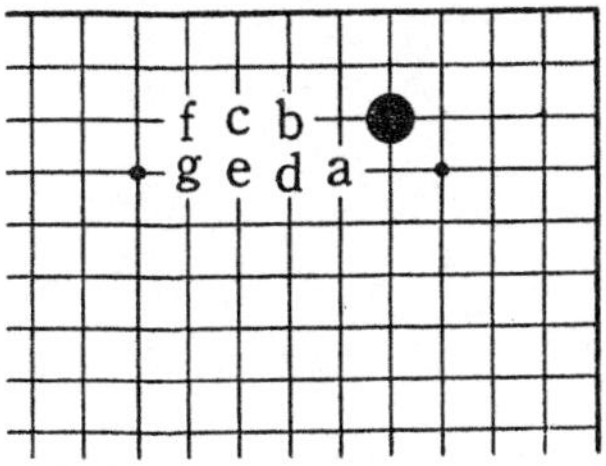

4도

2. 귀를 굳히다

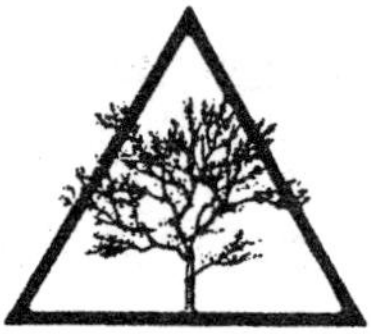

화점 · 마늘모

단단한 태세. 집이 되기 쉽지만, 공격력이 빈약한 것이 결점.

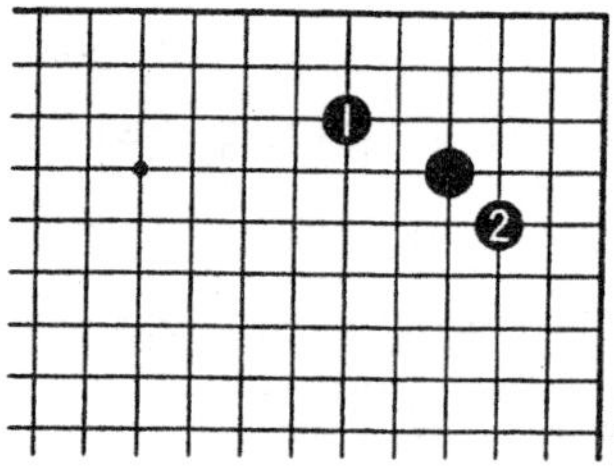

1도

1도

화점에서 흑1의 날일자로 준비, 이어서 흑2로 치면 15집의 확정지입니다.

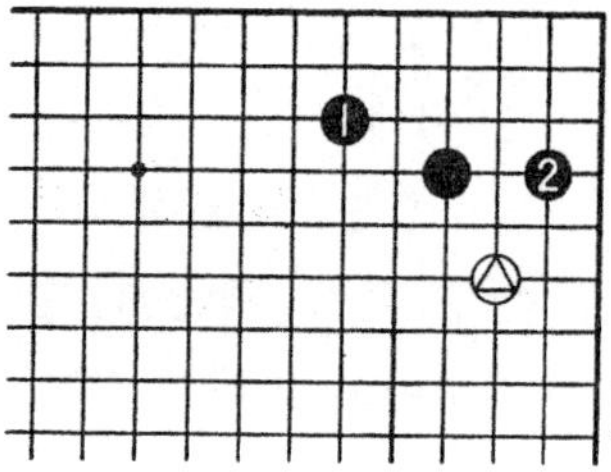

2도

2도

◬으로 걸쳐진 때 흑1로 치고, 다음에 흑2로 굳히면 이것도 10집 이상의 땅.

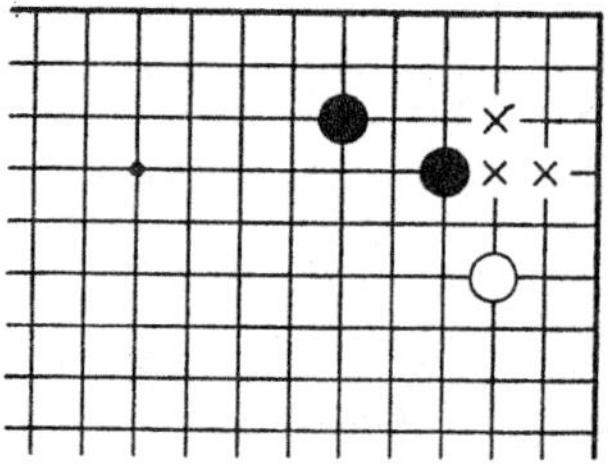

3도

3도

전도 흑1 뒤, 백이 귀를 침략하기 위해서는 × 표시가 일반적입니다.

그 중 하나, 귀의 3·3에 넣어 간 때의 응수를 간단하게 소개하

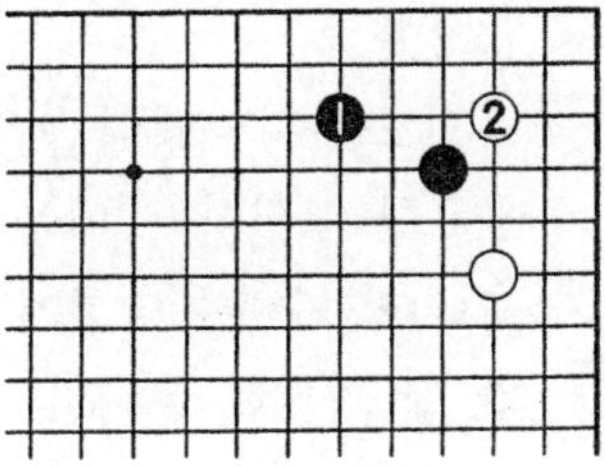

4도

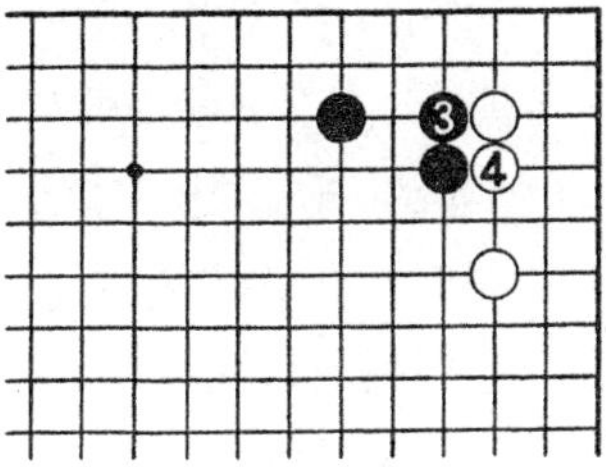

5도

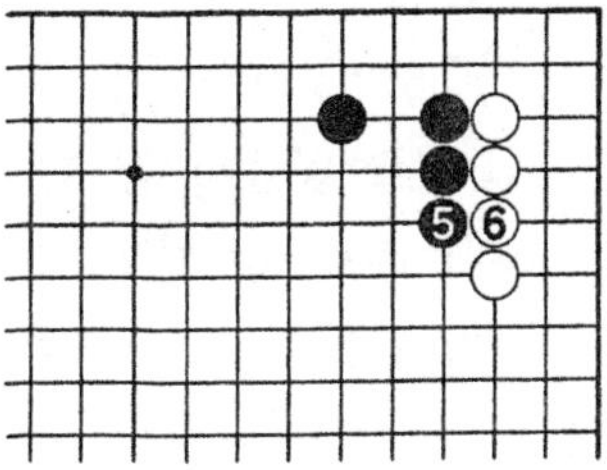

6도

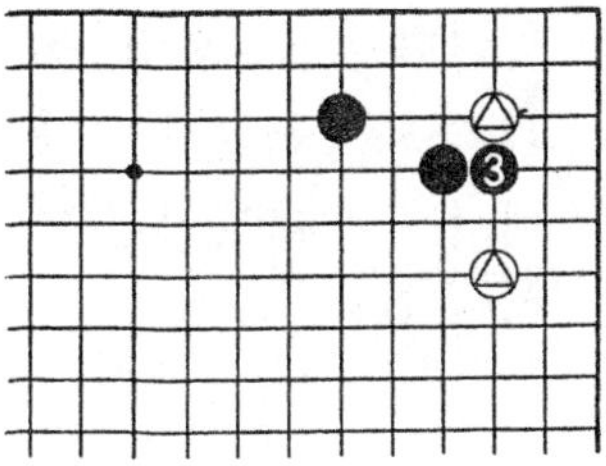

7도

겠읍니다.

4도

백2가 귀의 3·3.

5도

흑3은 견실한 수법이지만 백4에서——

6도

흑5, 백6이 되면, 백집쪽이 커진 정도입니다. 너무 삼가한 것입니다.

견실함만으로 바둑에서 이길 수 없읍니다. 자신이 안심하는 이상으로 상대가 안심해 버리기 때문입니다.

7도

때로는 모험이 필요. 흑3으로 △의 두 점을 차단하는 강한 치기도 알아 두어야 합니다. 아뭏든 흑의 강한 진지 속에서의 싸움이므로.

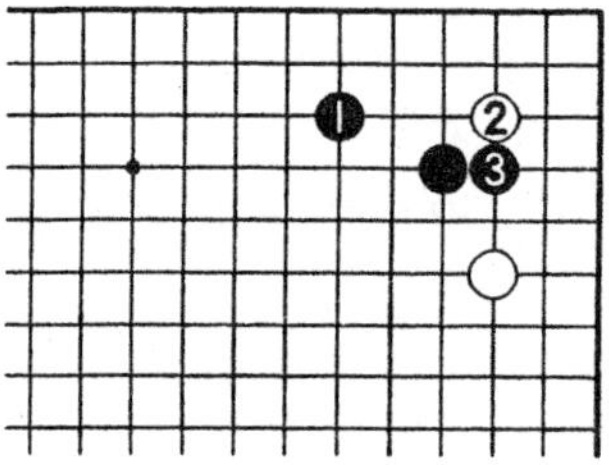

8도

전도를 나타냅니다. 중요한 그림이기 때문입니다. 수수는 길지만, 잘 기억해 둡니다.

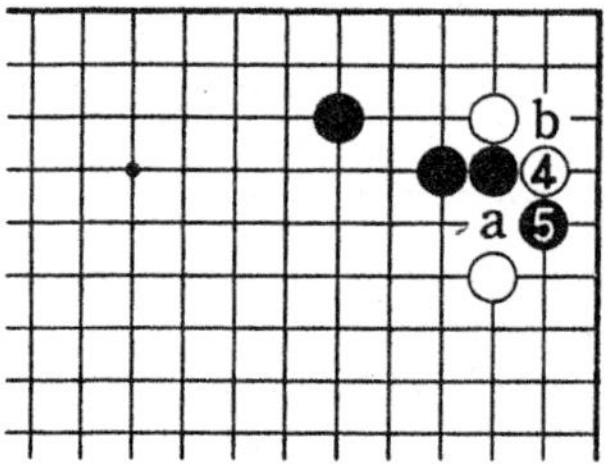

9도

백은 두 점을 연락할 수 없으므로, 애써 백4로 귀의 한 점을 살리려고 합니다. 흑5에 이어서 백a는 흑b로 안됩니다.

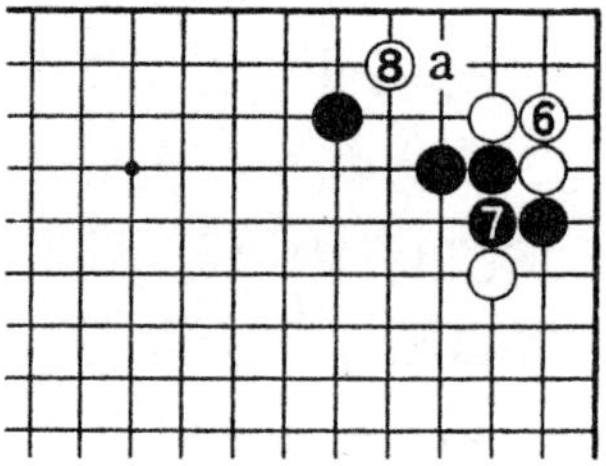

10도

백6으로 이으면 흑도 7로 잇습니다. 다음에 흑a로 처지면 살 면적이 없어지므로 백 8.

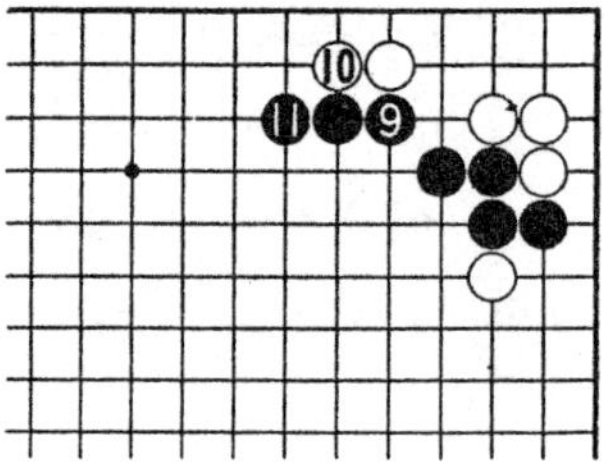

11도

이하 흑9, 백10, 흑11까지는 제3장 이하에서 공부할 정석의 모양입니다.

회점 · 눈목자

만일 집이 되면 날일자의 태세보다 크지만, 집이 되기 어렵다.

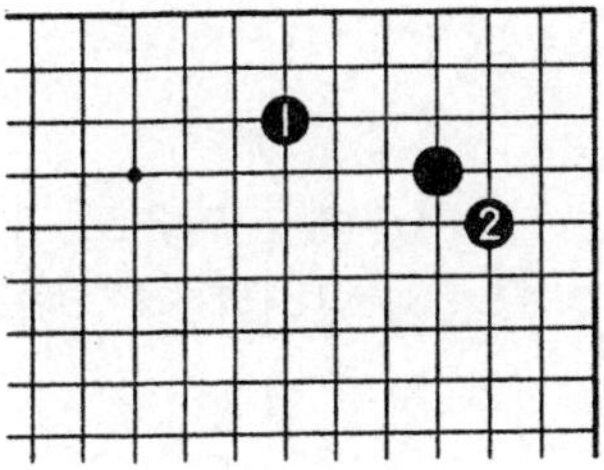

1도

1도

흑1이 눈목자. 또 한 수 칠 수 있다면 날일자와 같이 흑2의 마늘모입니다.

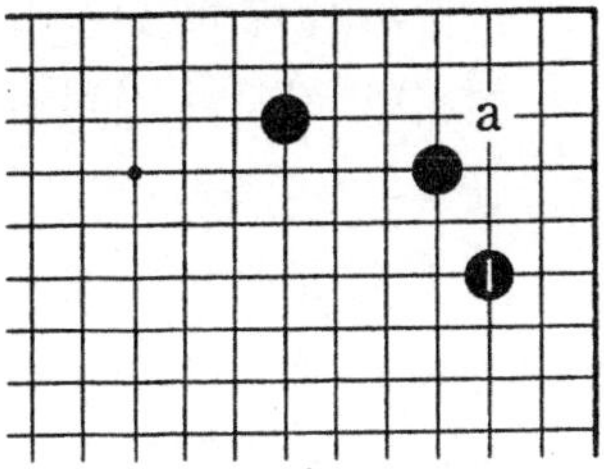

2도

2도

흑1 쪽이 크게 보이지만, 백a로 뛰어들 여지가 있어 이익이 아닙니다. '한푼 아끼려다 큰 돈을 잃는다'인 것입니다.

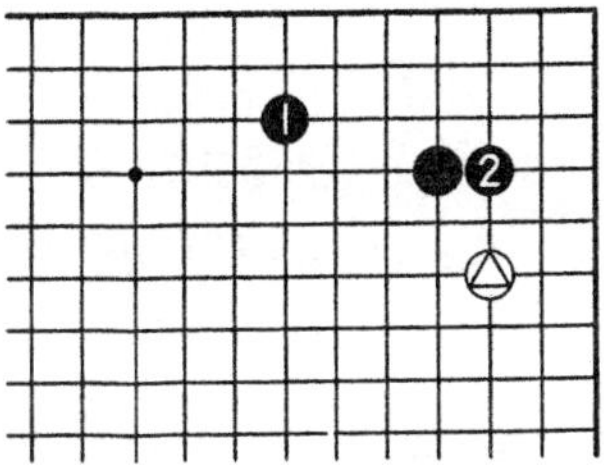

3도

3도

△에 흑1. 또 한 수 칠 수 있다면 흑2로 큰 집이 됩니다.

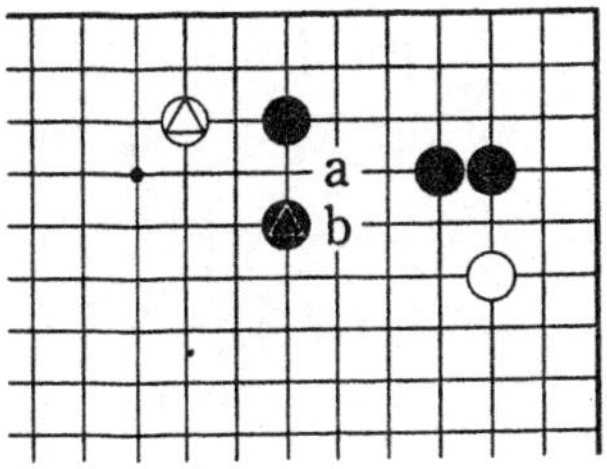

4도

4도

△ 주위에 백이 쫓아오면, ▲나 a, b로 준비, 귀를 지키는 것이

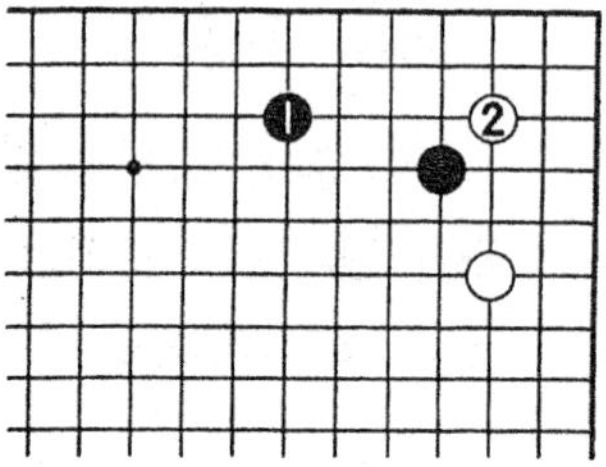

5
도

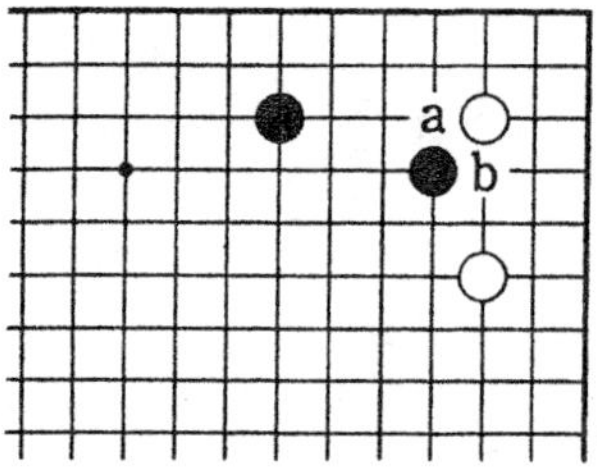

6
도

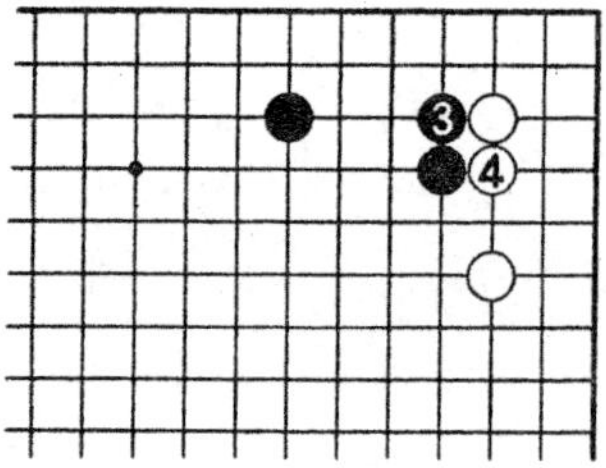

7
도

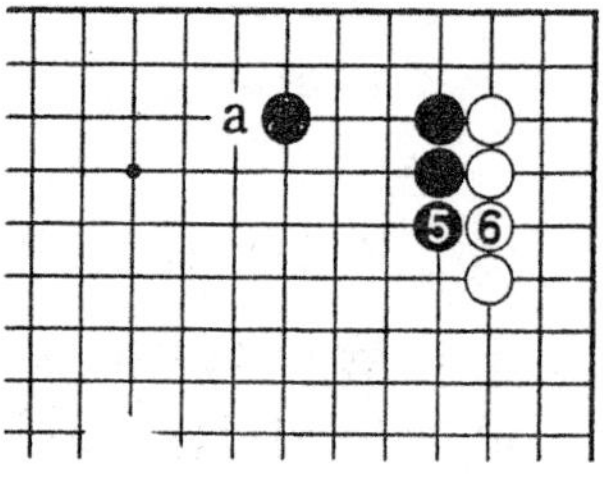

8
도

모양입니다.

5도

흑1에는 백2로 3·3에 넣어가는 경우가 자주 있읍니다.

6도

흑의 응수는 a나 b이지만, 이것이 상당히 골치아픈 곳.

7도

흑3, 즉 전도의 a와 백4와 연락합니다. 이어서——

8도

흑5는 중요한 곳이지만, 백6이 되면 아무래도 백의 이익이 클 듯.

▲이 a에 있으면 아직 자만할 수는 없지만, 이런 감은 바둑이 강해짐에 따라 자연히 몸에 뱁니다. 지금은 모르더라도 비관할 것

은 없읍니다.

9도

흑1로 백 두 점을 차단하는 것이 정석으로 되어 있읍니다. 백은 바깥쪽의 한 점을 포기하고 백2로 귀에 살려고 합니다.

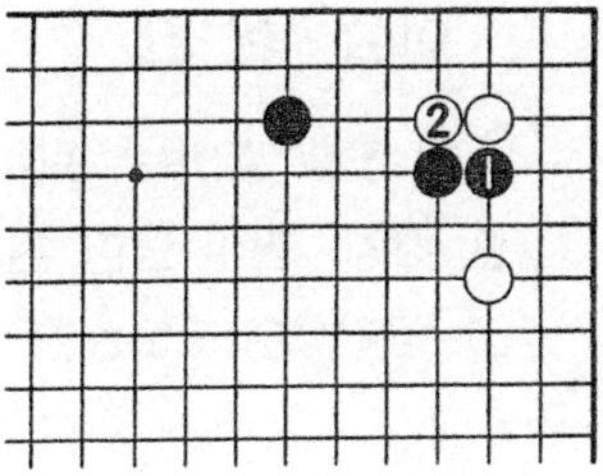

9
도

10도

흑3에 백4로 젖히고, 여기의 수수는 날일자의 경우와 같읍니다.

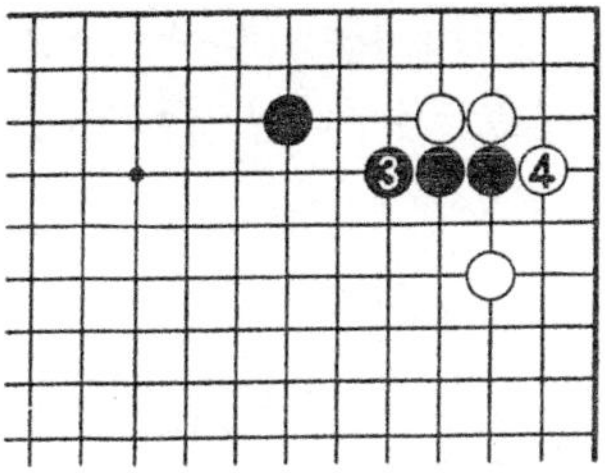

10
도

11도

흑5에서 7이 되어 ——

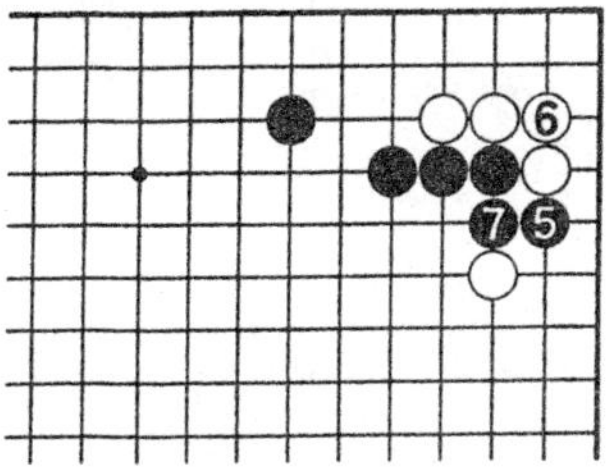

11
도

12도

백8로 귀에서 살았읍니다.

a의 결점이 있는 것이 불안합니다.

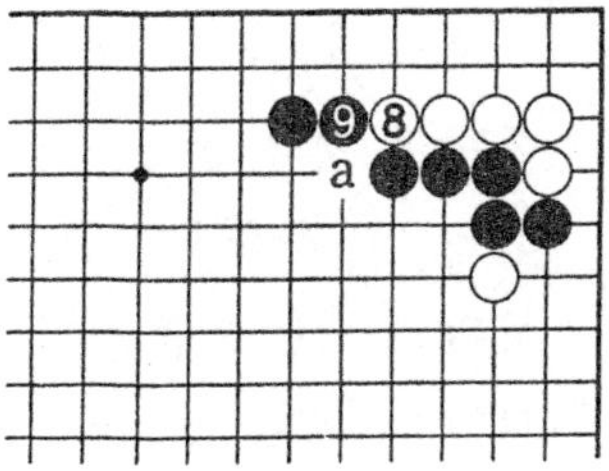

12
도

화점 · 한 칸

한 칸의 준비는 아마도 최강. 집이 되면 크고 공격성도 풍부하다.

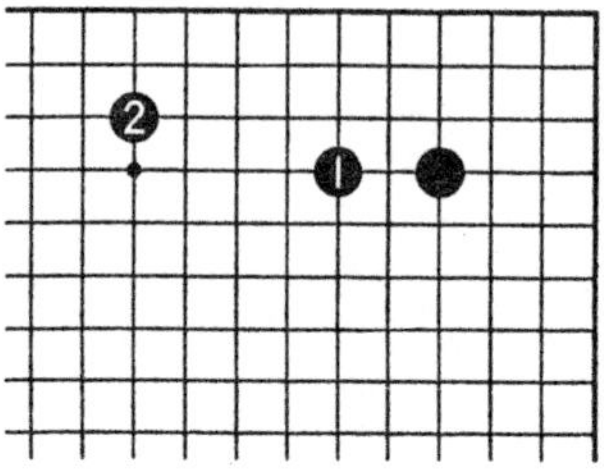

1도

1도

흑1이 한 칸의 준비입니다. 다음에 흑2로 전개하는 것이 멋진 호점.

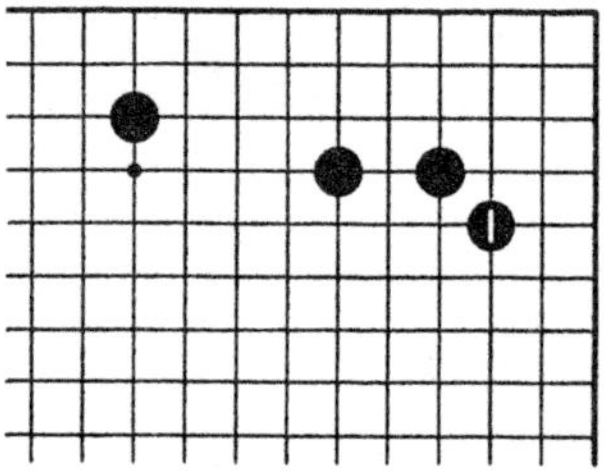

2도

2도

더욱 흑1로 대각선으로 놓아 귀에 집을 만들면 이상적인 배치가 됩니다.

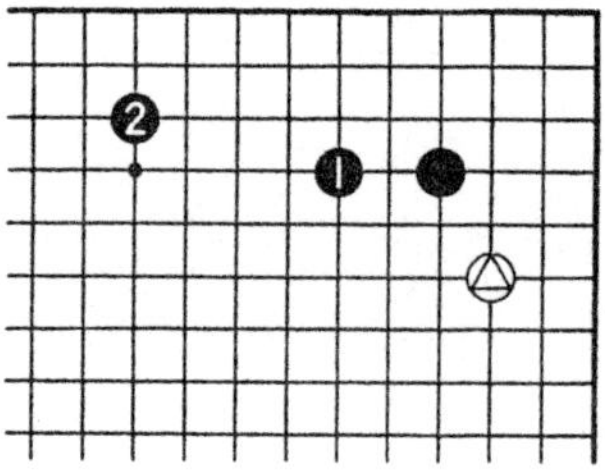

3도

3도

△의 걸침에 흑1로 받기. 다음의 흑2가 역시 호점.

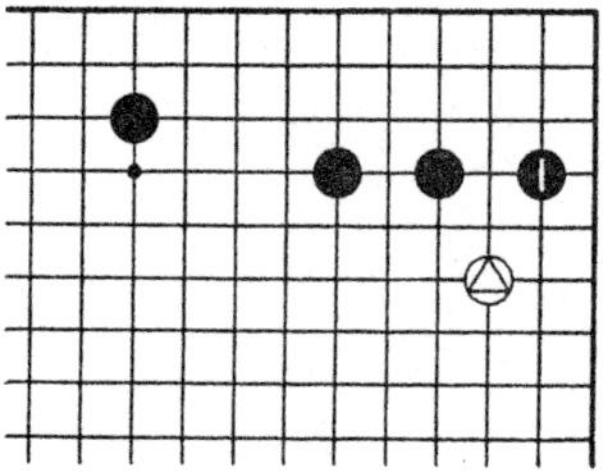

4도

4도

더 놓으려면 흑1. 단순히 집을 둘러 싸려는 것이 아닌, △으로의 공격도 포함한 일석이조의 착점입니다.

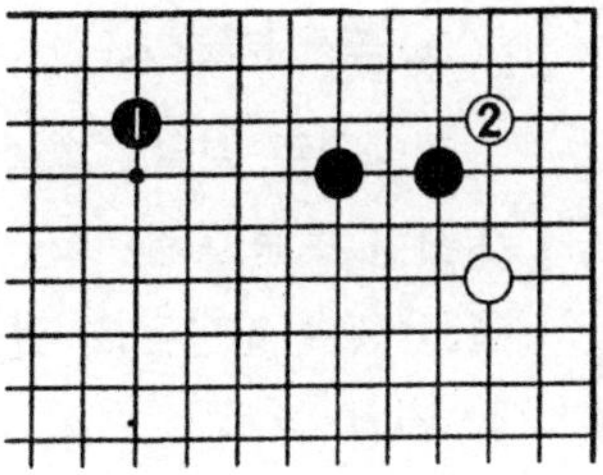

5도

5도

흑만 잘 놓으면 참을 수 없다고 하여 백2의 3·3 넣기.

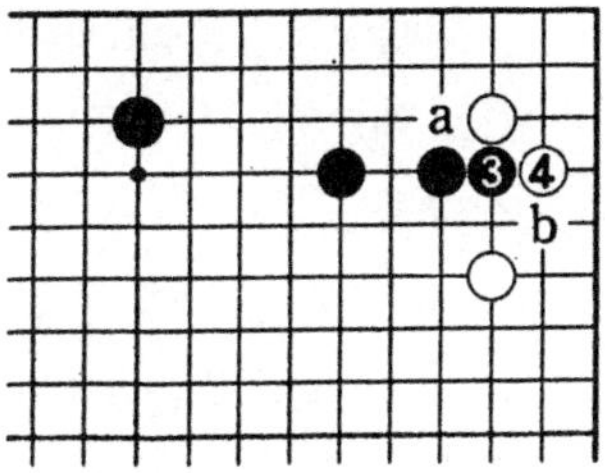

6도

6도

흑3, 백4에 이어 흑은 a 또는 b가 있는데, b는 지금까지 보아왔던 모양과 비슷하므로 a의 코스만을 소개하겠읍니다.

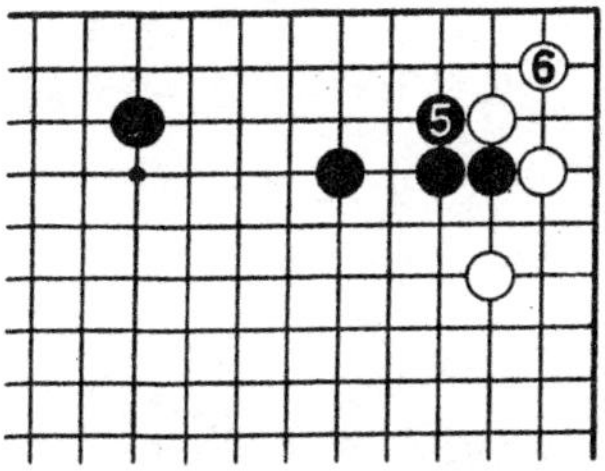

7도

7도

흑5에 백6이 일반적인 모양.

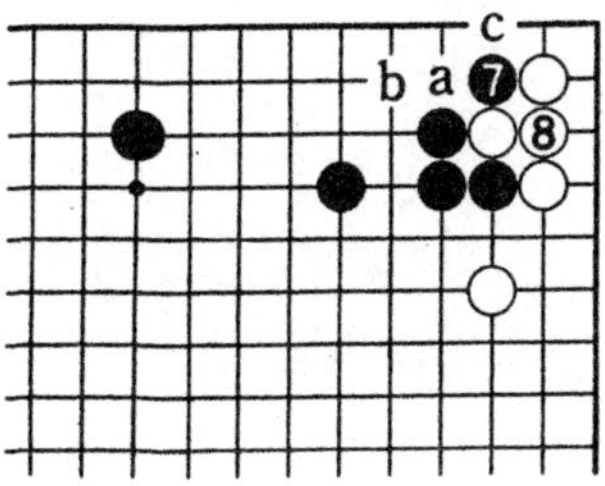

8도

8도

흑7, 백8로 일단락. 흑은 선수를 잡아 다른 큰 곳으로 치게 됩니다.

이 뒤 백a, 흑b, 백c로 한 점을 잡는 수도 작지는 않지만, 현재는 이런 비좁은 곳에 눈 놀리지않읍니다.

소목 · 날일자

한마디로 날일자 굳힘이라고 부른다. 한 수로 둘러 싸는 집으로써 가장 간명.

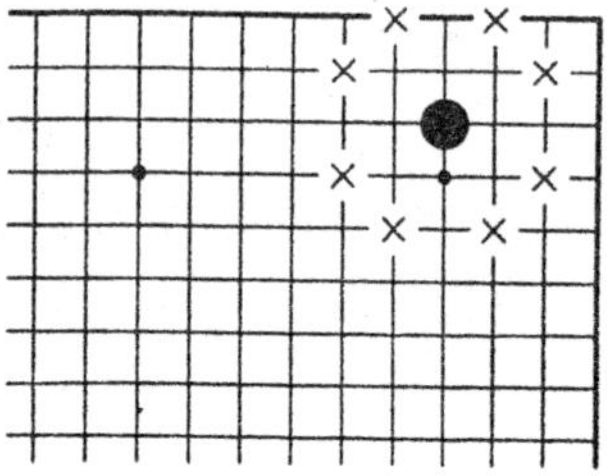

1
도

1 도

작용맥은 × 표시의 8 군데.

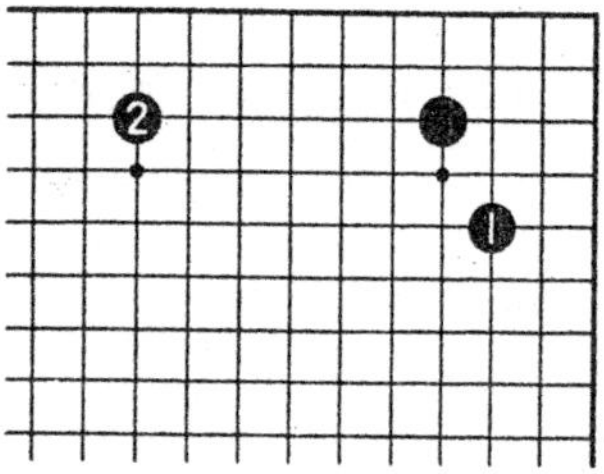

2
도

2 도

그러나 날일자 굳힘이라고 불리우는 것은 흑 1 의 한 군데뿐. 날일자 굳힘에서 흑 2 가 호점입니다. 굳힘과의 사이에 큰 세력권이 만들어졌읍니다.

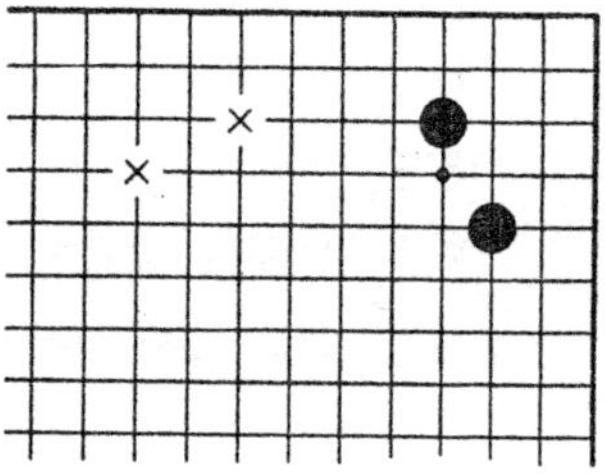

3
도

3 도

배석에 따라서는 × 표시 등도 호점.

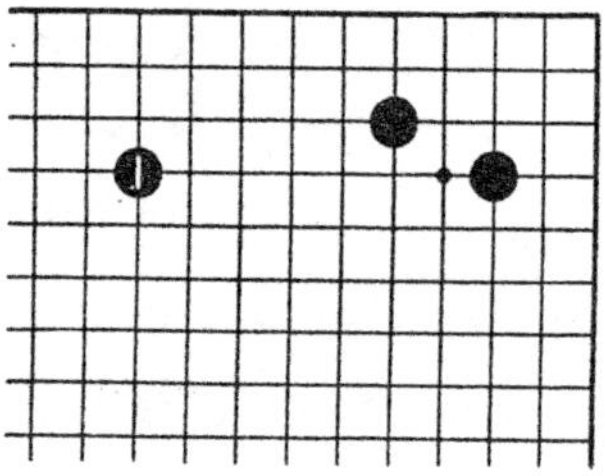

4
도

4 도

방향이 다른 흑 1 은 작지 않지만, 2 도의 흑 2 에는 떨어집니다.

소목 · 눈목자

눈목자 굳힘이라고 불리우며, 집이 되면 크지만, 다소 허점이 있다.

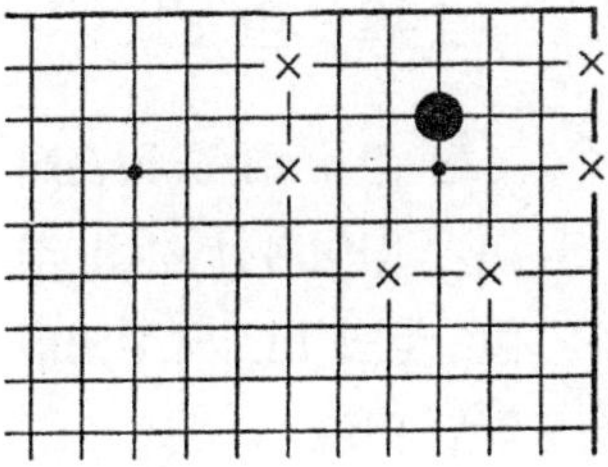

1도

1도

× 표시는 모두 눈목자인데 ——

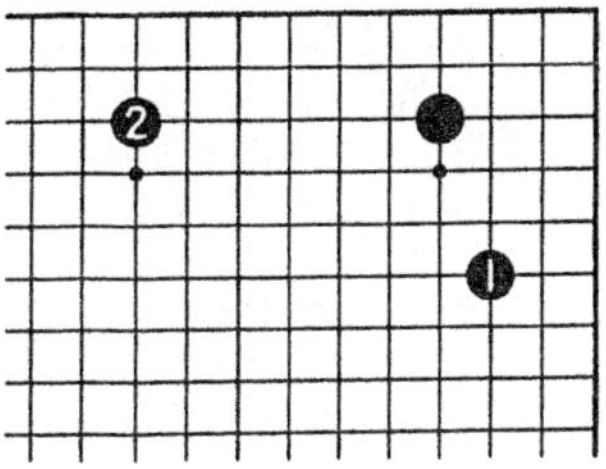

2도

2도

눈목자 굳힘이라고 불리우는 것은 흑1에 한합니다. 더욱 치면 흑2로 발전합니다.

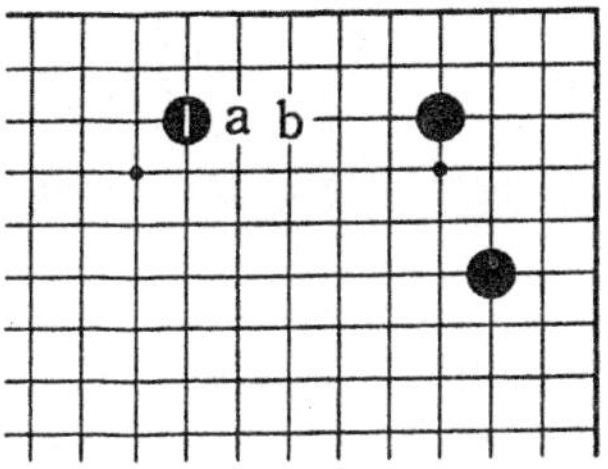

3도

3도

굳힘에 허점이 많으므로, 좁게 흑1이나 a, b 등으로 전개하는 경우도 있습니다.

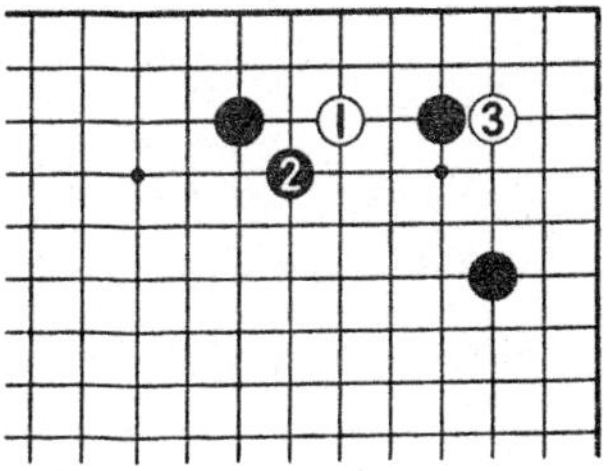

4도

4도

흑의 준비 중에, 백1·3 등으로 어지럽히러 오는 경우도 있니다.

소목 · 한 칸

한 칸 굳힘은 단순히 귀의 집이라기 보다, 주변으로의 전개에 주안을 두고 있다.

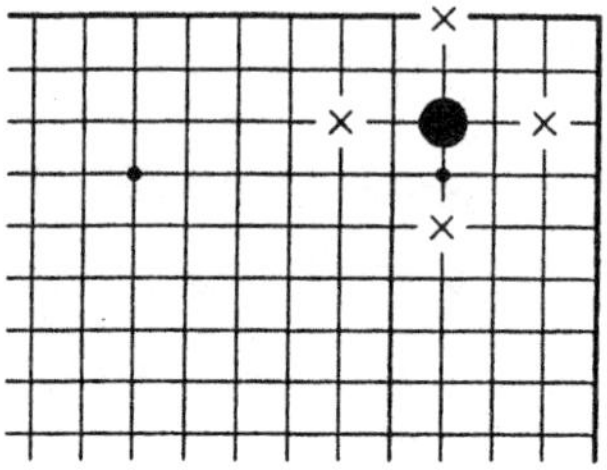

1도

1도

한 칸은 4군데 있지만――

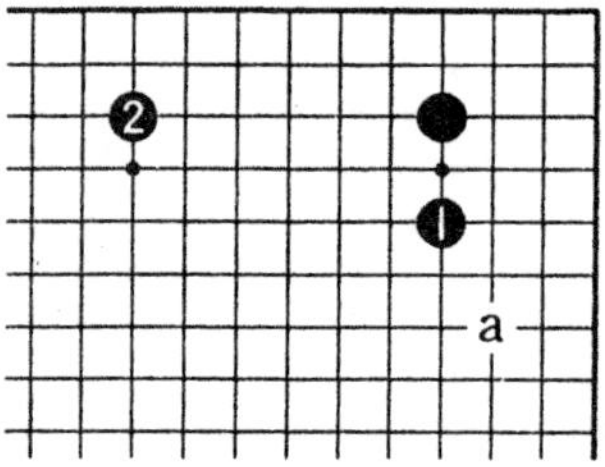

2도

2도

한 칸 굳힘이라고 불리우는 것은 흑1뿐. 더욱 흑2로 전개하는 형은 날일자나 눈목자보다 우수합니다. 단, 좀 엉거주춤하므로 백에서 a 부근이 호점이 되고, 다소 귀의 집에 허점이 있는 것이 옥의 티입니다.

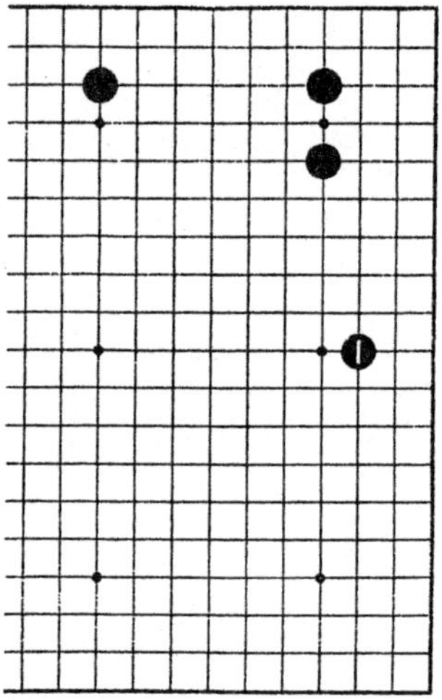

3도

3도

또 더욱 흑1로 전개하면, 바둑에서는 이 이상 좋은 태세는 없다고 일컬어집니다.

3 · 3 에서

3 · 3 은 그 자체, 한 수로 귀를 굳히고 있다. 그러나 발전성이 빈약하다.

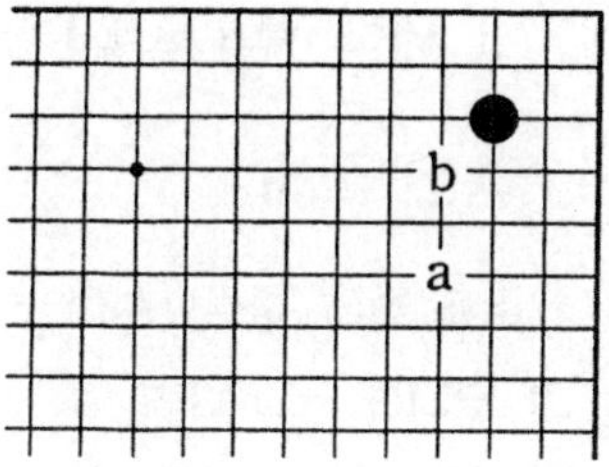

1 도

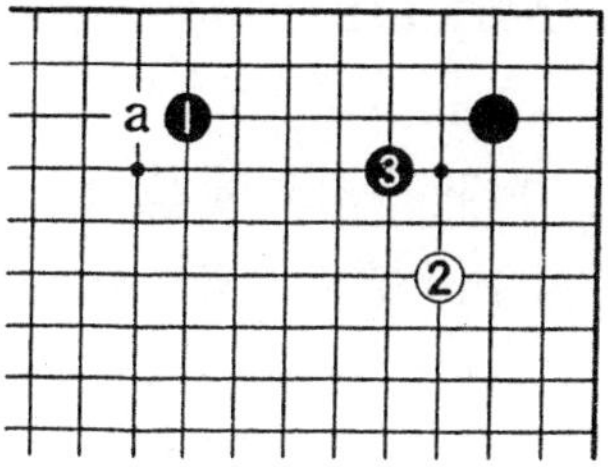

2 도

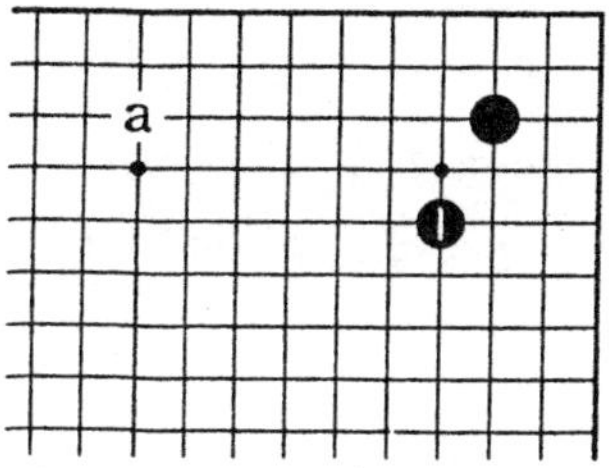

3 도

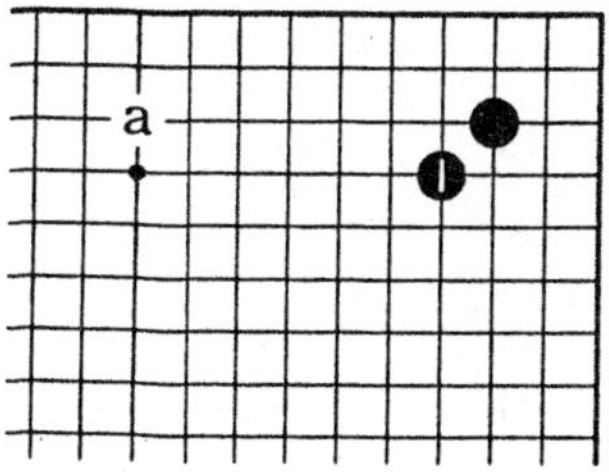

4 도

1 도

3 · 3 은, 극단적으로 말하자면 귀의 집일 뿐 입니다.

백a 또는 b로 걸친 다음 움직이기 시작하는 것이 보통일 것입니다.

2 도

흑1 또는 a로 전개하여, 백2 에 흑3 의 모양을 예상할 수가 있습니다.

3 도

흑1 에서 a도 있습니다.

4 도

흑1 에서 a도 없는 것은 아닙니다.

3. 세력권의 확대

좁은 전개

집을 둘러 싸려 한다기 보다는, 눈모양을 유지, 또는 적의 돌을 쫓으려는 목표.

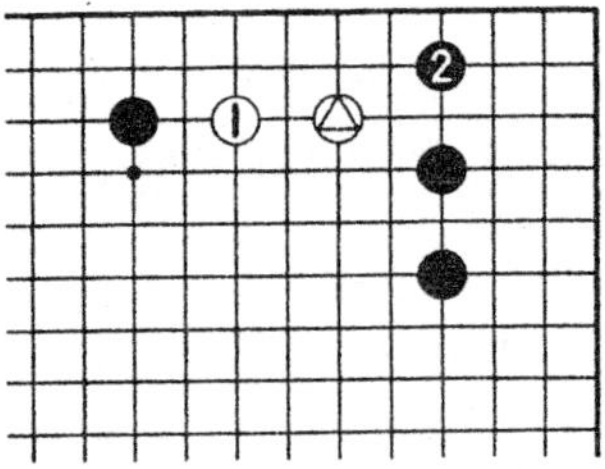

1 도

1 도

어쩐지 불안한 △에 여유를 주고 싶습니다. 그러나 백 1 로는 흑 2 로 여전히 불안합니다.

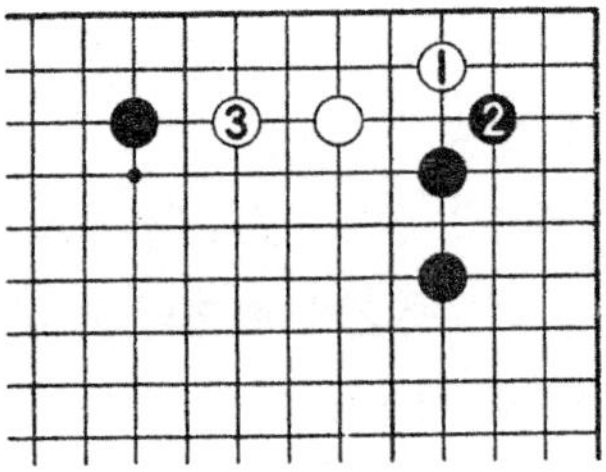

2 도

2 도

백 1 에서 흑 2 로 받게 한 다음 백 3 이면, 좁으면서도 안전한 자기집입니다.

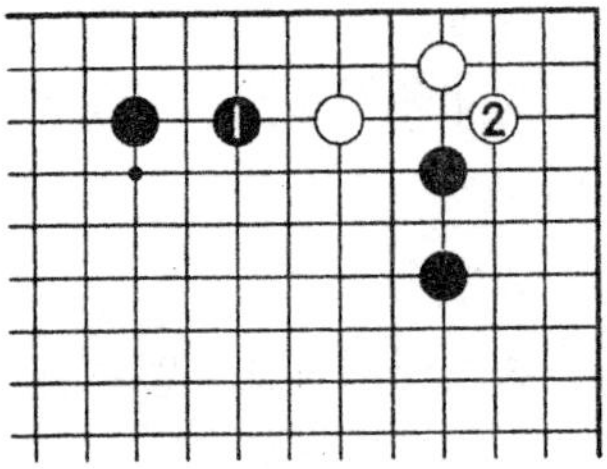

3 도

3 도

흑 1 로 누면 백 2 로, 이것은 느긋하게 만들 수가 있읍니다.

4 도

좁은 듯해도, △의 생사를 위협하고 있다

면 훌륭한 한 수.

5도

흑1도 전도와 같은 의미입니다. 흑a 쪽이 큰 집을 만들 수 있을 듯이 보이지만, 백1로 치면 △ 한 점을 편하게 합니다. 적을 편하게 하지 않는 것이 바둑에서 이기는 비결입니다.

6도

이것은 앞에서도 나타냈었지만, 수비를 주로 한 좁은 전개. 흑a로 크게 발전하면, 오히려 근거를 잃게 되는 것입니다.

7도

흑1로 좁은 것 같지만, 우선 귀의 집을 굳히고, 서서히 백을 공격하려는 준비. 보기보다 큰 것입니다.

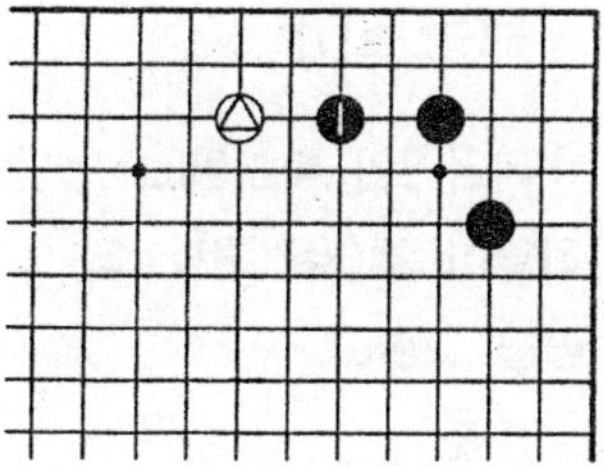

4도

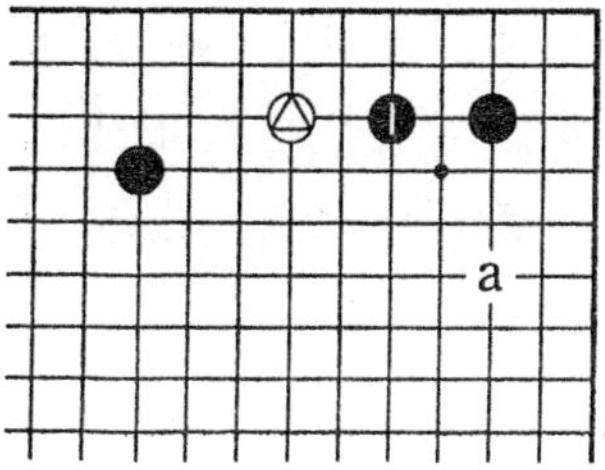

5도

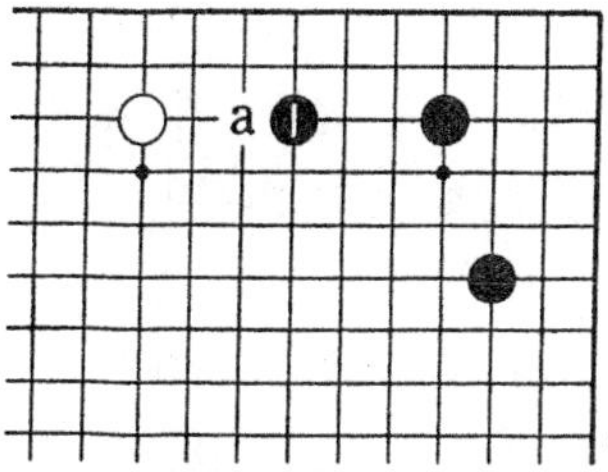

6도

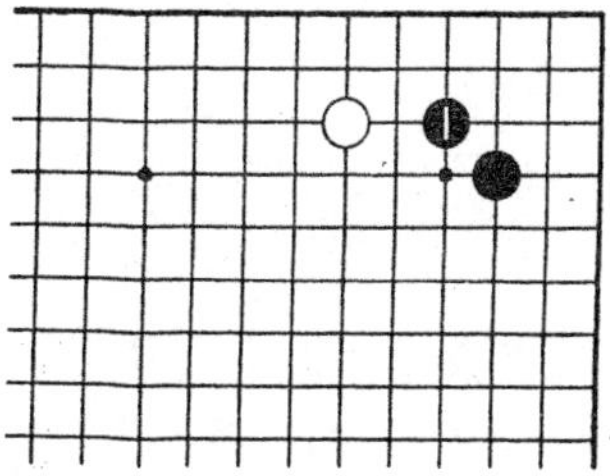

7도

넓은 전개

제공권의 확대이다. 적돌이 들어온다면 맹공을 가한다.

1도

화점에서의 전개를 교재로 합시다. 흑 1, 백 2, 흑 3 으로 크게 전개합니다. 물론, 그대로 집이 되는 것은 아니지만……

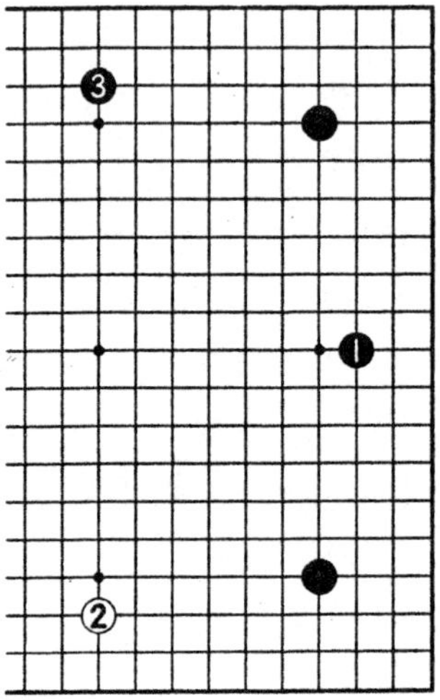

1도

2도

흑 1 은 좋다고 해도, 흑 3·5 와 같은 힘없는 전개는 안됩니다.

집이 될지는 모르지만, 좋지는 않습니다.

이런 것은 도저히, 장래 큰 일은 할 수 없읍니다.

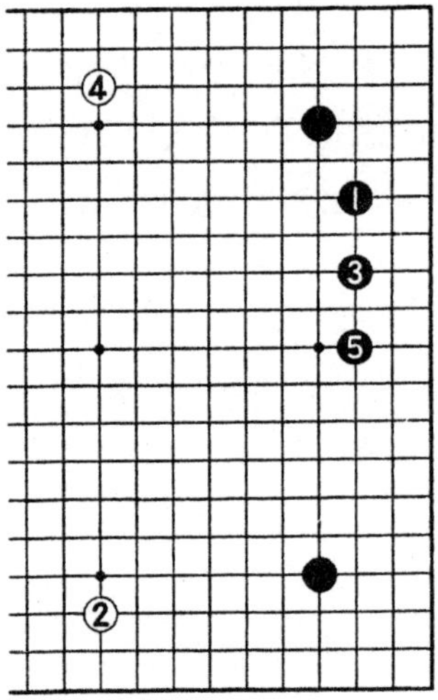

2도

3도

흑 1 로 전개한 다음, 백 2 로 걸쳐 주면 흑 3 으로, 이것은 상

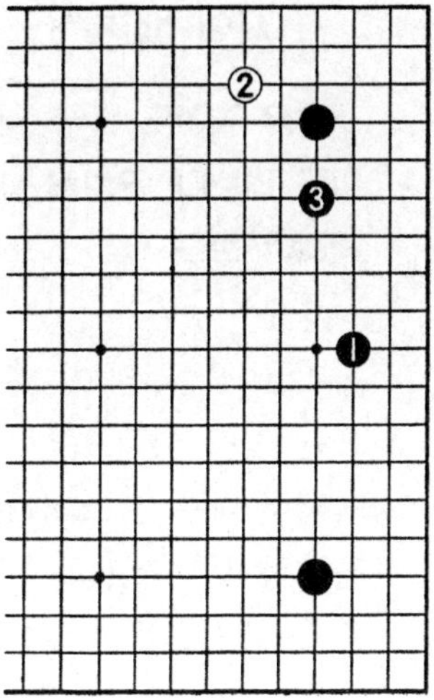

3 도

당히 밸런스가 잡힌 태세로, 상당히 큰 집을 만들 수 있을 것 같습니다. 그러나 안타깝게도 백은 이렇게밖에 놓을 수 없는 것입니다.

4 도

흑집을 만들어 주지 않으려면 백 2 쪽부터 걸쳐 주면, 흑 3 에서 5 로 치는 것이 정형이 됩니다. 이 형은 후에 언급합니다.

백 2 · 4 의 두 점이 살기까지는 상당히 어려울 것 같습니다.

그 동안에, 이번에는 윗쪽에 흑의 큰 집이 생길지도 모릅니다.

최초의 흑 1 이 백을 공격하는 거점이 되어 있는 것을 알 수 있을 것입니다.

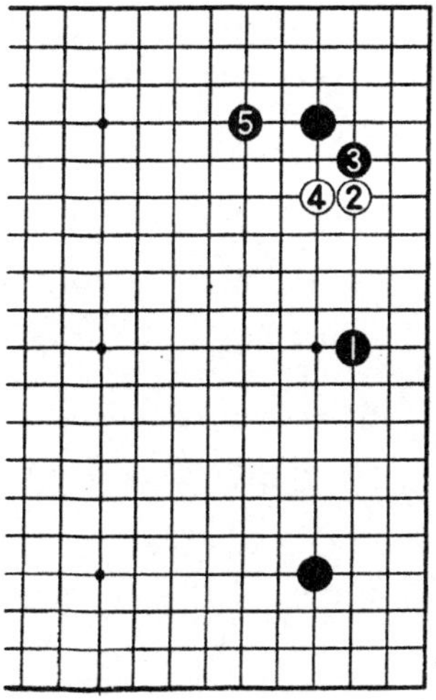

4 도

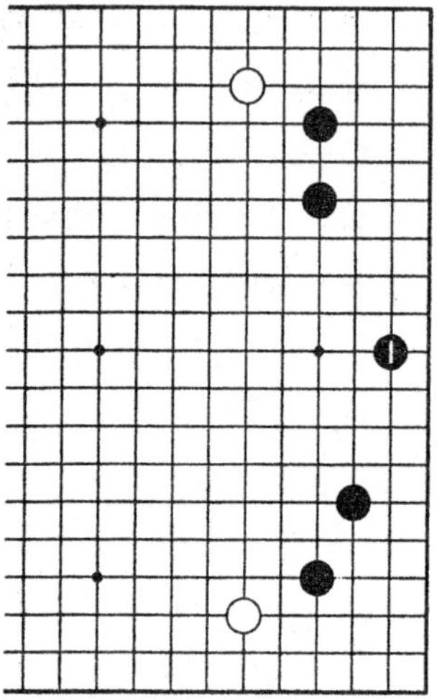

1도

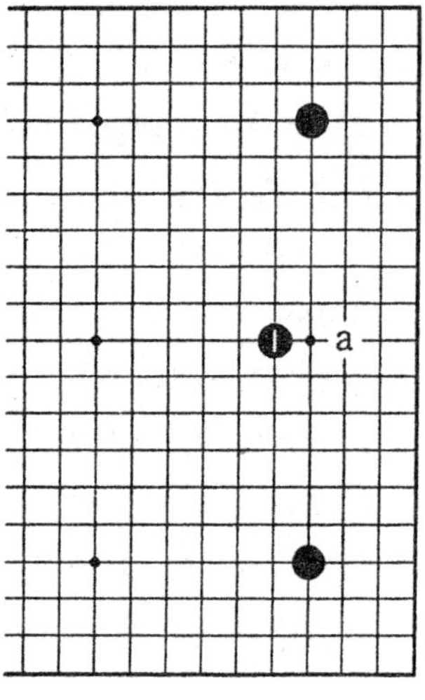

2도

고저의 밸런스

너무 높아도 너무 낮아도 안된다. 균형을 생각해야 한다.

1도

지금 곧 결과가 나오는 것이 아니므로, 어째서 나쁜지 고치기 곤란하지만, 흑1과 같은 2선으로의 전개는 우선 없는 것으로 생각합니다. 집으로써도 작고, 상대의 돌에 영향이 없읍니다.

2도

그런대로 흑1의 5선쪽이 씩씩하다고 할 수 있으나, 안정되어있지 않읍니다. 이미 한 수 흑a가 필요하게되면 포석에 늦어질 우려가 있읍니다.

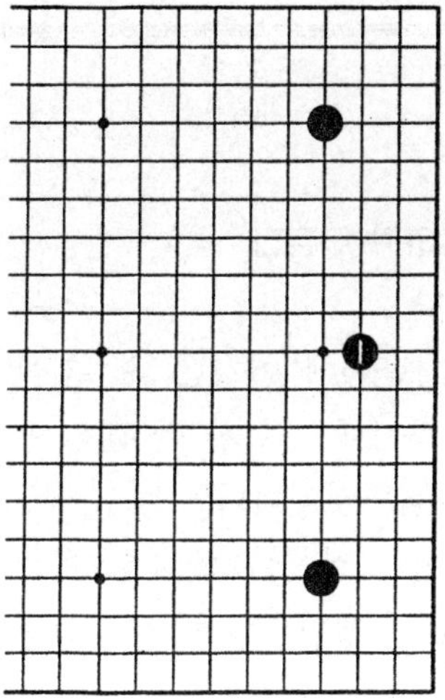

3 도

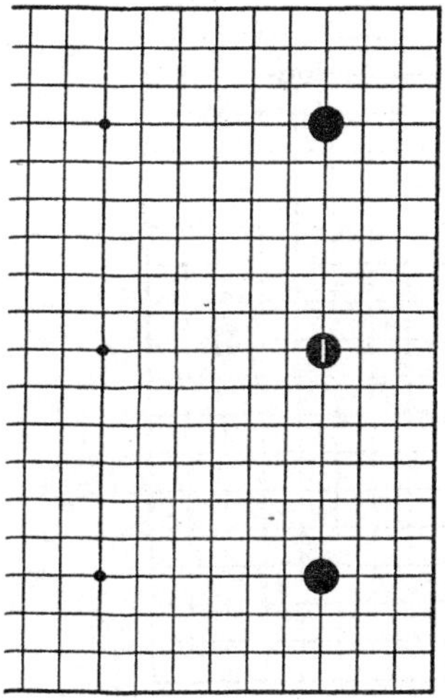

4 도

3 도

흑1의 3 선은 안정된 전개입니다. 상하 어느 쪽인가의 화점과의 사이에 집을 둘러 쌀 수 있는 희망이 큽니다.

4 도

흑1의 4 선은 강력한 전개입니다. 왼쪽 중앙으로 향해 세력도 있고, 우변의 지역화도 바랄 수 있을 것입니다.

양도에 나타낸 것과 같이, 변으로의 전개는 원칙적으로 3 선이나 4 선으로 한정됩니다.

양쪽 모두 바른 경우도 있고, 3 선이나 4 선 어느 쪽 하나가 바른 경우도 있읍니다.

지식과 기술의 강좌

전개의 성격

같은 전개라는 단어라도 의미가 다르다.

아래 그림을 보기 바랍니다.

오른쪽 흑 1 은 대초원 한가운데에 '이것은 내 집이다' 라고 말뚝을 박는 의미. 우상에 강건한 한 편이 있기 때문에 욕심을 낼 수가 있는 것입니다.

왼쪽의 흑 1 은 견고한 적진 가까이에 참호를 파고 있읍니다. 집이라고 하기 보다, 생명을 지키기 위해 ……

같은 '전개' 라고 해도, 무릇 다른 의미인 것입니다.

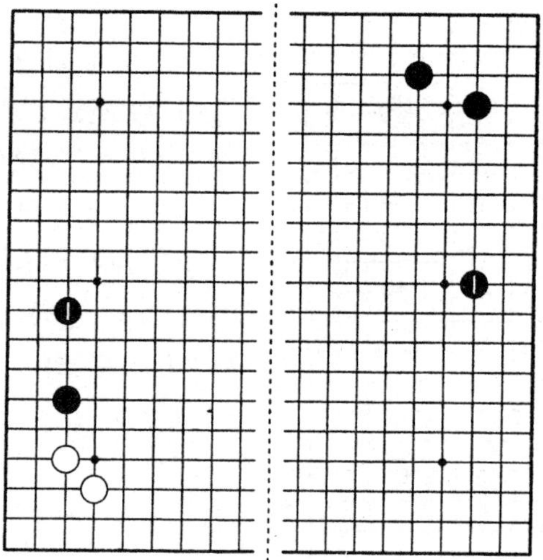

제 2 장

포석의 길잡이

포석이란 중반의 싸움에 대비한 토대 만들기입니다. 토대가 잘 만들어지지 않으면 태풍이 불어 지붕이 날아가거나 추위에 감기에 걸리거나 합니다.

나중에 후회해도 늦습니다. 바른 포석 놓기를 잘 배워 두어야 합니다.

1. 포석의 제1보

귀에서부터 시작한다

귀는 가장 집을 만들기 쉬운 곳. 따라서 포석은 귀에서부터 시작한다.

1도

전문 기사의 실전을 예로 들어 봅시다.

2도

흑5는 날일자 굳힘. 일찍 우상귀에 흑의 확정집이 만들어졌습니다.

3도

백6으로 우하에서는 흑의 굳힘을 방해하는 것만으로, 흑7로 접촉전이 개시되었습니다.

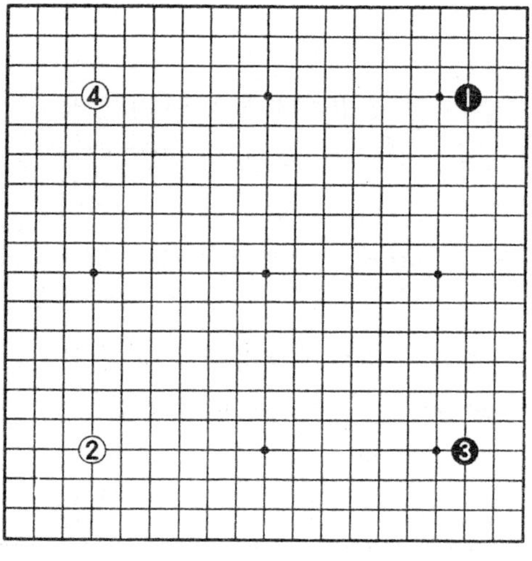

1도

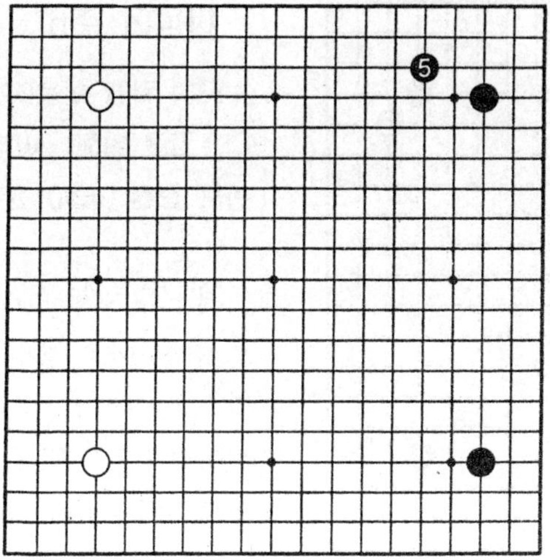

2도

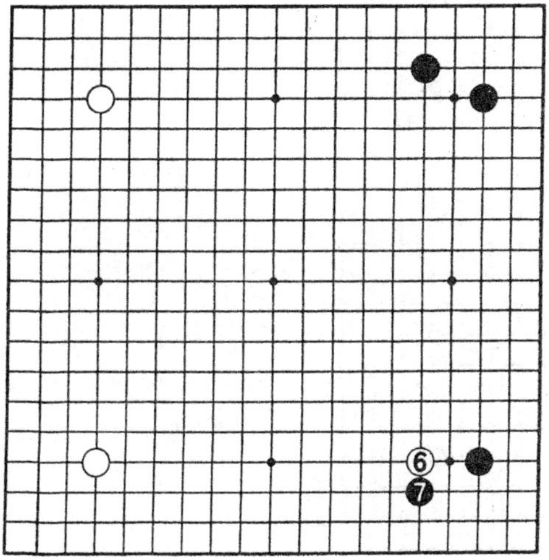

3도

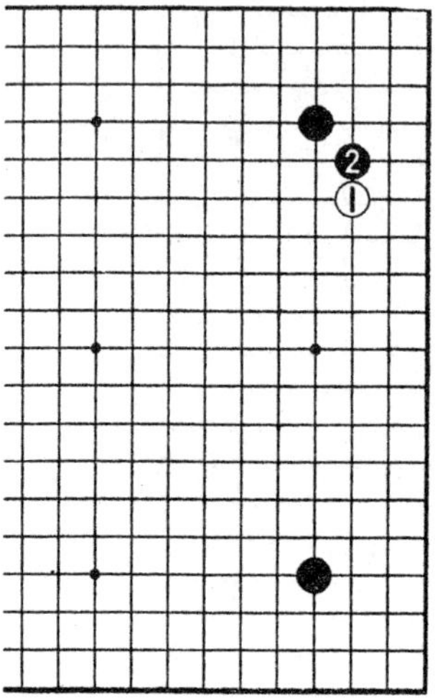

1
도

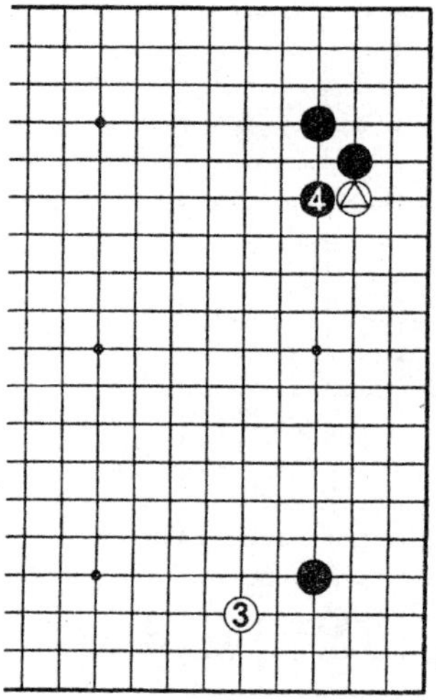

2
도

싸움에 준비

포석 뒤에 싸움이 온다. 그를 위해 싸우기 쉬운 형을 만들어 둔다.

1도

백 1의 걸침에 흑 2로 응한 때 어떻게 칠까요? 아직 포석의 단계이므로, 치고 싶은 곳은 바둑판 면에 많이 있습니다.

2도

예를 들면 백 3의 걸침은 어떻게 될까요?

흑 4로 쳐져, 이것은 실패입니다.

△ 한 점이 고립되고, 우상의 흑이 상대적으로 강해졌습니다. 이것으로는 나중의 싸움이 불리해지는 것은 눈에 보이는 듯합니다.

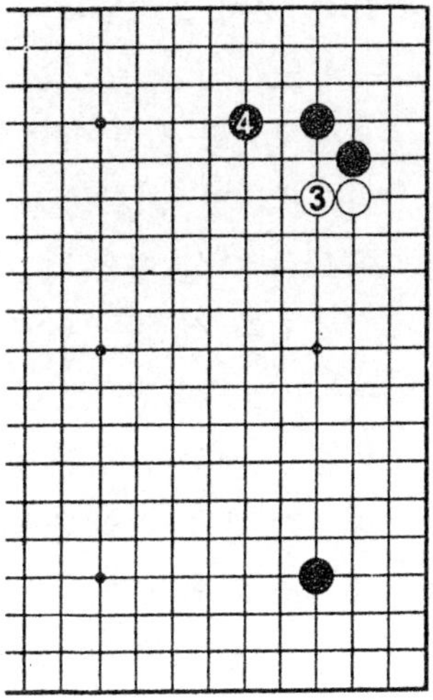

3
도

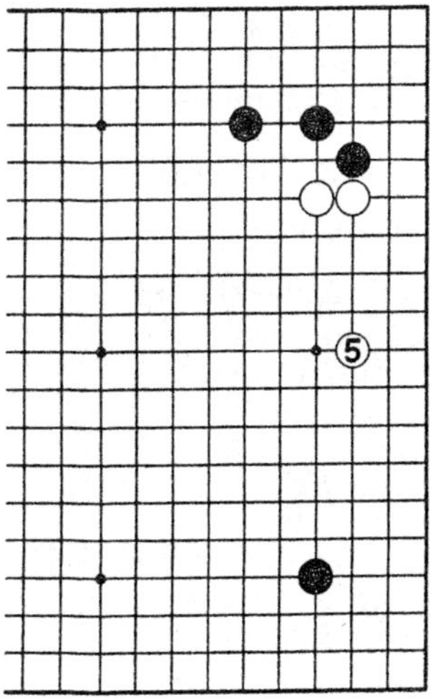

4
도

3 도

이 때는 백 3 으로 응하는 것이 바른 형이라고 되어 있읍니다. 반대로 흑 3 으로 쳐져서는 안됩니다.

흑 4 로 한 칸에 준비하는 것도 기본형. 이어서——

4 도

백 5 로 세 칸에 준비하여 이 부분의 형이 정해졌읍니다. 이것에 대해서는 나중에 자세하게 설명할 것이지만, 다소 백 유리합니다. 여기에서는 언급하지 않겠지만……

이 뒤 중반이 된 다음, 각각 상대의 약점을 찾거나, 자신의 집을 늘리려고 하는 것에서부터 싸움이 일어납니다. 그 골격을 만

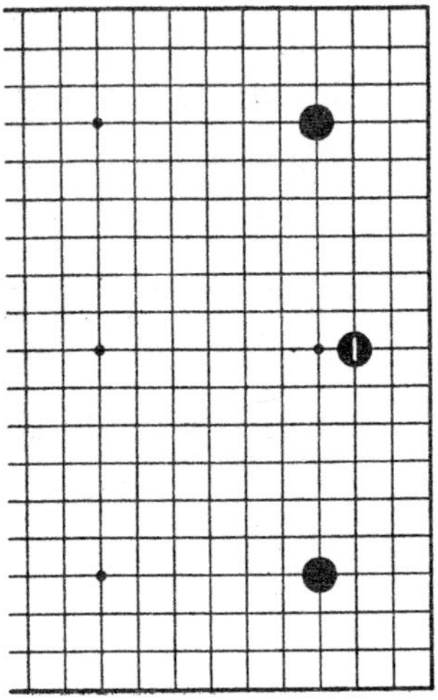

5도

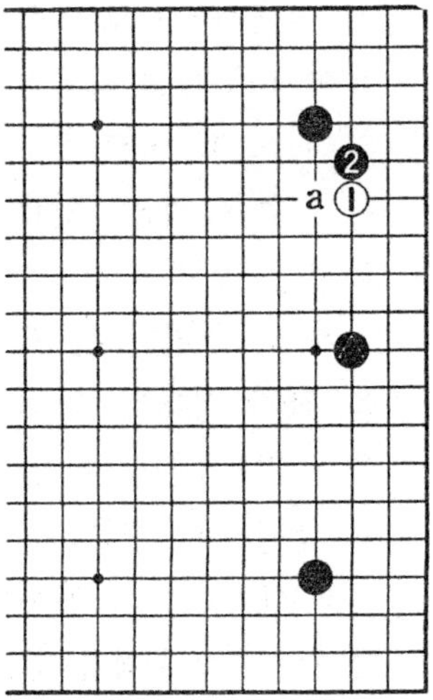

6도

드는 것이 포석입니다.

5도

앞에서도 같은 형을 나타냈지만 중요한 것이므로 다시 한번.

흑1의 전개는 우변을 흑의 세력권으로 한다는 의미입니다. 안에 들어간 백을 편안하게 해서는 안됩니다.

전형과, 어떤 차이가 생기는지 보아 갑시다.

6도

백1로 걸쳐 갔읍니다. 흑2로 마늘모 붙이는 것인데, 주목해야 하는 것은 ▲의 존재입니다.

물론, 백이 방치해 두면 흑a로 우세해집니다.

7도

따라서 백3은 절대. 흑4로 한 칸에 대비

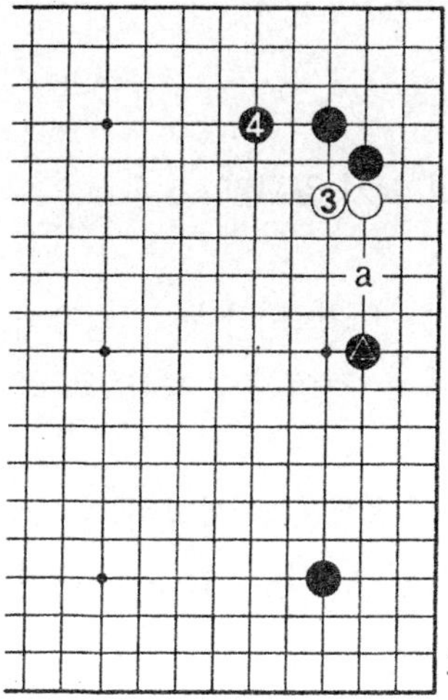

7
도

하는 것도 상식입니다.

여기서 백이 좀 곤란했읍니다. 4도에서 백이 준비했던 곳에, 이미 ▲이 기다리며 준비하고 있는 것입니다. 상대의 돌을 벗길 수도 없고, 백 a로는 너무 좁아, 도저히 근거를 가질 정도의 면적은 얻을 수 없게 될것 같읍니다.

8도

백 1로 도망쳐 내는 수밖에 없읍니다. 백 1에서는 a나 b도 있을 것입니다. 아뭏든, 주소 부정의 놈팽이로, 비바람을 피할 집도 없는 가엾은 경우입니다. 그것은, 흑 ▲의 일착의 효과가 있었기 때문입니다.

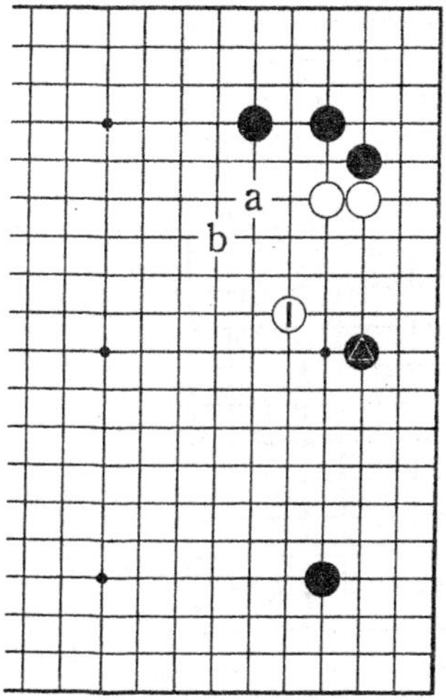

8
도

파격적인 포석

원칙에는 예외가 있다.

초보자에게는 그다지 권하고 싶지 않지만……

1도

네 귀에 치지 않고, 갑자기 한 귀에 착수가 집중되는 예. 좇아하지 않는 편이 좋을 것이라고 생각합니다.

2도

흑 1, 백 2, 흑 3으로 가운데에서부터 시작하는 바둑도 있습니다. 언제나 같은 것을 하면 싫증이 나기 때문일까요?

3도

그래도 그 뒤, 네 귀에 착수가 되어 있읍니다.

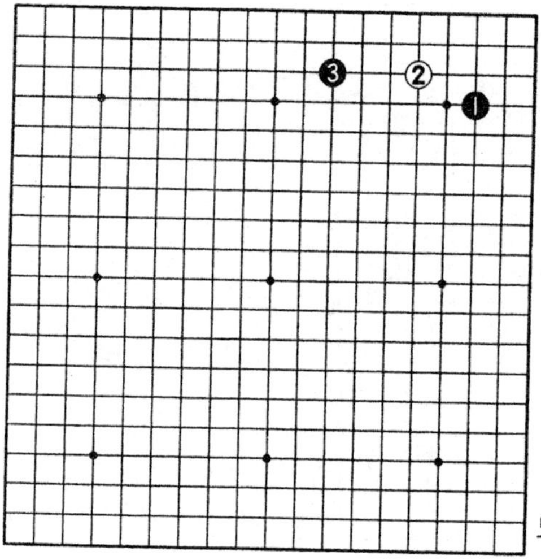

1도

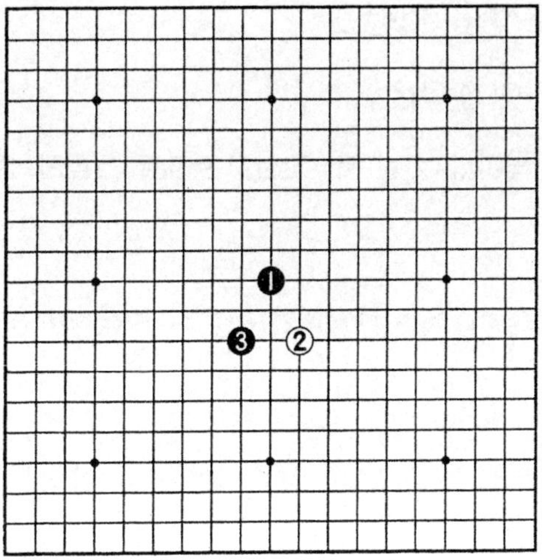

2도

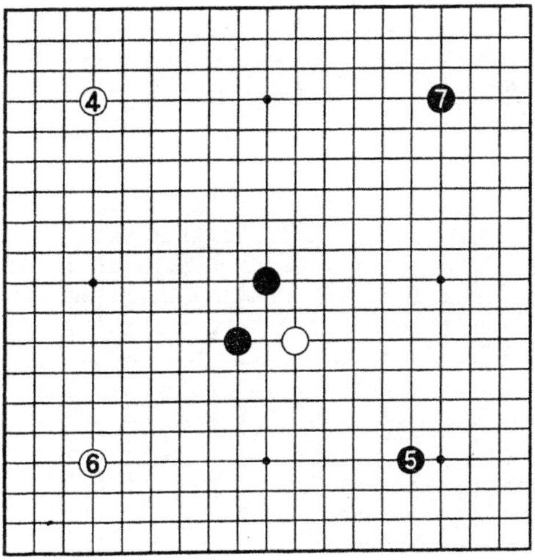

3도

2. 포석의 밸런스

상대와의 밸런스

바둑은 둘이서 치는 것. 자신만 멋대로 호점에 둘 수는 없다.

1도

백1로 걸쳐 갔을 때, 흑2는 같은 모양. 이 흑2를 칠 때——

2도

이어서 흑3으로 칠 수 있을 것이라고 생각해서는 안됩니다.

3도

백3으로 치고, 흑4에 백5. 이렇게 해서 양쪽

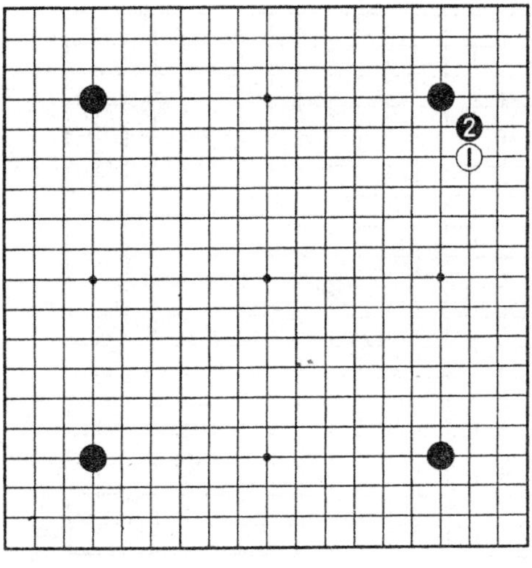

1도

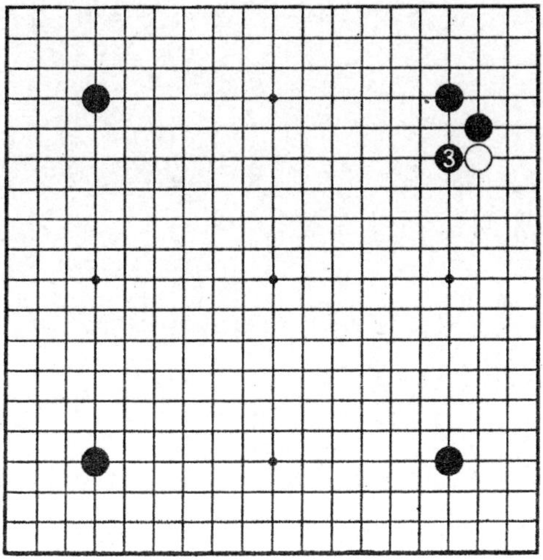

2도

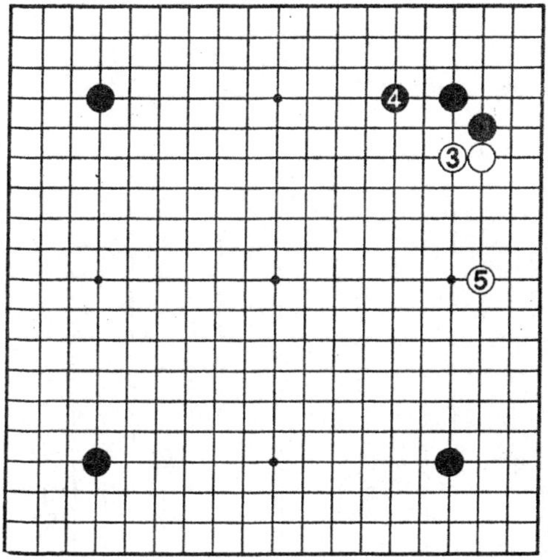

3도

이 주장을 갖고, 포석이라는 것은 진행되어 가는 것입니다.

4도

그러므로, 백 1에는 흑a로 치지 않고 단순히 흑2로 한 칸에 치는 것이 보통입니다.

5도

이어서, 백 3에 흑4는 날일자의 준비입니다. 물론 흑a의 한 칸이라도 좋읍니다.

6도

백 1로 치면 좋은 것입니다. 어째서 그렇게 치지 않았느냐 하면, 이어서 흑2로 쳐져 너무 강력하기 때문이었읍니다.

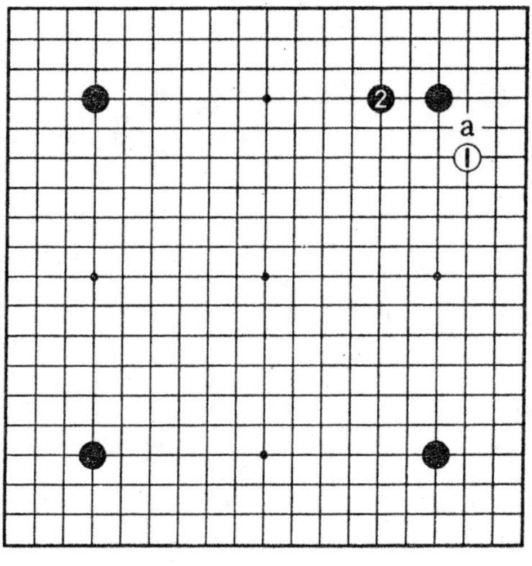

4도

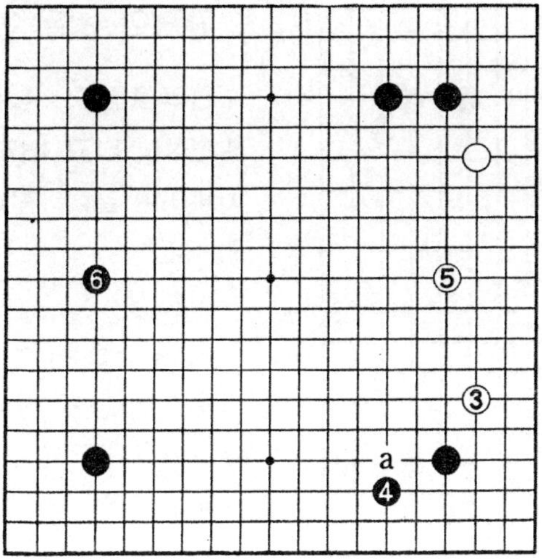

5도

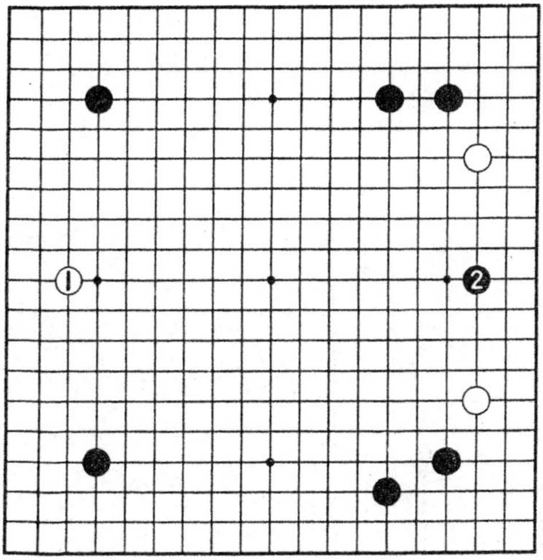

6도

고저의 밸런스

너무 자세가 낮으면 발전성이 없고, 너무 고자세이면 결점 투성이가 된다.

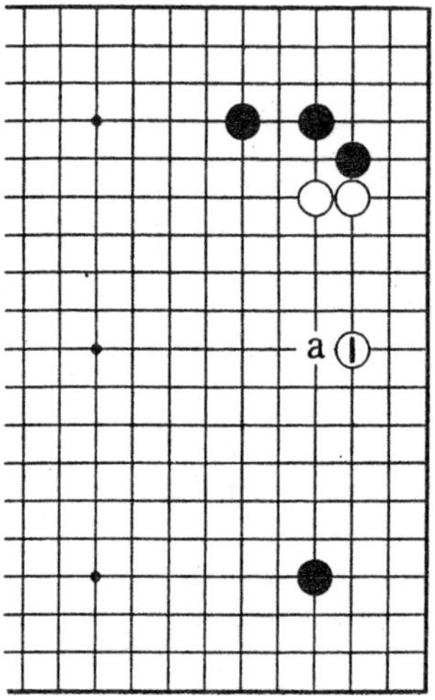

1도

1도

또 등장했읍니다. 그것은 그만큼 호형이기 때문입니다.

백 1의 발전이 좋은 밸런스입니다.

때로는 백 a로 발전하는 경우도 있읍니다. 이것도 좋은 수로, 백 1과 어느 것이 좋은지 알 수 없읍니다.

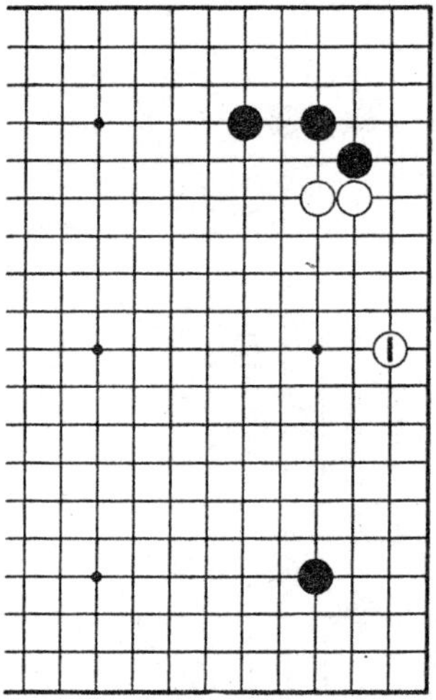

2도

2도

백 1은 밸런스를 잃고 있읍니다. 낮고 단단한 듯하지만, 다음에 발전할 좋은 수가 발견되지 않고, 중앙으로의 힘이 약하다는 것은 누구라도 알 수 있을 것

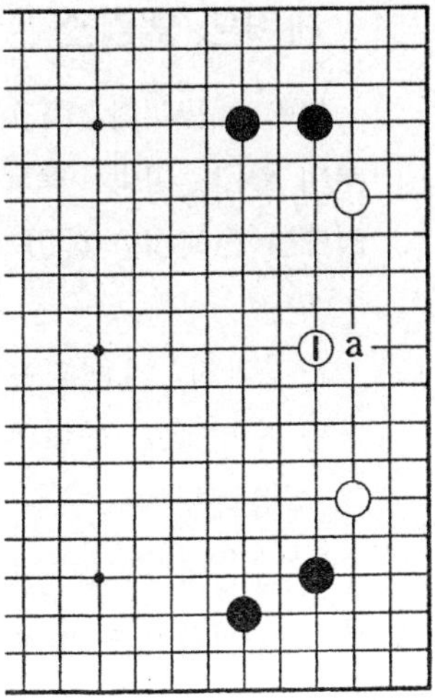

3도

입니다.

3도

백1도 밸런스가 잘 잡힌 자세라고 할 수 있습니다. 백a도 때로는 있을 것입니다. 좀 낮은 느낌이지만, 단단합니다.

4도

백1은 경기가 좋을 듯한 태세이지만, 자신의 돌끼리의 연락이 불충분하여, 뒤를 수습하기가 곤란합니다.

×표시 부근에 큰 결점이 있는 것입니다.

포석에서는, 원칙적으로 3선이나 4선의 전개가 밸런스가 잡힌다고 일컬어집니다.

3선은 어느 쪽인가 하면 신중파에게, 4선은 그에 비하여 적극파에게 권하고 싶습니다.

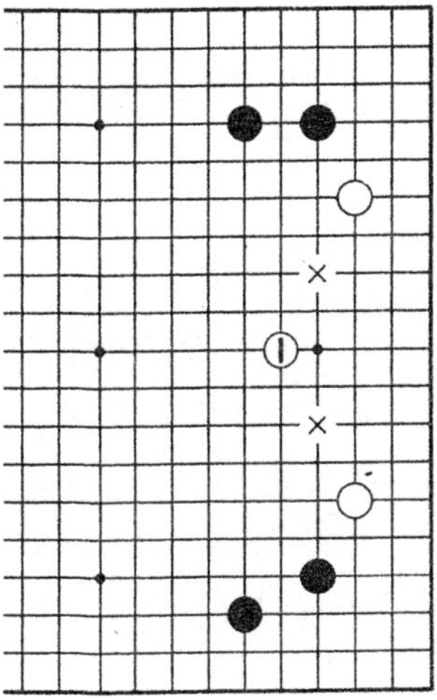

4도

세력의 밸런스

세력은 광대할수록 기분이 좋다. 힘껏 쭉쭉 뻗으며 전개하고 싶다.

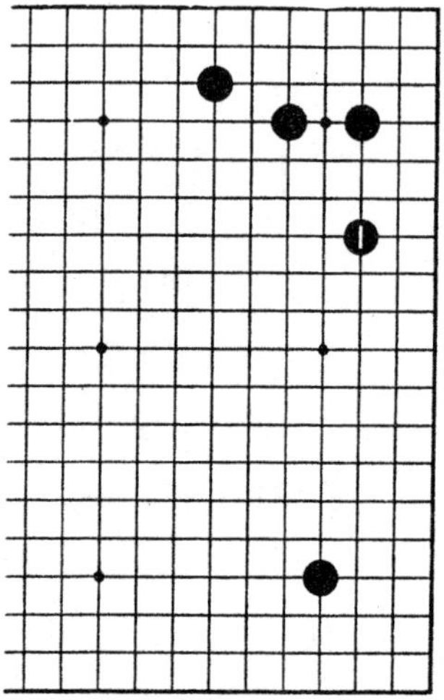

1 도

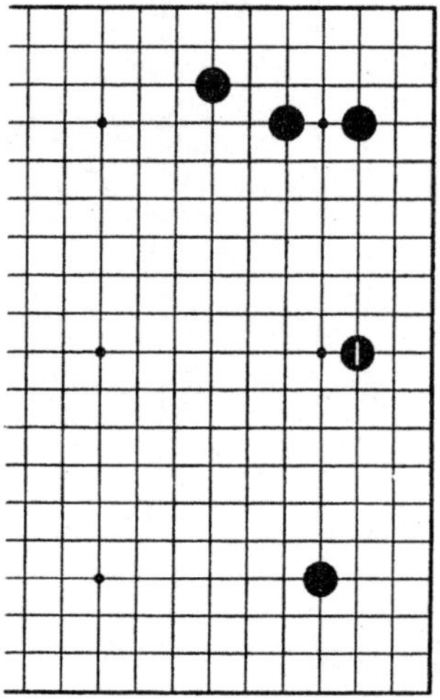

2 도

1 도

우상귀의 세력권을 더욱 우변에도 확대하고 싶습니다.

흑1의 두 칸은 너무 신중하여 어딘가 부자연스럽습니다. 세력권의 확대는 집을 만드는 것은 아닙니다. 자신에게 유리한 전장을 만드는 것입니다.

2 도

흑1로 크게 전개하고 싶은 것.

흑1은 우상귀와 우하귀와의 전개를 겸한 절호점. 세력권이 우상에서 우하까지 한 번에 넓어졌습니다.

3도

프로 기사의 실전례를 소개하겠읍니다.

백 1은 밸런스가 잡힌 한 수로, 백은 좌변을 크게 세력권으로 했읍니다.

백 a쪽이 착실할 것 같지만 부족합니다. 크게 전개하여, 만일 흑이 여기로 들어오면 고통을 주려고 하고 있읍니다.

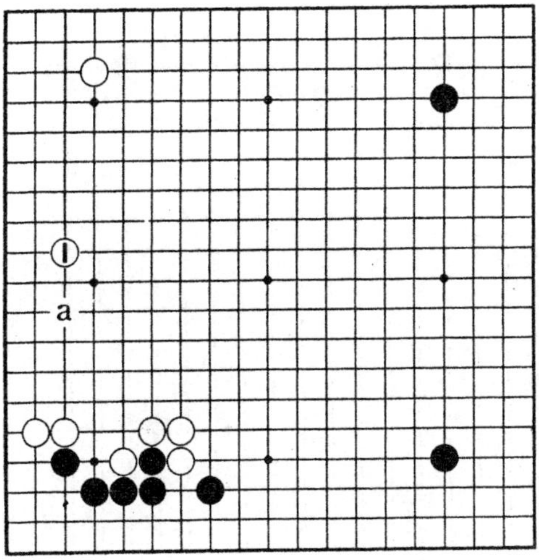

3도

전국의 밸런스

능숙해질수록 바둑판을 넓게 볼 수가 있다. 시점이 높아지기 때문.

1도

흑1에서 3으로 대비, 상변에서 우상귀를 더욱 우변, 우하귀에 걸친 큰 지대를 자신의 세력권으로 하려 하고 있읍니다.

2도

백1은 반대로 이 부근에 흑이 치면 큰 흑의 세력권이 형성될 것 같으므로, 그것을 방해하려는 의도입니다. 이것도 훌륭한 착상이라고 할 수 있읍니다.

3도

백은 1에서 3으로 좌하귀를 집으로 했읍니다.

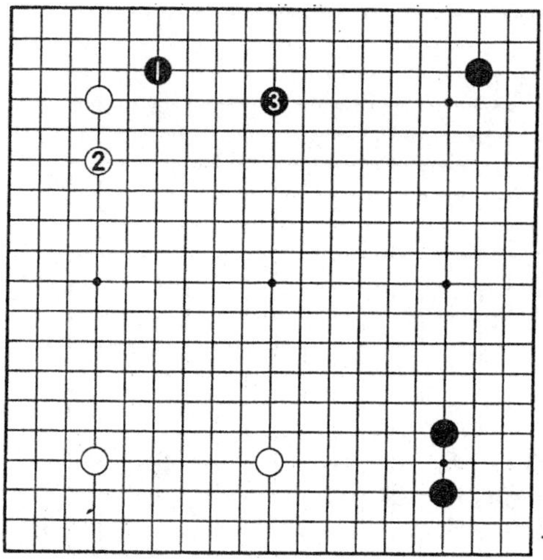

1도

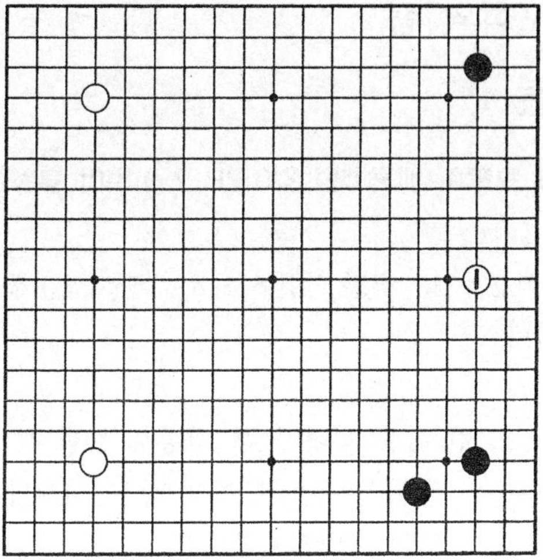

2도

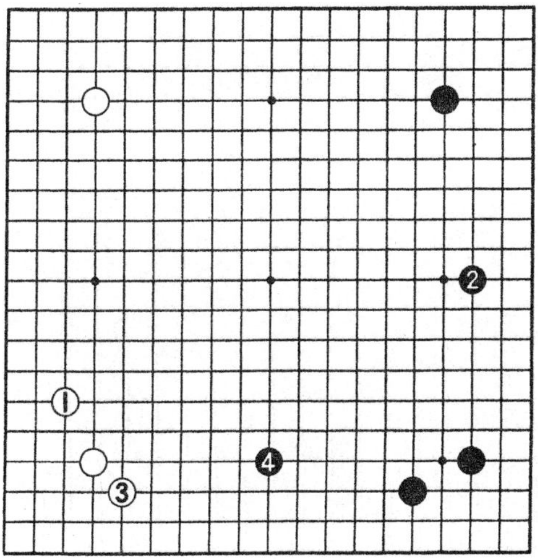

3도

3. 포석의 형

秀策流

본인방 秀策이 애용했던 것이라 그 이름이 붙여졌다.

1도

흑1, 백2로 빈 귀를 점거하므로써 秀策流 포석은 시작됩니다.

2도

흑1로 또 빈 귀를 점령한 때 백2로 걸칩니다. 흑2의 날일자로 굳히면, 우변에 흑의 좋은 태세가 만들어질 듯하여, 그것을 방지했읍니다.

3도

흑1로 또 빈 귀를 향한다

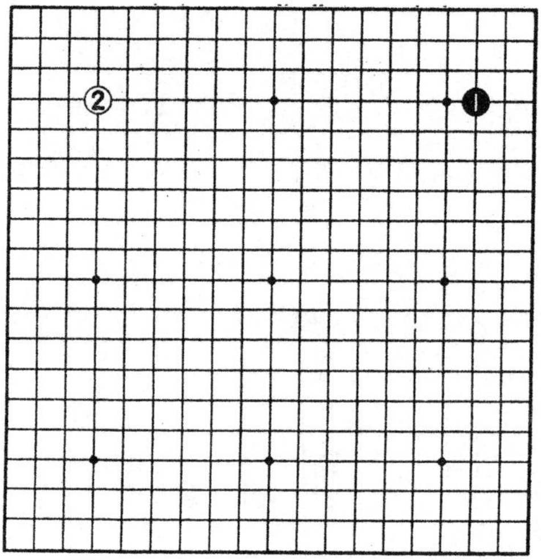

1도

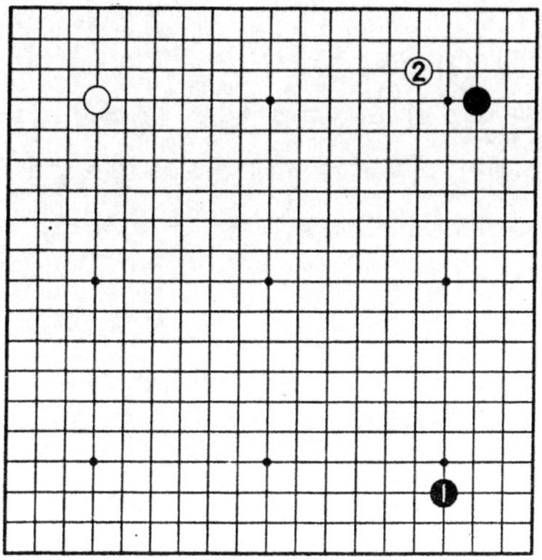

2도

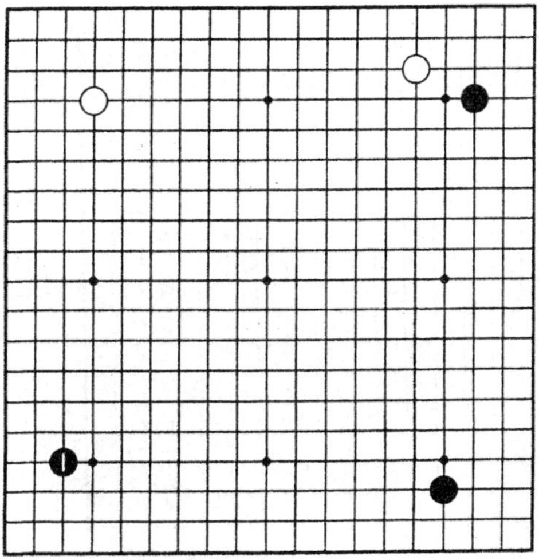

3도

4도

백1도 날일자 굳힘의 방해.

여기에서 흑2의 마늘모를 특히, '秀策의 마늘모' 라고 부릅니다. 바둑에는 전매 특허가 없으므로 누가 사용해도 불평은 없지만, 누가 놓아도 역시 '秀策의 마늘모' 입니다.

5도

이 뒤, 백a로 치는 것이 일반적이지만, 백b도 나쁜 수는 아닙니다. 그때 흑c로 치면, 이것도 '秀策의 마늘모'.

6도

秀策流를 흑1에서 7까지 정리하여 나타내었습니다.

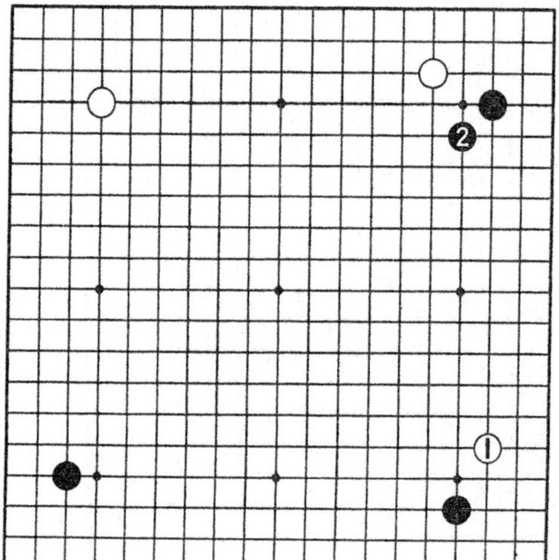

4도

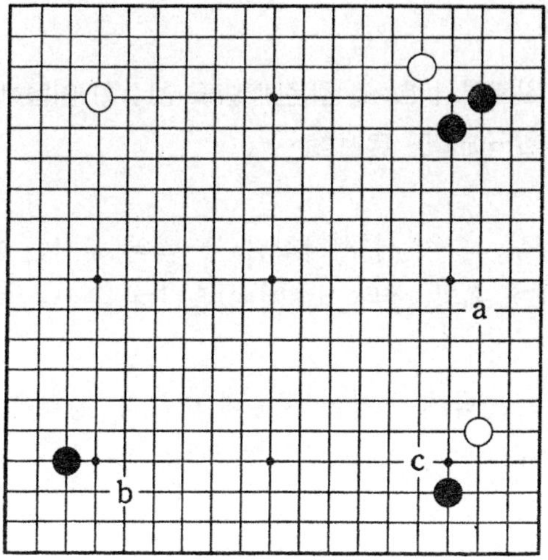

5도

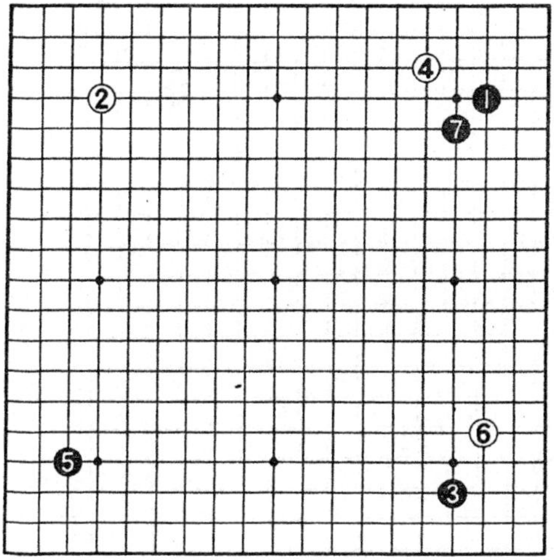

6도

중국류

탄생은 일본에서 한 것 같은데, 중국 선수가 이용했다. 지금은 한국에서도 유행형.

1도

흑의 화점 치기에서 시작합니다. 백의 치기는 여러 가지 있지만, 흑의 형은 정해져 있습니다.

2도

흑3으로 다음에 소목에 치는데, 소목의 방향은 이에 한합니다.

3도

흑5로 중국류의 포석 완성입니다.

흑5에서는 a도 있고, 흑5를 '낮은 중국류', 흑a를 '높은 중국류'라고 부릅니다.

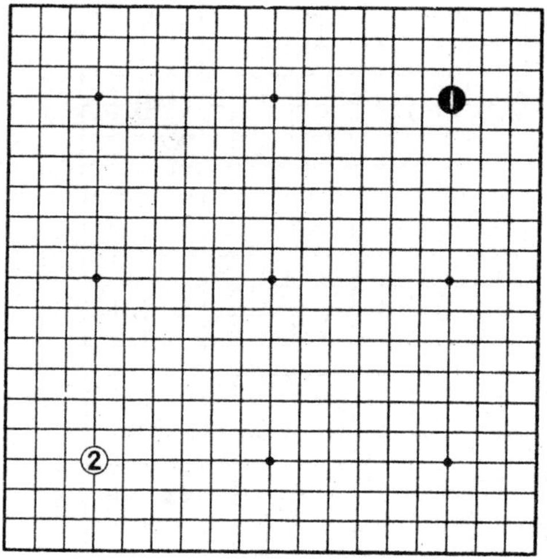

1도

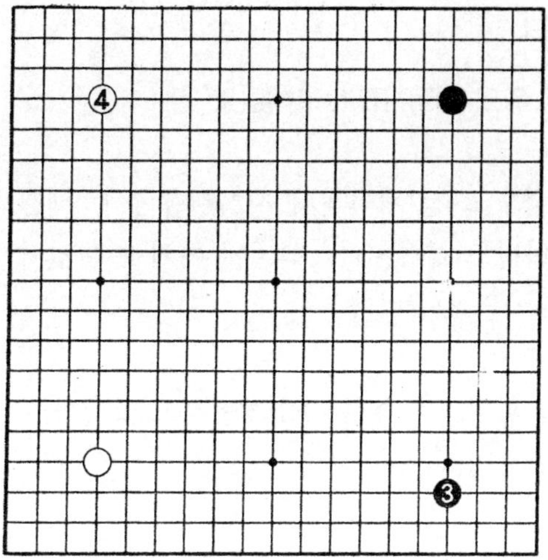

2도

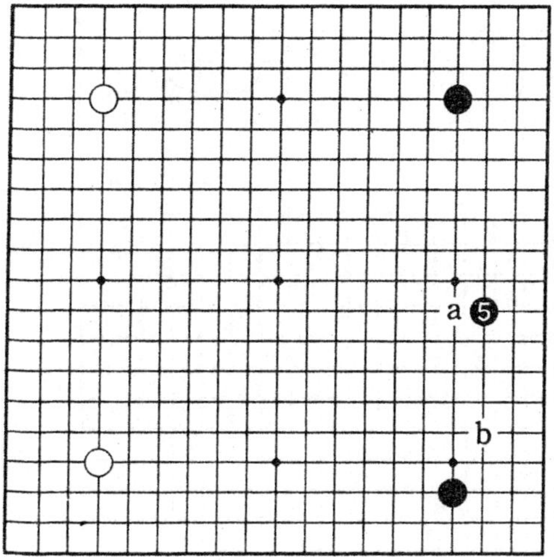

3도

3 연성

바둑판 위의 화점 표시에만 친다.

1도

이 포석도 화점 치기에서 시작했읍니다. 백2의 위치는 어디라도 좋읍니다. 백돌에 거의 관계없이 3연성은 만들 수 있읍니다.

2도

흑3도 화점. 이 형을 2연성이라고 합니다.

백4도 2연성.

3도

흑5로 쳐 3연성의 완성입니다. 다음에 백a로 치면 3연성.

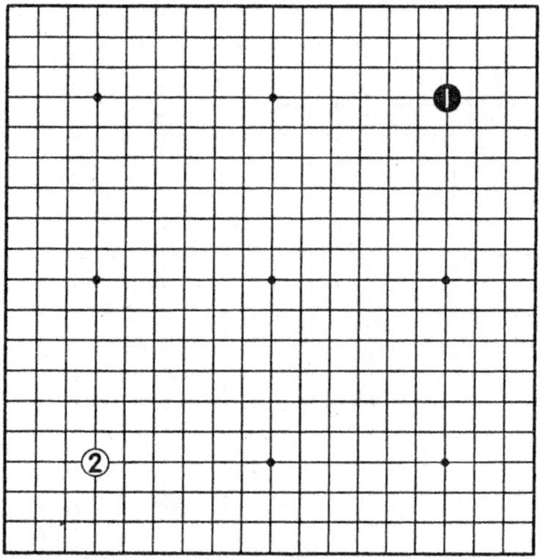

1도

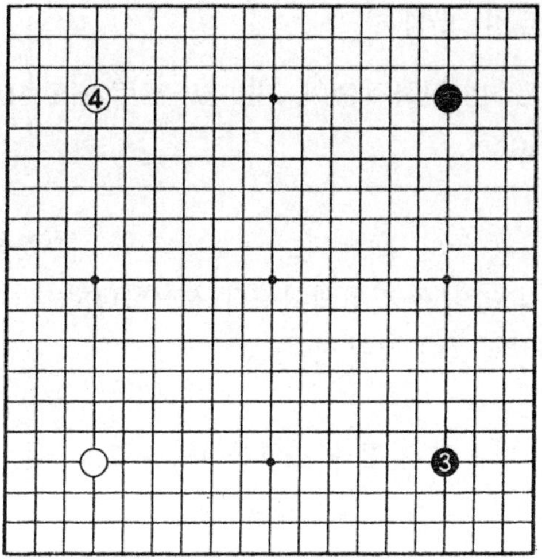

2도

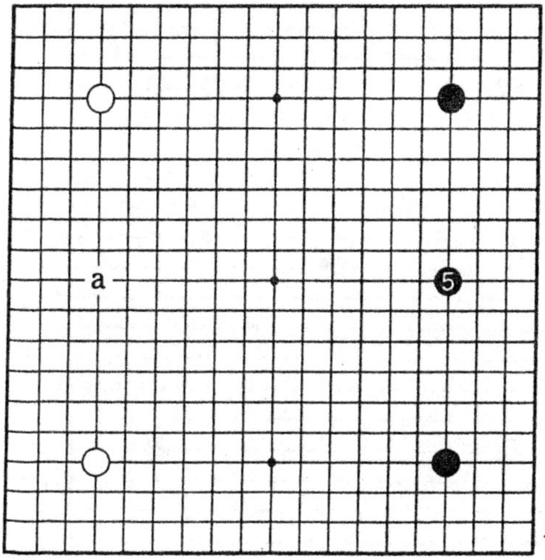

3도

접바둑의 포석

접바둑은 빈 귀가 적던가, 거의 없으므로 변으로의 전개가 주제이다.

1도

다섯 개의 놓인 돌을 예로 들었읍니다. 대부분의 경우, 백 1 의 날일자 걸침에서부터 시작합니다.

흑 2 의 한 칸이 당당한 태도.

2도

이어서 백 1 의 걸침과 마찬가지로 흑 2 로 한 칸의 준비. 백 3 으로 지켜 일단락입니다.

3도

백 1 로 이쪽에서부터 걸치고, 흑 2 의 한 칸에 백 3 으로 막는 듯한 치기도 있읍니다.

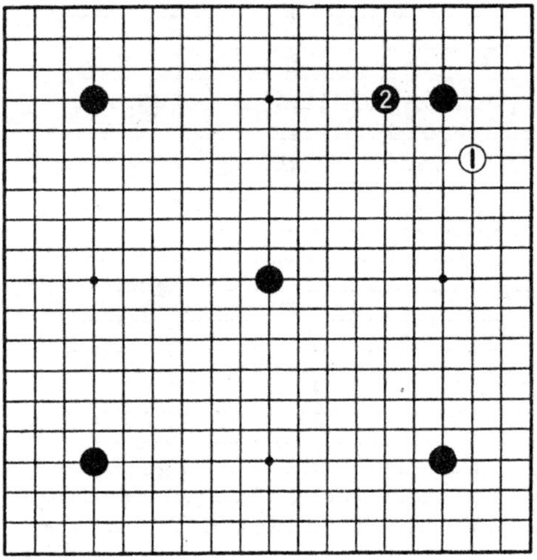

1도

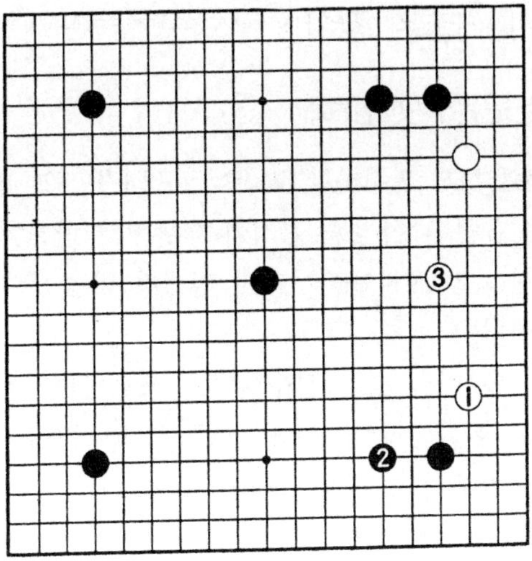

2도

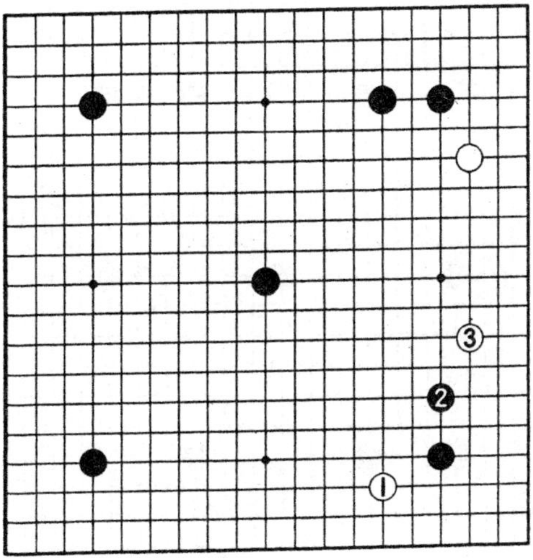

3도

우리나라의 옛 바둑

포석을 중요하게 생각하지 않았던 우리나라의 옛 바둑

바둑은, 3천년 이상된 이전에 중국에서 만들어졌다고 합니다. 그것이 우리나라에 전해진 것은 오래 전의 일입니다.

중국의 옛 바둑 형을 전수했다고 생각되는 우리나라 바둑의 초기의 형은 아래 그림과 같은 것입니다. 이것은 초반부터 갑자기 난전이 될 것입니다.

바둑판의 배석을 제로로 한 것은 일본 바둑과는 약간 다릅니다. 여기에 포석의 재미가 가해진 것이 오늘날의 바둑입니다.

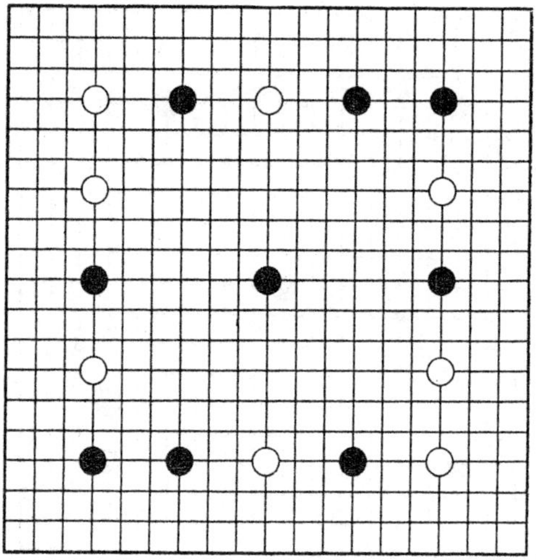

제 3 장

정석의 제 1 보

복잡한 귀의 교환을 정형화한 것이 정석입니다. 능숙해지는 과정에서 많은 정석을 나의 것으로 하게 되는데, 여기에서는 우선, 그 제 1 보, 정석의 정신을 알고, 정석의 어려움을 느끼는 것에서부터 시작합니다.

1. 정석이 가능할 때까지

귀의 싸움

귀는 집과 세력의 요점. 여기의 싸움의 성부는 전국에 영향을 끼치는 경우가 많다.

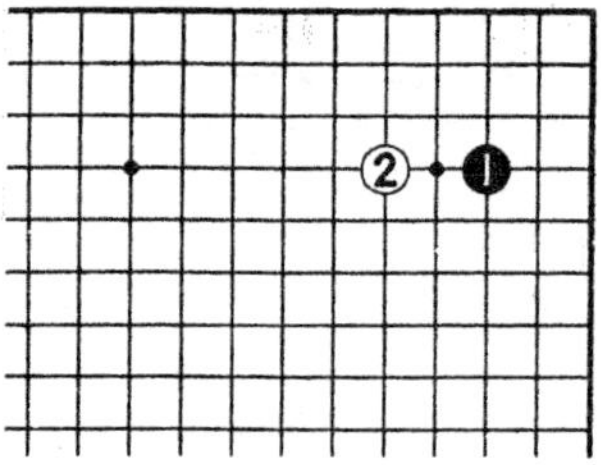

1도

1도

흑1의 소목에 백2로 한 칸 걸침. 흑의 굳힘을 허락치 않으려는 태도입니다.

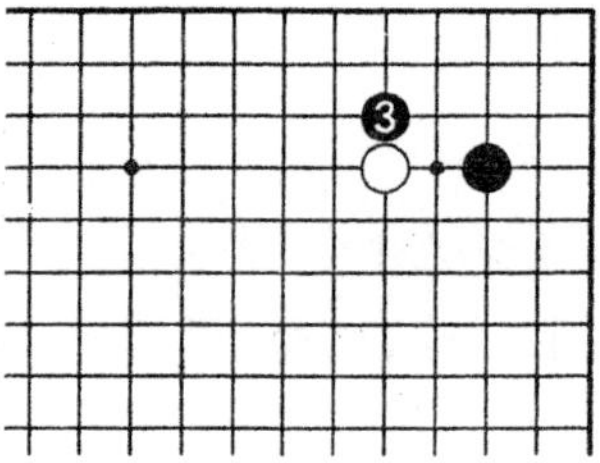

2도

2도

흑3으로 접촉전의 시작입니다.

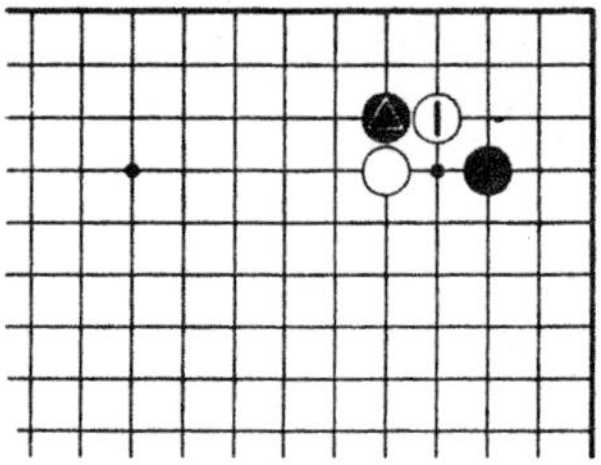

3도

3도

우선 백1로 치는 수를 생각해 봅니다. 경우에 따라서는 ▲을 거두어 들이려는 강한태도입니다.

4도

흑1로 도망치면 백

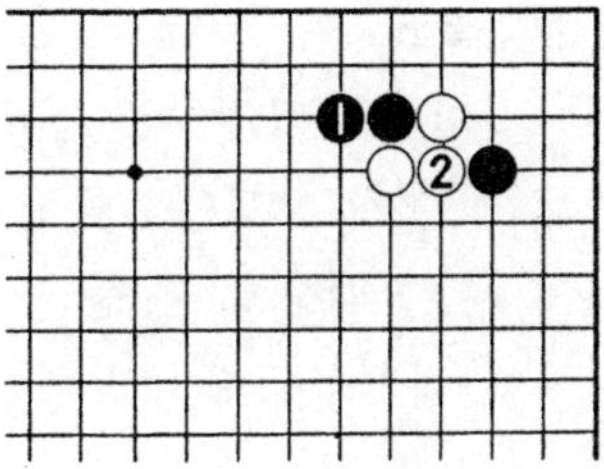

4도

2로 잇습니다. 이 형은 백이 단단히 연락되어 있는데, 흑은 분단되어, 양쪽 모두 공격당할 듯. 흑1은 실패입니다.

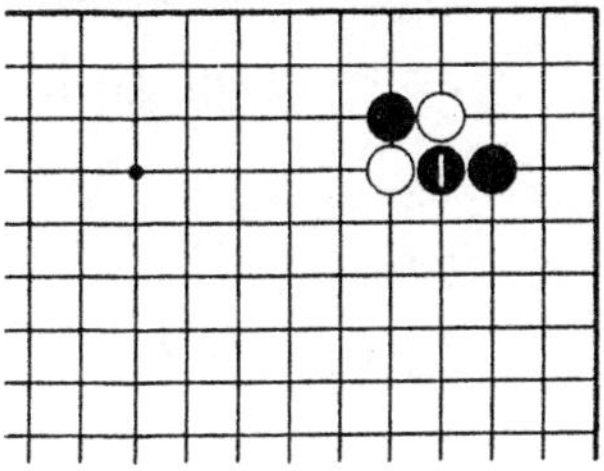

5도

5도

흑1로 끊는 수밖에 없습니다. 그럼 백과 흑, 어느쪽이 강할까요.

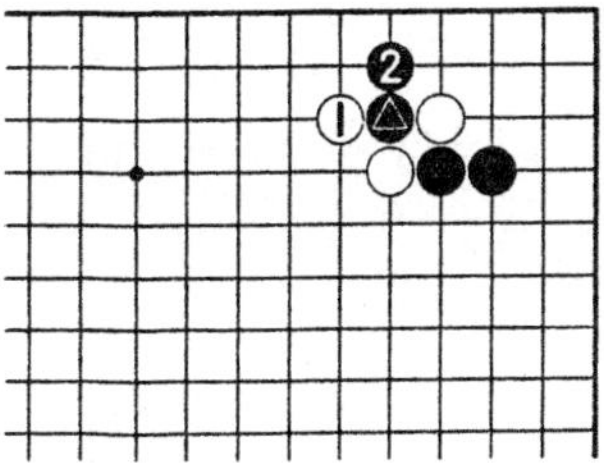

6도

6도

백1로 ▲을 잡으면 물론 백의 우세가 됩니다. 흑2로 도망쳐

——

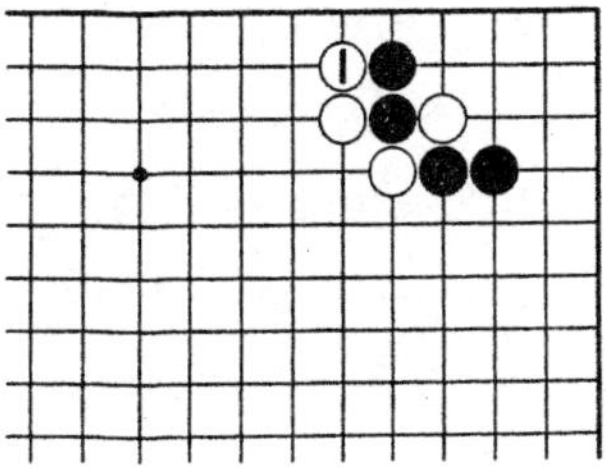

7도

7도

백1로 더욱 추격합니다.

아마 이 책의 독자는 먼저 흑을 잡을지 어떨지 결론은 내고 있을 것입니다. 그러나 다짐하기 위해 계속하겠읍니다.

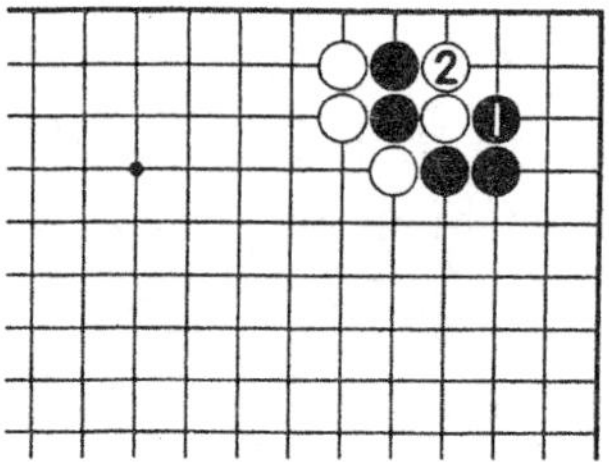

8
도

8도

깜박 흑1로 단수하는 것은 방향이 틀립니다. 백2로 흑두 점이 잡혔읍니다.

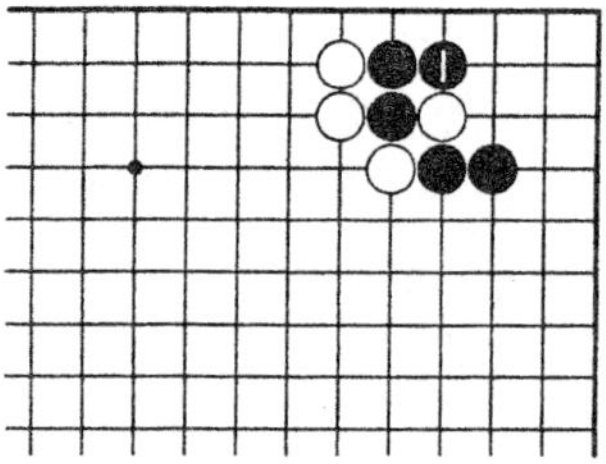

9
도

9도

물론 흑1로 단수하는 것이 바른 방향입니다.

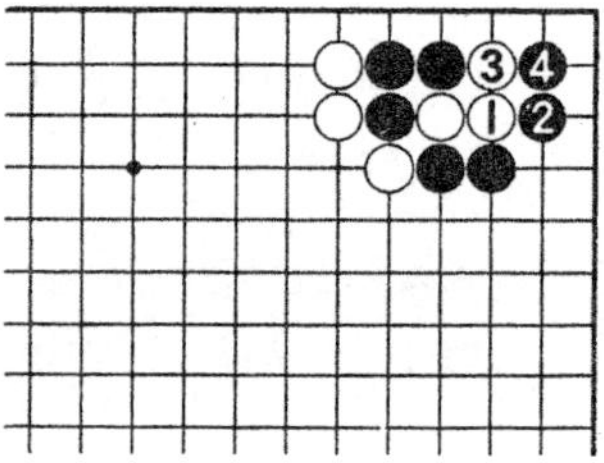

10
도

10도

백1로 도망쳐도 소용없는 것. 흑2에서 4로 단수하여 백을 잡을 수가 있었읍니다.

도망쳐도 소용 없으므로——

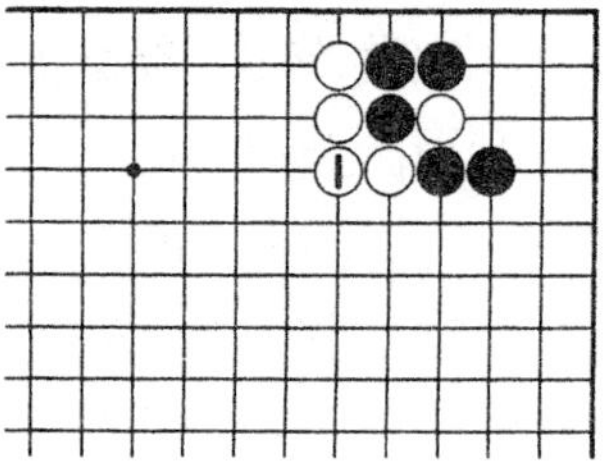

11
도

11도

이 기회에 있어서는 백1로 잇는 수밖에 없을 것입니다.

그러나, 이 형은 어떤가 하면, 흑이 단단히 귀에 집과 근거를 만드는데 비해, 백의근거는 분명치 않읍니다.
그래서——

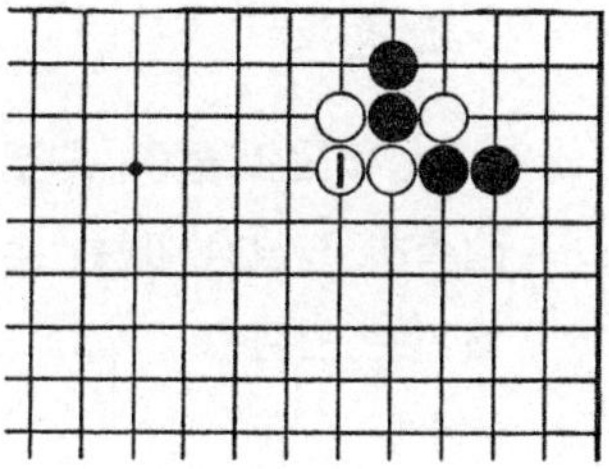

12 도

12도

6도까지 돌아가 반성하고, 백 1로 잇는다고 해봅시다. 이 수의 겨냥은, 흑이 멍하니 있으면——

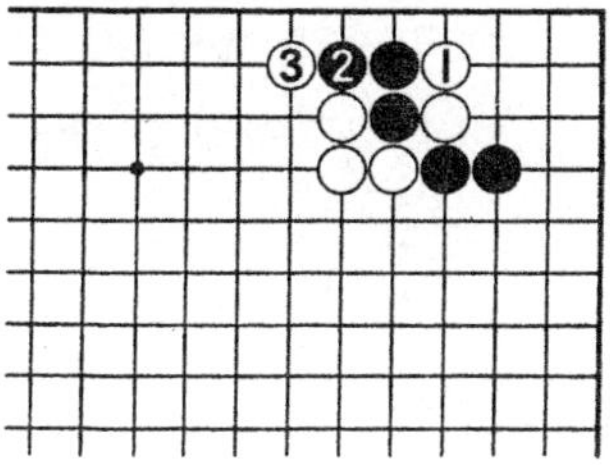

13 도

13도

백 1로 귀쪽에서부터 눌러 흑을 잡아 버리려는 것입니다. 흑 2로 도망쳐도 백 3으로 소용없읍니다.

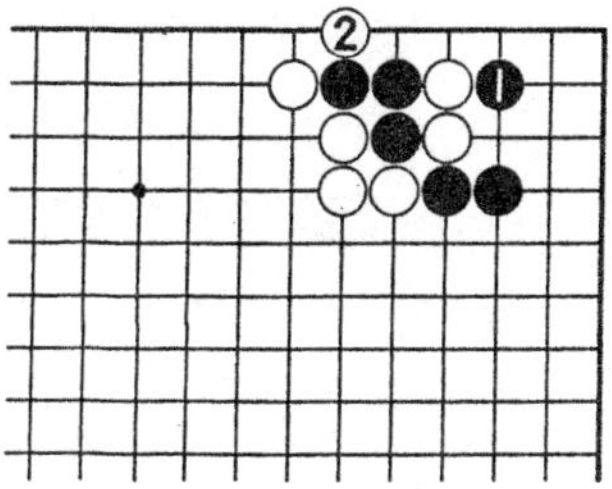

14 도

14도

흑 1에는 백 2. 흑의 공격은 지게 되어 있읍니다.

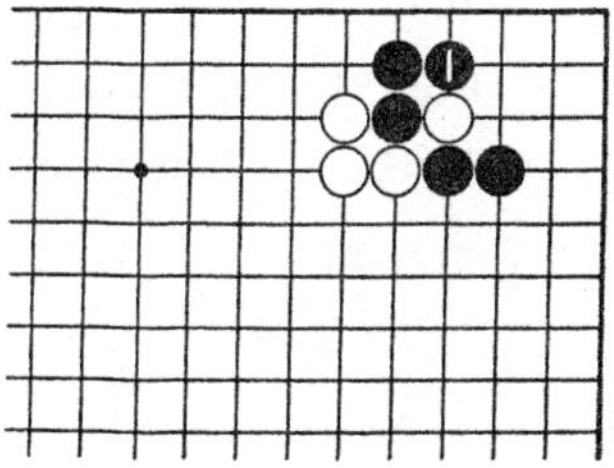

15 도

15도

아무것도 아닙니다. 12도의 뒤 흑 1로 손을 넣어 두면 되는 것입니다.

접촉전

적, 아군의 돌이 서로 접촉하고 있을 때는 손빼기는 안된다.

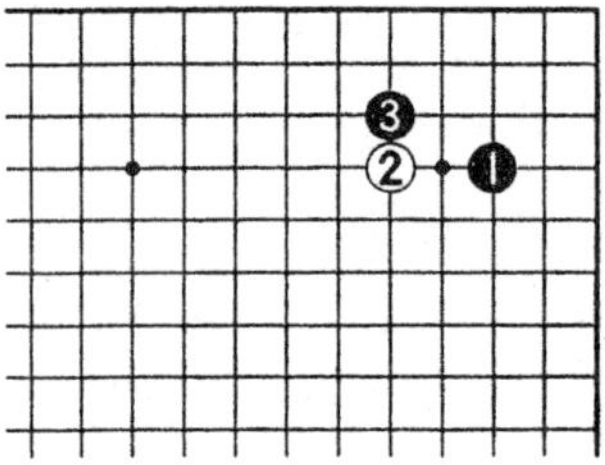

1도

1도

흑1의 소목에 백2로 걸치고, 흑3으로 친 것이 원형이었읍니다.

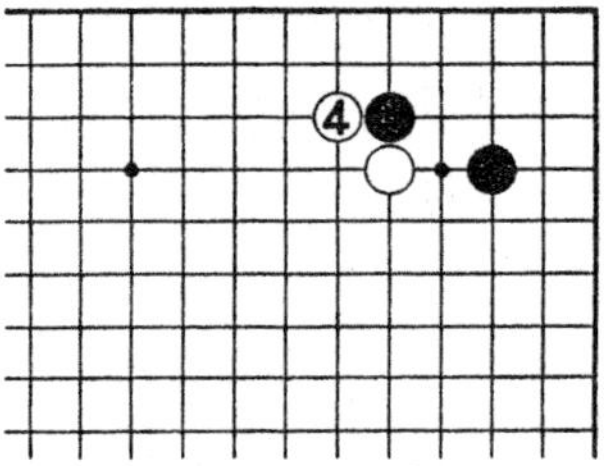

2도

2도

이번에는 백4로 쳐 봅니다.

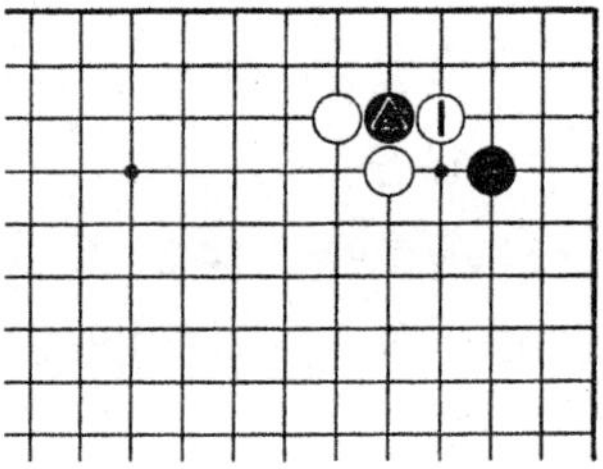

3도

3도

그냥 방치해 두면 백1로 ▲이 잡혀 버리려는 것입니다. 접촉전이 한창일 때는 결코 손을 빼어서는 안됩니다.

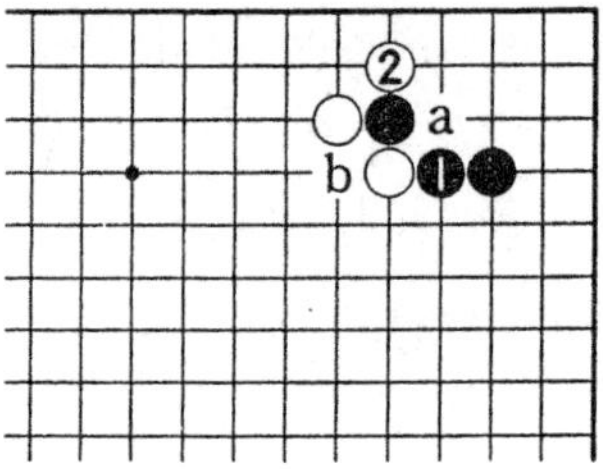

4도

4도

흑1은 백2로 단수. 흑a로 이어도 백b로, 흑의 형은 내키지 않는 우형입니다. 흑1에서는 좀더 좋은 수가 있읍니다.

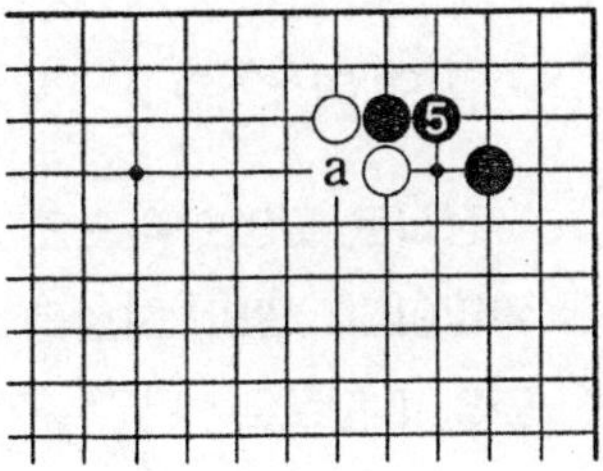

5도

5도

흑5로 당기는 것이 좋은 수입니다. 미지근하게 보이지만, 백이 손을 빼면 a로 끊는 겨냥이 있읍니다.

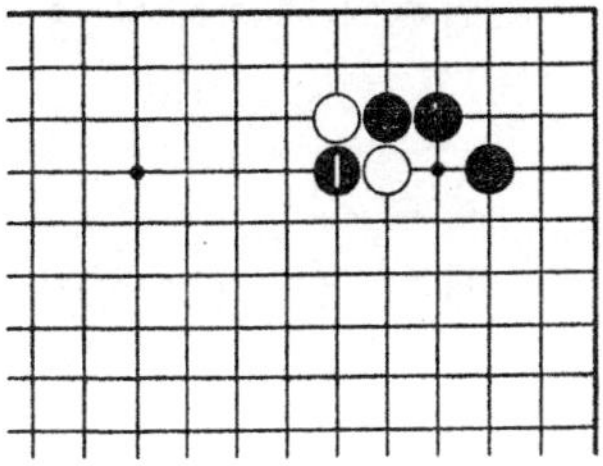

6도

6도

즉 흑1입니다. 귀의 흑은 단단한 형을 하고 있으므로, 절단된 백돌은 양쪽이 도망칠 수는 없읍니다.

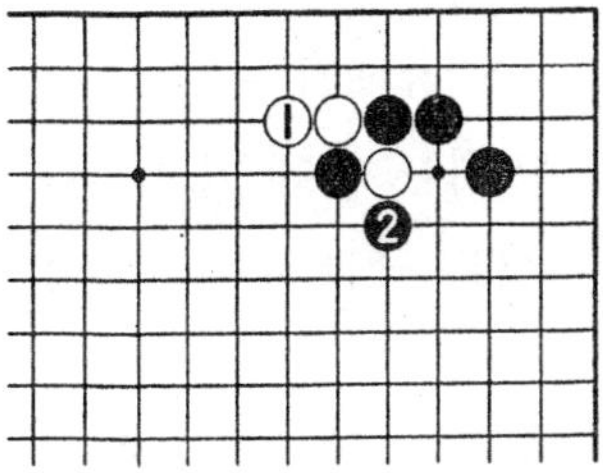

7도

7도

백1로 그쪽이 도망치면 흑2로 이쪽 백을 잡을 수가 있읍니다.

백1에서 2로 도망치면, 흑1로, 역시 백의 한 점을 잡을 수가 있읍니다.

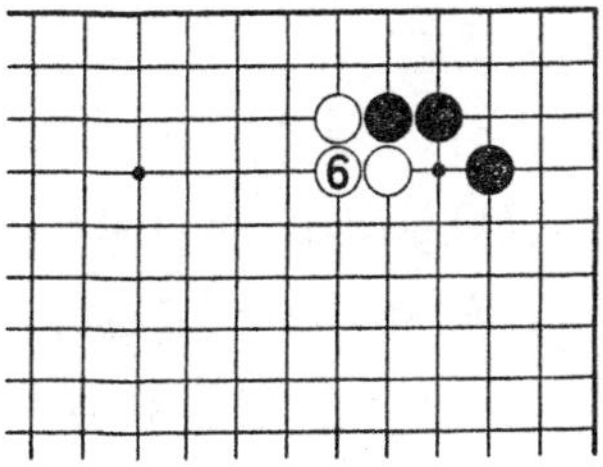

8도

8도

백6으로 잇는 것이 바른 치기.

필연의 수순

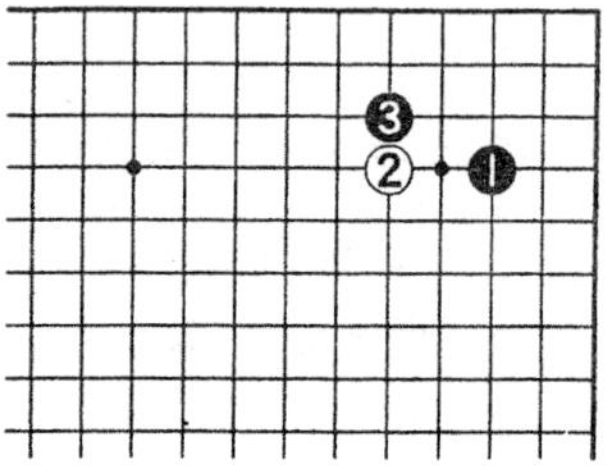

1 도

정석은 필연의 수순의 쌓임이다. 쌍방 최선을 다하여 만든다.

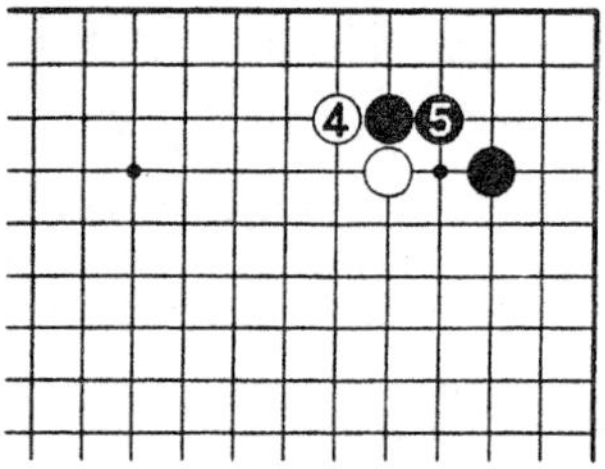

2 도

1 도

원형의 흑 1 에서 3 을 다시 실습니다.

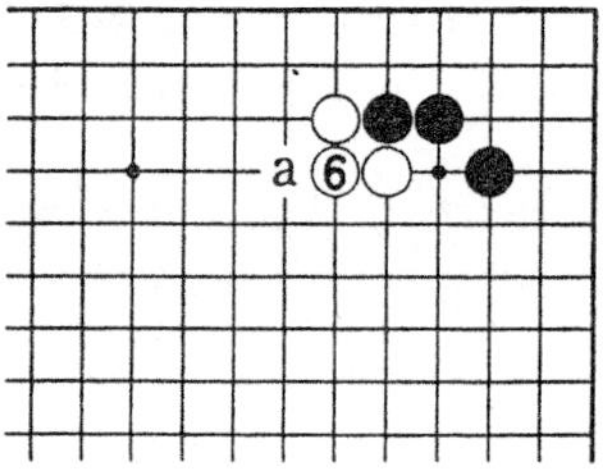

3 도

2 도

백 4, 흑 5 가 최선이라는 것을 비교해 보았습니다.

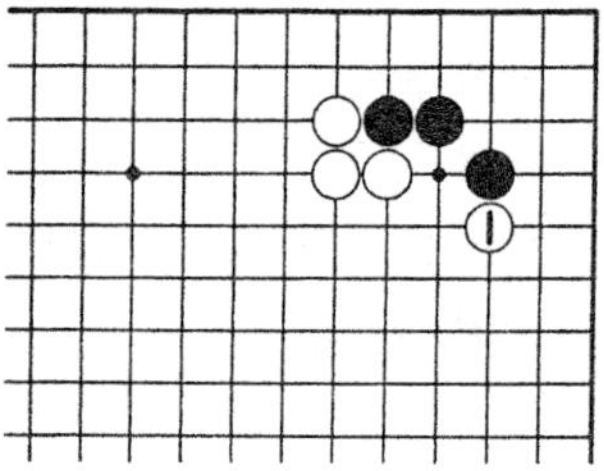

4 도

3 도

백 6 에서는 a로 준비하는 형도 있고, 그것은 다른 정석이 됩니다. 여기에서는 백 6 으로 단단히 잇는 형을 공부합니다.

4 도

아직 정석은 끝나지 않았습니다. 여기에서 손을 빼어서는 안됩니다. 백 1 로 붙여져 곤란합니다.

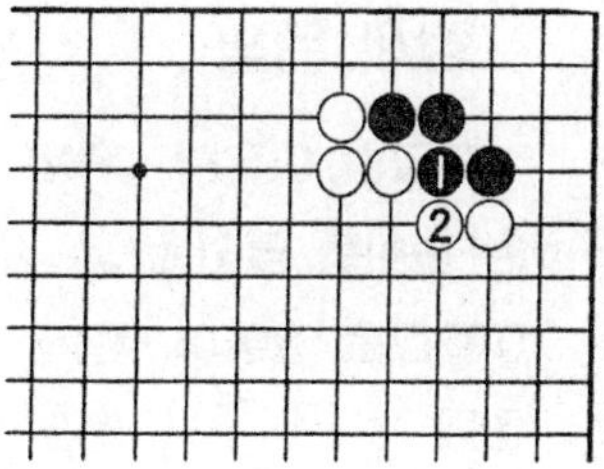

5도

5도

흑1이라면 백2로 딱 봉쇄되어 버립니다. 어지간한 봉쇄는 피해야 합니다.

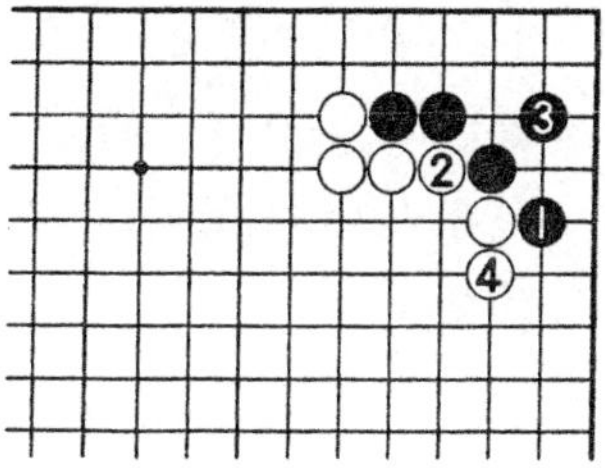

6도

6도

흑1로 젖히면 딱 봉쇄될 일은 없지만, 흑의 자세가 너무 낮아, 이것으로는 도저히 대등한 형이라고 할 수 없을 것입니다.

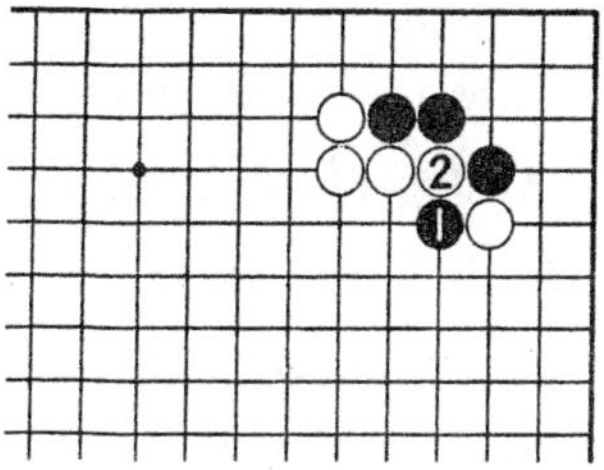

7도

7도

흑1은 백2로 절단되어 크게 고전.

상세한 설명은 생략하지만, 흑이 좋아지는 일은 결코 없습니다.

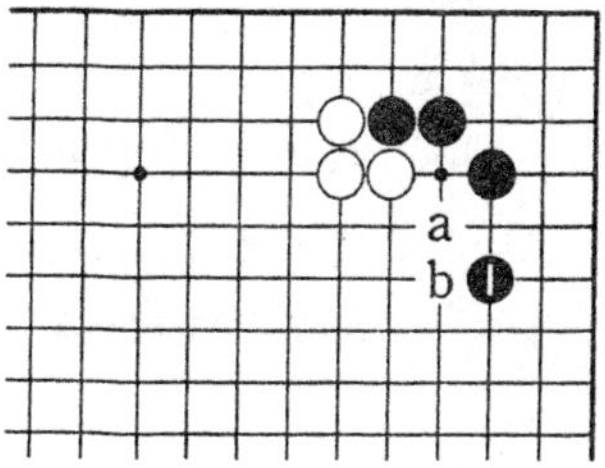

8도

8도

따라서 흑1의 한 칸 준비가 꼭 필요합니다. 때로는 흑1에서 a나 b로 치는 경우도 있는데, 이유는 같습니다.

정석 탄생

은밀한 이유나, 위험한 변화를 뚫고 나가, 아름다운 결론이 탄생한다.

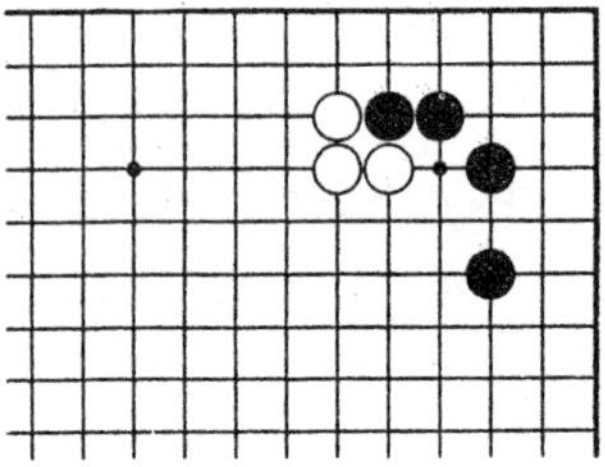

1 도

1 도

드디어 결론에 가까웠는데, 아직 중요한 한 수가 남아 있습니다.

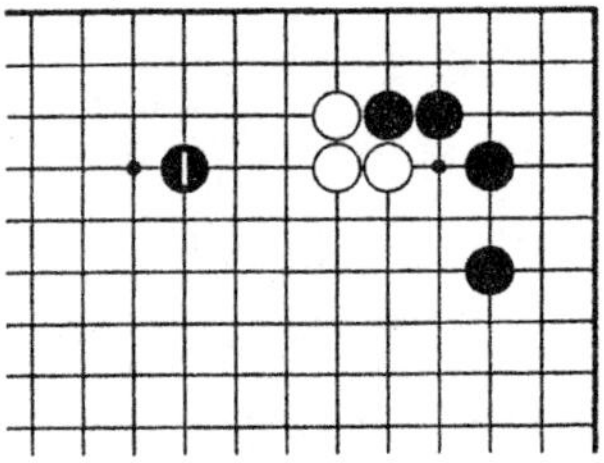

2 도

2 도

이대로 흑 1 로 백을 공격하면 안됩니다.

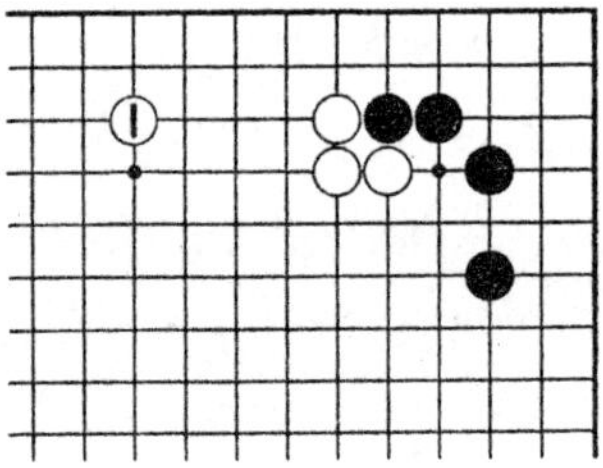

3 도

3 도

백 1 로 대비, 거의정석의 완성. 여기까지의 수순은 거의 필연적인 것으로, 다른 수를 치면 악수가 되는 경우가 많습니다.

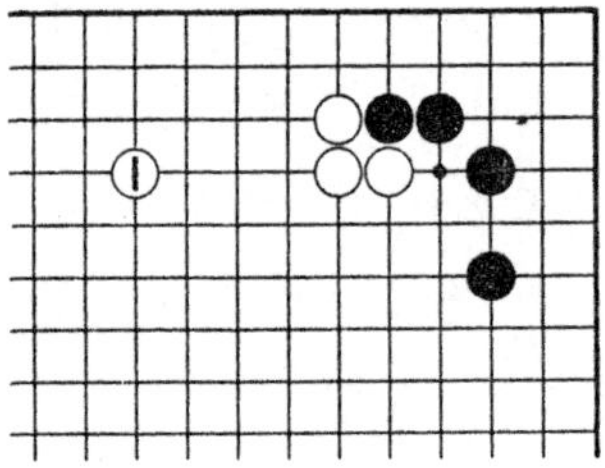

4 도

4 도

단지, 백 1 로 4 선에 치는 경우는 있읍니다. 왼쪽의 배석에 의합니다.

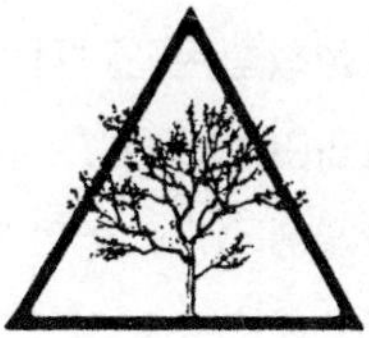

5도

지금까지의 수순을 총정리해 봅시다. 흑1의 소목에 백2로 한 칸 걸침. 높은 걸침이라고도 합니다. 흑3은 아래 붙이기.

따라서 이 정석을 '소목 높은 걸침 아래 붙인 정석'이라고 부릅니다.

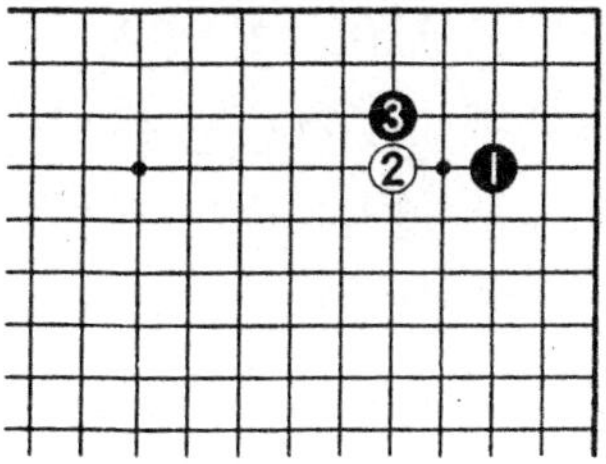

5도

6도

백4의 누르기라면 흑5. 백6으로 굳게 잇는 것이 이 정석형.

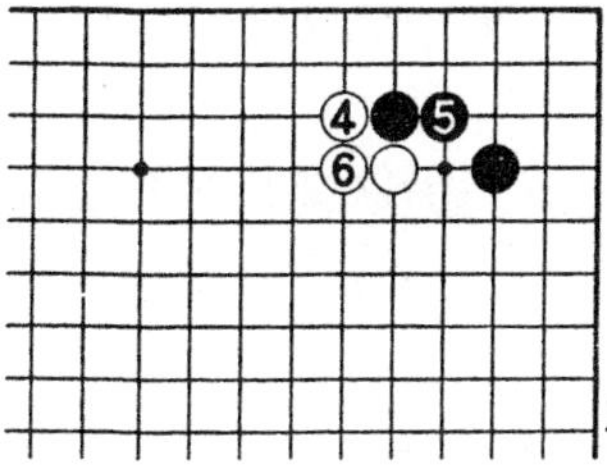

6도

7도

흑7, 백8로 서로에게 대비, 정연한 형이 만들어졌읍니다.

흑은 귀에 적지 않은 집을 갖고, 백은 변에 세력권을 구축했읍니다. 정석이므로, 물론 호각의 형세입니다.

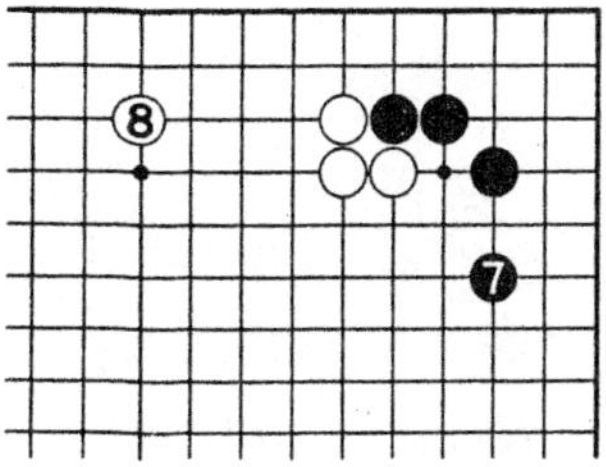

7도

후의 주의 사항

정석형은 그 자체 완결되어 있지만, 주변의 상황에 따라 주의가 필요.

1도

정석을 친 잠시 후 백 1 로 쳐간 경우에는, 손 빼지 말고 흑 2 로 받지 않으면 안됩니다. 수수는 길지만 읽는 연습을 위해, 그 후의 변화를 조사해 봅시다.

2도

손을 빼면 백 1 로 찔러 내갈 것입니다. 흑 2 에 ——

3도

백 1 로 끊기면 큰일 사건입니다.

4도

어떤 사건이냐 하면, 흑 1 로 지키면 백 2 로 ▲의 한 점이 축에 걸

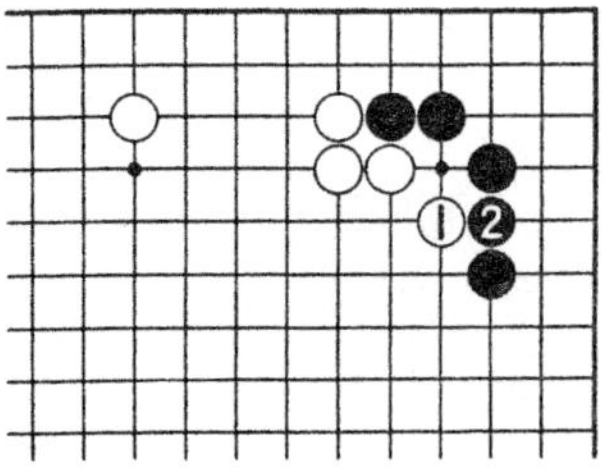

1도

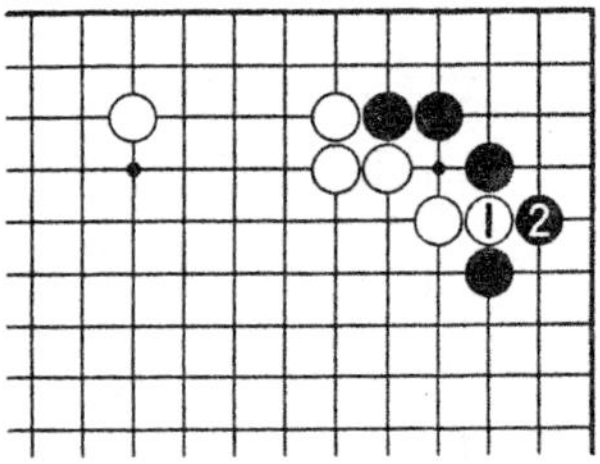

2도

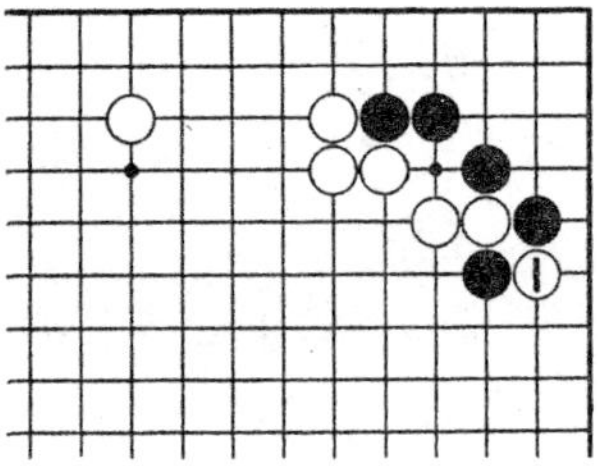

3도

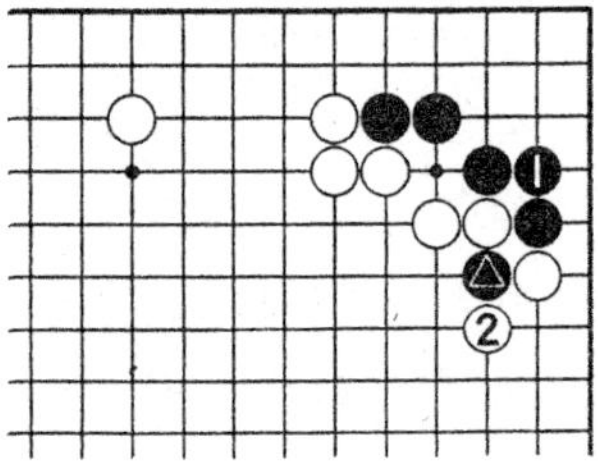

4도

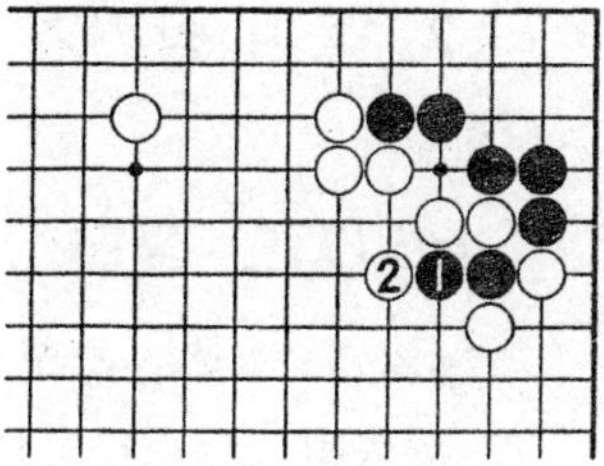

5
도

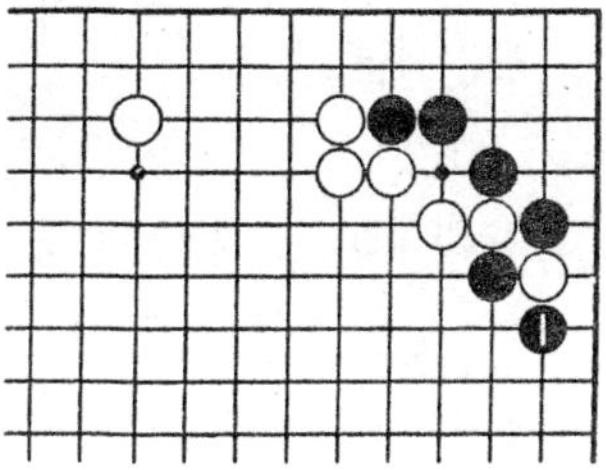

6
도

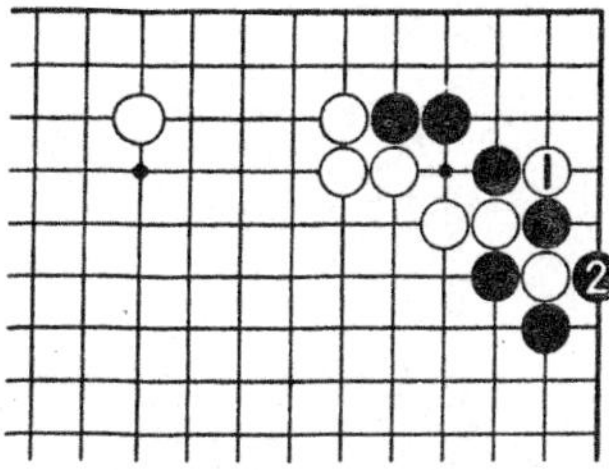

7
도

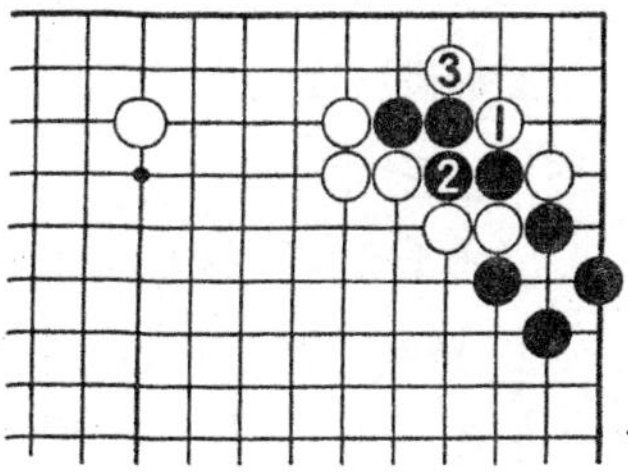

8
도

려들고——

5도

축은, 물론 흑1에 백 2 이하의 맥입니다.

6도

축을 막아 흑1로 이쪽을 치면——

7도

백1. 흑2에서 귀의 흑 세 점이 축에 걸려 버립니다.

8도

축이란, 백1에서 3의 맥입니다.

극히 일례를 들었을 뿐이지만, 정석으로 짜여진 견고한 돌이라도 주위의 정세가 변하거나, 적의 돌이 가까운 경우에는 주의해야 합니다. 특별히 정석형에만 한정되는 교훈은 아니지만……

2. 붙여 당기기 정석

날일자의 장단

날일자는 한 칸보다 작용이 있지만, 그만큼 얇으므로 주의를 해야 한다.

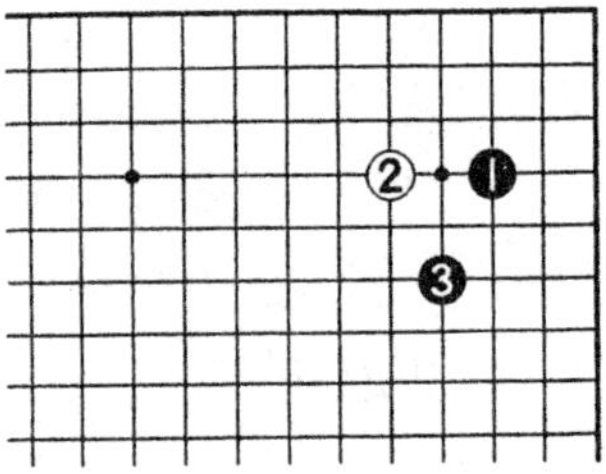

1도

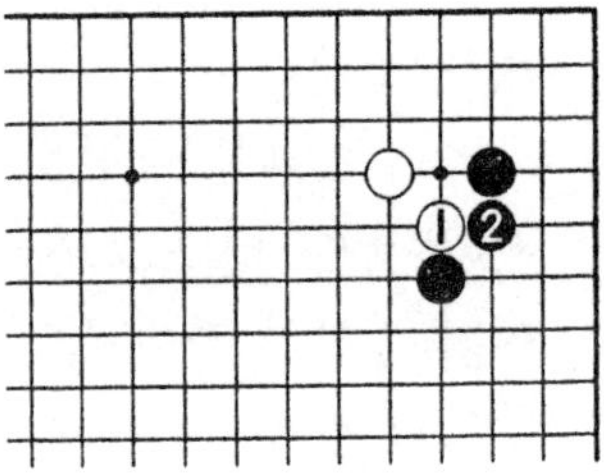

2도

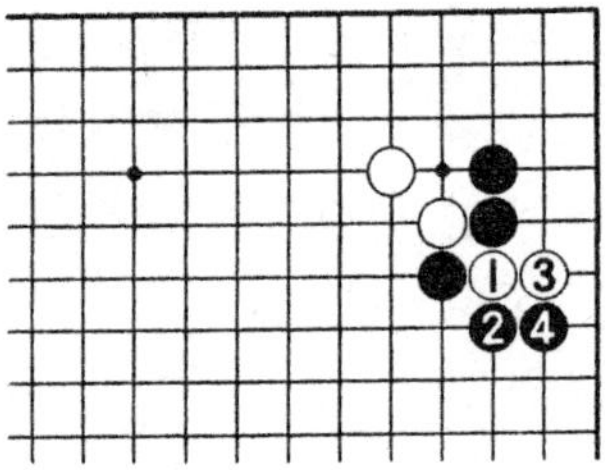

3도

1도

흑1의 소목에 백2의 높은 걸치기까지는 전형과 같지만, 여기에서 흑3의 날일자로 변합니다.

2도

백1, 흑2에서——

3도

백1로 끊기면 어떻게 되는가, 확인해 둡니다. 흑2에서 단수 4까지.

4도

백1로 구부려도 손은 뻗지 않습니다. 흑2로 눌러, 백에게 탈

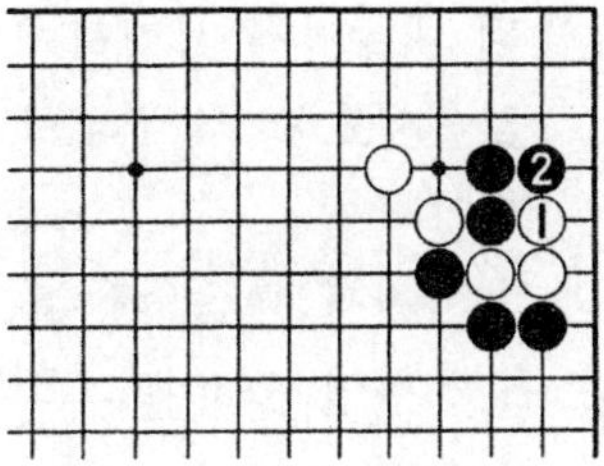

4도

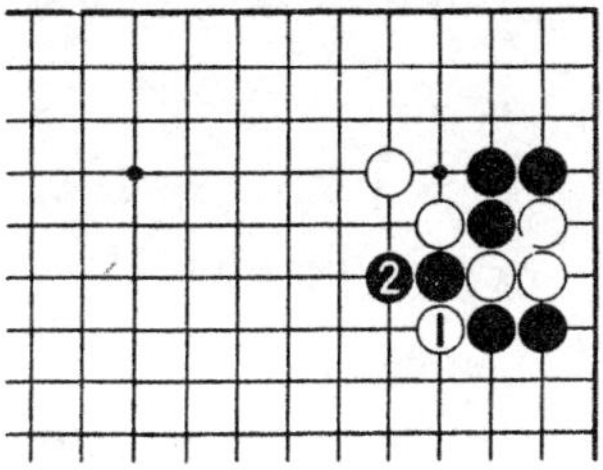

5도

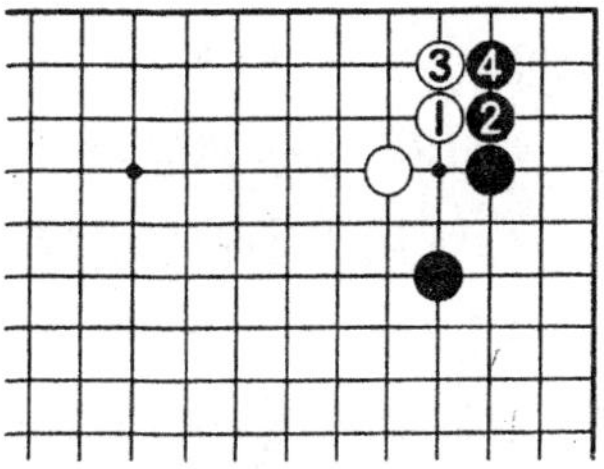

6도

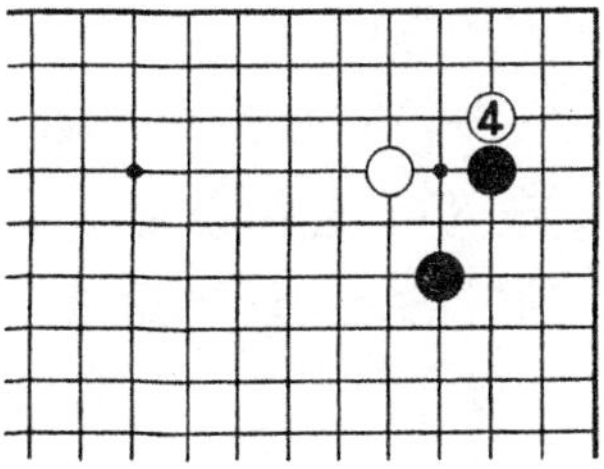

7도

출의 희망은 없읍니다.

백의 희망은 바깥쪽의 흑의 결점인데—

5도

백 1의 끊기에는 흑 2로 뻗어 괜찮읍니다. 백 세 점은 두 수. 주위의 흑은 세 수 이상 있으므로.

6도

흑의 날일자에 틈이 없다고 한다면, 뒤는 귀의 쟁탈전입니다. 백 1은 불충분. 흑 2로 눌러 귀에서의 실리는 흑쪽이 큽니다.

7도

그래서 마음먹고 백 4로 깊이 침입합니다. 돌이 접촉해 갔으므로, 쌍방 모두에게 위험은 크지만……

8도

이번에는 흑에서부

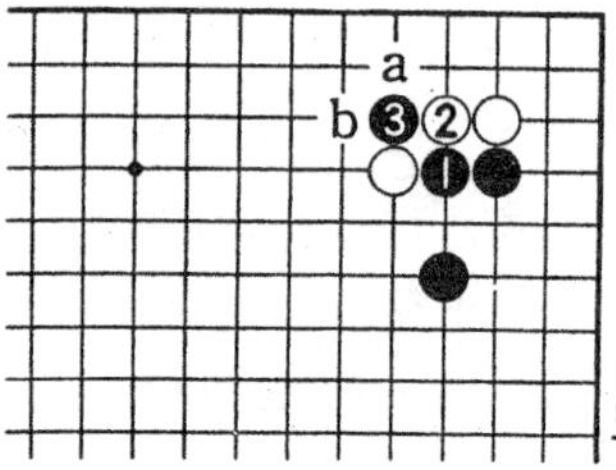

8도

터 내끊기가 성립하지 않을까요? 흑1에서 2 입니다.

이어서 백a라면 흑b로 단연 좋지만——

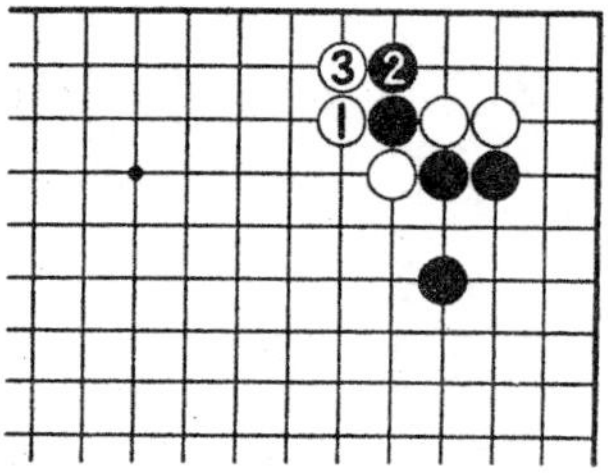

9도

9도

바깥쪽에서부터 백1·3으로 눌려져, 흑은 아무것도 되지 않을 것 같습니다.

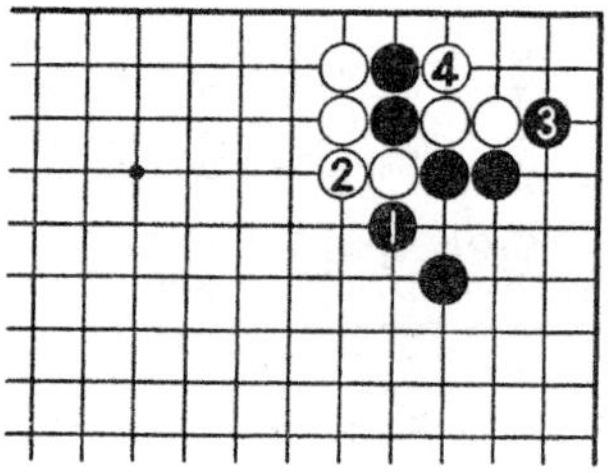

10도

10도

흑1로 단수한 다음 3으로 젖히는 것은 상당히 화려한 맥으로, 최선의 수습책일지도 모르지만, 본래(**8도**의 흑1·3)가 나쁘기 때문에 좋은 결과는 되지 않습니다.

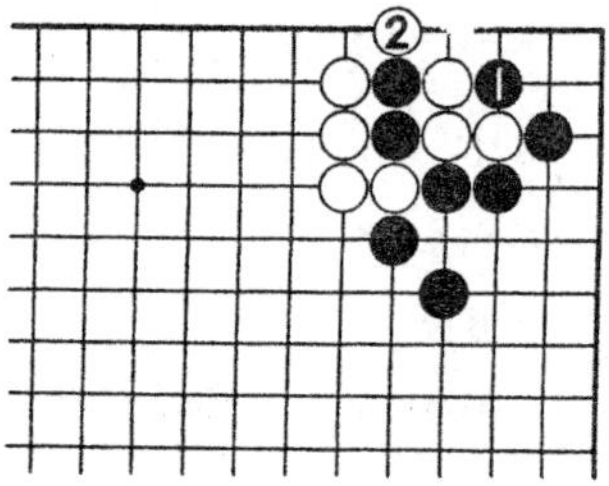

11도

11도

흑1에 백2. 아무래도 흑이 얻은 것보다, 백이 얻은 것이 클 듯 합니다.

그렇다고 해서――

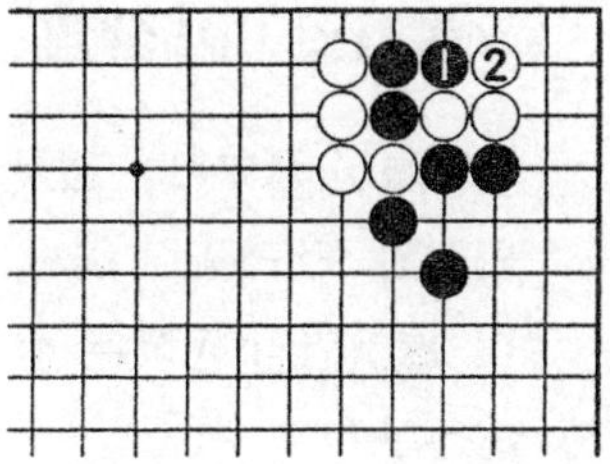

12도

12도

10도의 흑3에서 1 등으로 움직여도 손해. 백2로 눌러 흑에는 전혀 희망이 없읍니다.

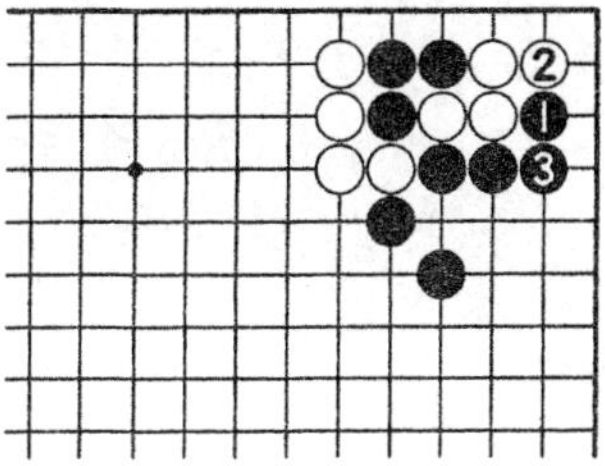

13도

13도

흑1·3으로 젖혀이어도 백은 꼼짝도 하지 않읍니다. 이번에야말로 손 빼기가 좋은 것입니다. 서로 공격에 있어서는 백이 3수, 흑이 2수이므로.

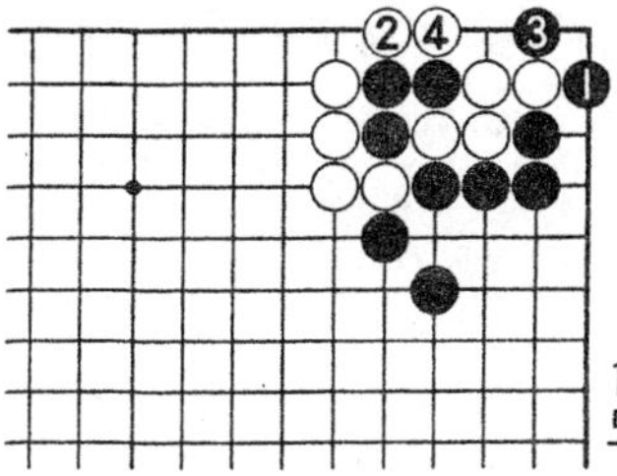

14도

14도

특히 걱정이 많은 사람을 위해, 백 손 빼기 뒤 흑1 이하를 나타내어 두겠읍니다. 백4까지, 형세는 분명히 백 유리합니다.

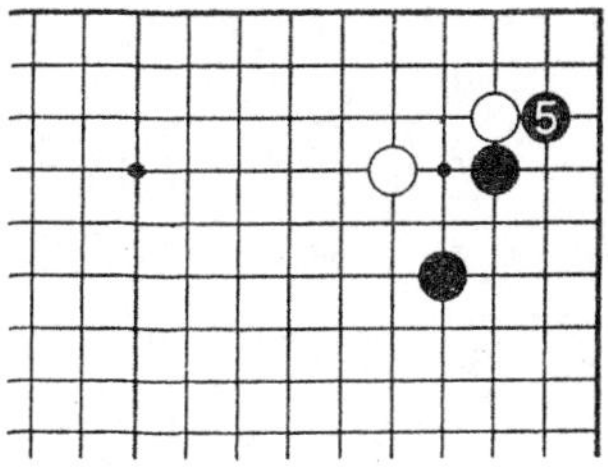

15도

15도

따라서, 흑5로 치는 것보다 나을 것입니다.

걸쳐잇기가 생명

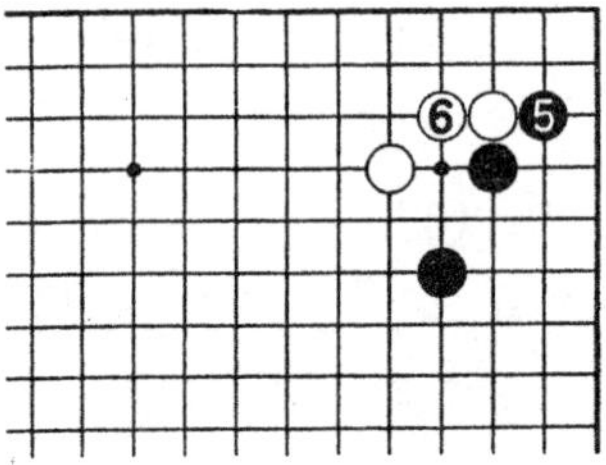

1 도

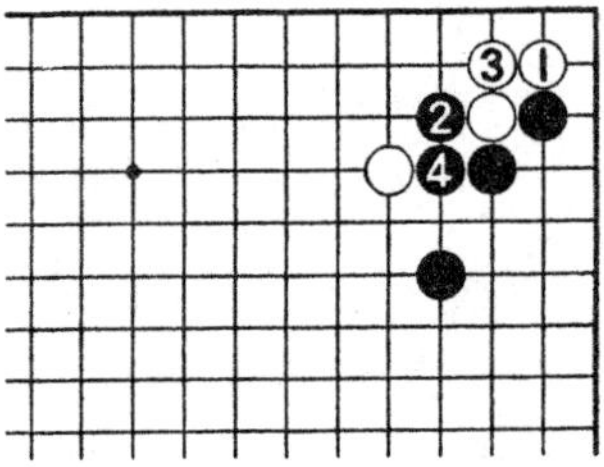

2 도

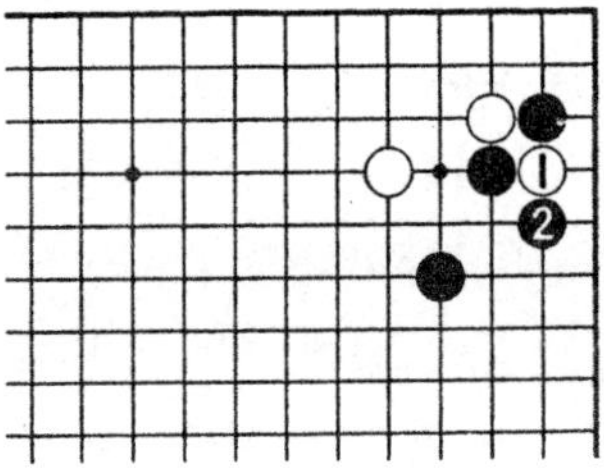

3 도

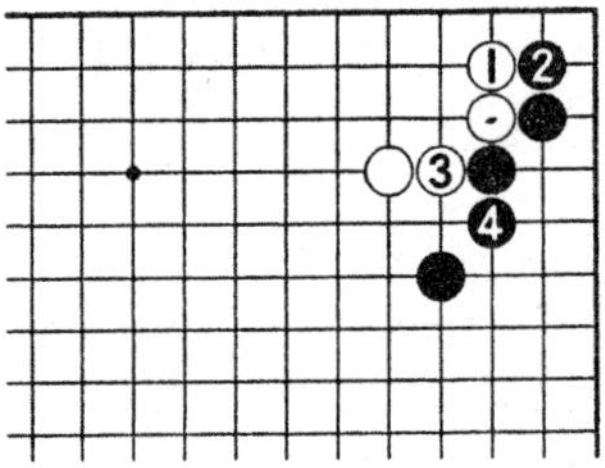

4 도

탄력이 풍부한 걸쳐잇기가 있으므로 해서, 이 붙여당김 정석은 성립한다.

1도

흑5가 어쩔 수 없고, 백6도 필연의 한 수가 됩니다. 백6에서 ——

2도

백1 등에서는 흑2에서 4로 백을 분단하여, 곧 우세합니다.

3도

백1은 불길 속으로 뛰어드는 벌레. 흑2로 잡아 대만족입니다.

4도

백1로 내리는 것은 흑2로 좋을 것입니다. 이어서 백3이라면 흑4로 흑쪽만 일방적으로 정돈된 형이 됩니다.

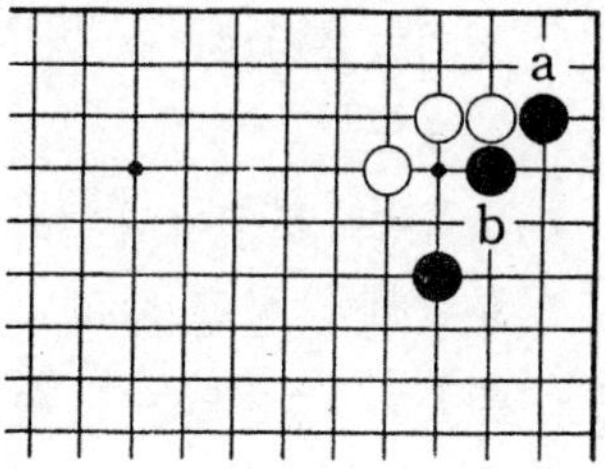

5 도

5도

그런 이유로 본도의 형이 만들어졌읍니다. 이제부터가 어렵읍니다. 흑의 형은 좀 연약하므로 보충해야 합니다. 생각할 수 있는 것은 a의 귀의 요소와 b의 흑의 약점입니다.

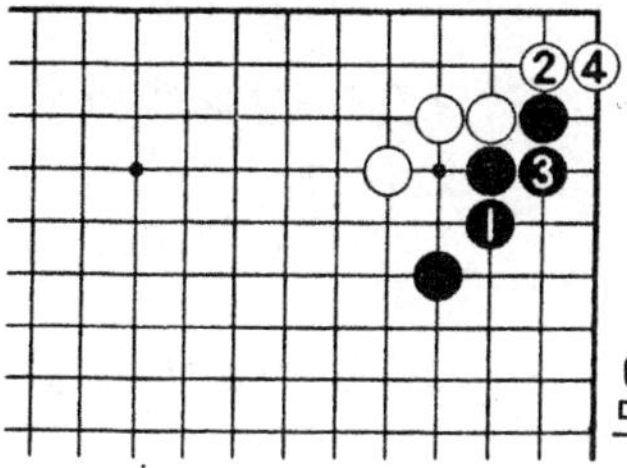

6 도

6도

흑1로 약점을 보강할 수는 있지만, 백2에서 4로 놓여져, 귀의 요소을 점령당하면 불만입니다.

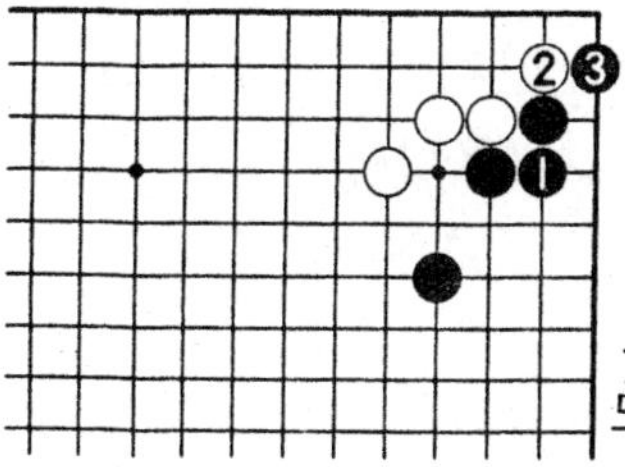

7 도

7도

흑1이라면 그래도 낫읍니다. 백2에는 흑3으로 반발하여, 전도만큼 백을 편안하게 하지 않읍니다.

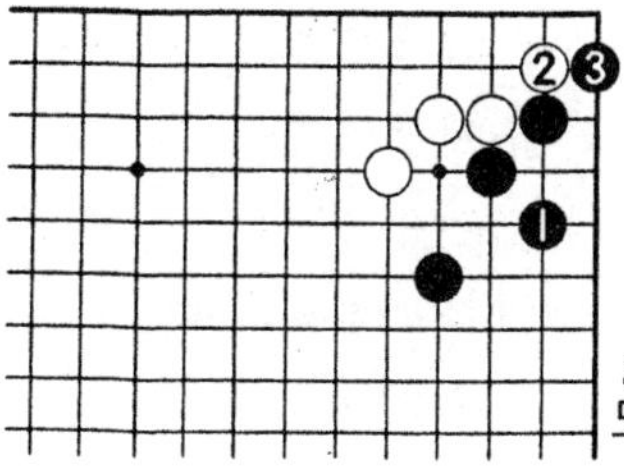

8 도

8도

최선은 흑1의 걸쳐

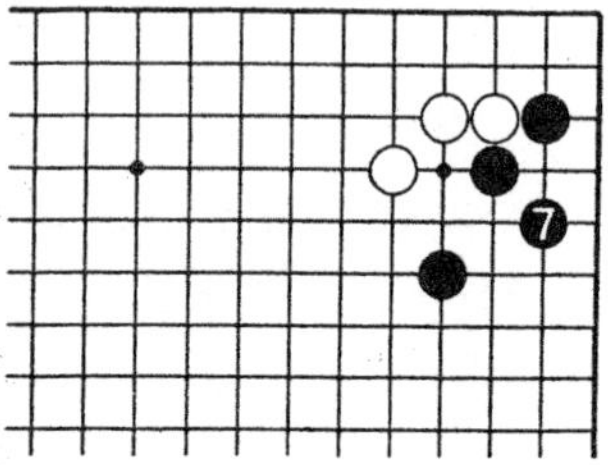

9도

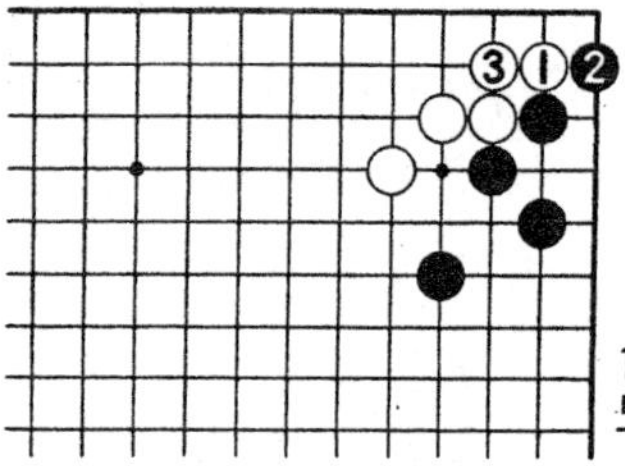

10도

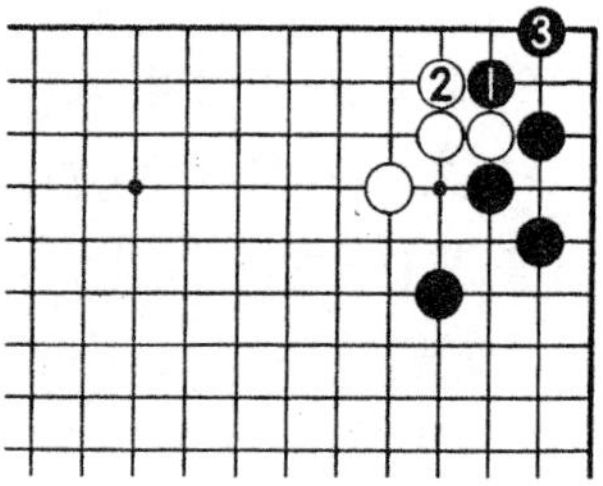

11도

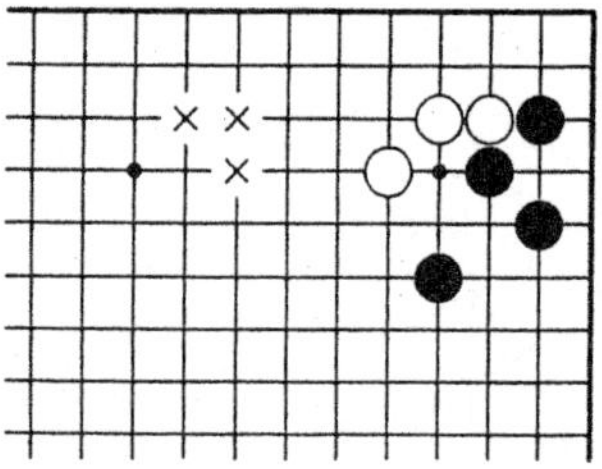

12도

있기였읍니다.

9도

흑의 첫수에서부터 통산하여 일곱 수째. 흑7로 걸쳐있는 수를 기억해 주기 바랍니다. 이 한 수가 붙여당기기 정석의 생명입니다.

10도

이어서 백1에서 3은 큰 수이지만, 후수가 되어 버리므로 포석의 단계에서는 놓지 않읍니다.

11도

흑1에서 3도 마찬가지. 포석으로는 좀 더 전국적으로 큰 곳이 많으므로, 곧 칠 곳은 아닙니다.

12도

백의 최후의 한 수도 중요합니다. ×표

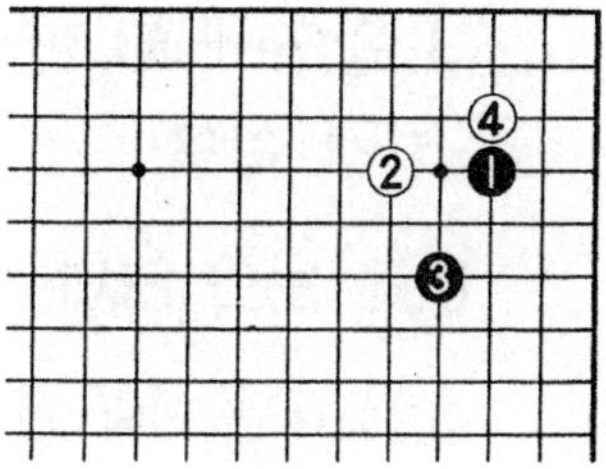

13
도

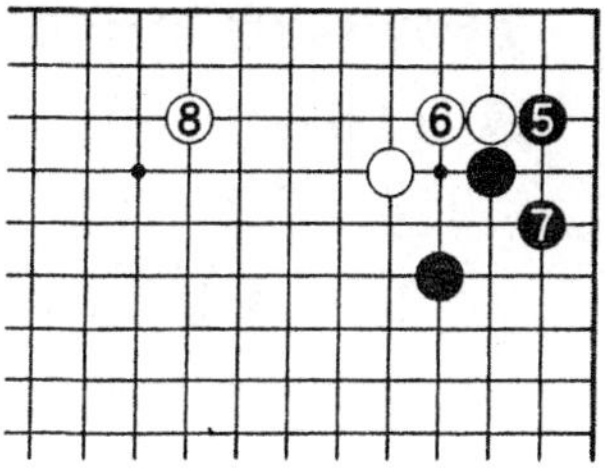

14
도

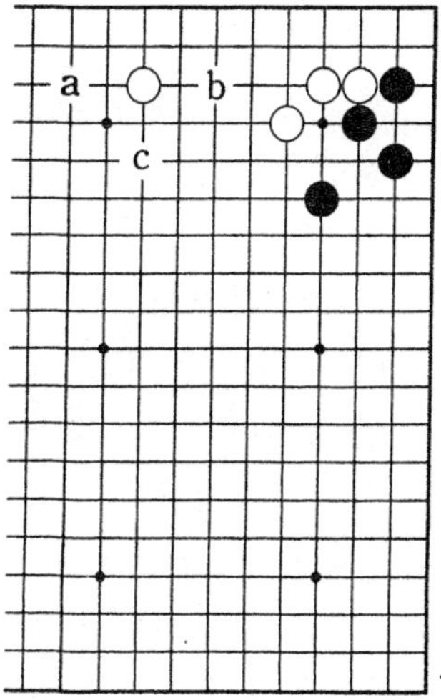

15
도

시의 어딘가에 치게 될 것이지만, 정석으로써는 1군데에 결정되어 있읍니다.

13도

그 전에, 처음부터 수순을 정돈해 봅시다. 흑1의 소목에 백2로 높이 걸치기. 흑3의 날일자로 받아 백4의 붙임.

14도

흑5의 젖히기에 백6으로 당기고, 흑7의 걸쳐잇기가 중요합니다. 최후의 한 수는 백8. 너무 넓어도 너무 좁아도 안되고, 중용을 지켜 3칸으로 벌렸읍니다.

15도

그럼 다 된 그림입니다. 얼핏보아 백집쪽이 크게 보일 겁니다.

3. 왕도(王道), 한 칸 뛰기 정석

바른 눈의 태세

화점에서 한 칸에 뛴 형은, 집에도 세력에도 치우치지 않은 정안(正眼)의 태세.

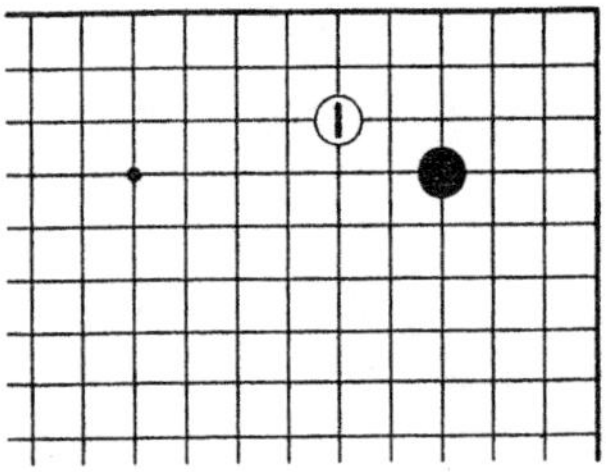

1도

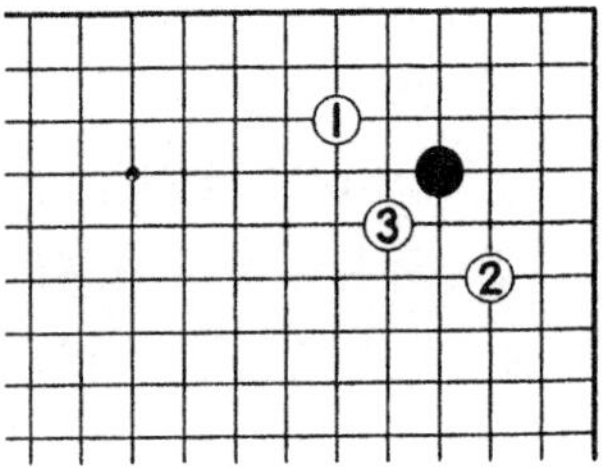

2도

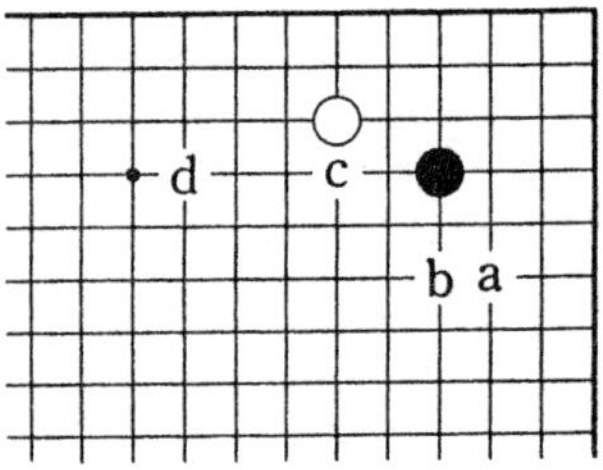

3도

1도

백 1은 화점으로의 날일자 걸침. 가장 일반적인 걸침입니다.

2도

방치해 두어 백 1에서 3으로 봉쇄되면 큰 일입니다.

3도

흑의 받는 방법은 a에서 d까지가 대표적인 것입니다. 그 몇 가지를 소개합니다.

4도

흑 2가 한 칸. 귀를 지키면서 백 1의 한 점

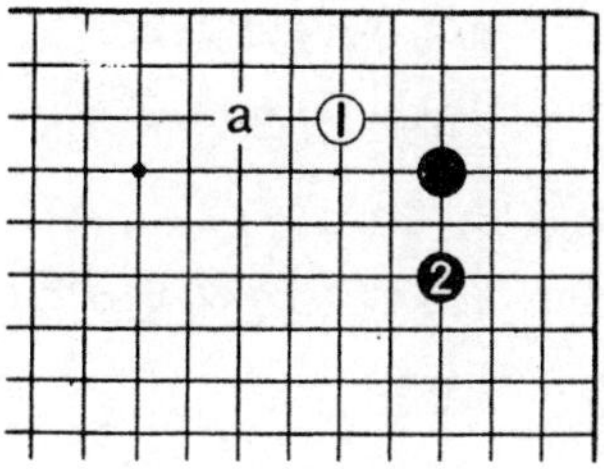

4 도

으로의 공격도 노리고 있읍니다. 방치해 두면 흑a라는 것입니다.

5 도

백1과 같은 수로는 귀를 파고들 수가 없읍니다. 흑2로 귀는 단단한 흑집이 됩니다.

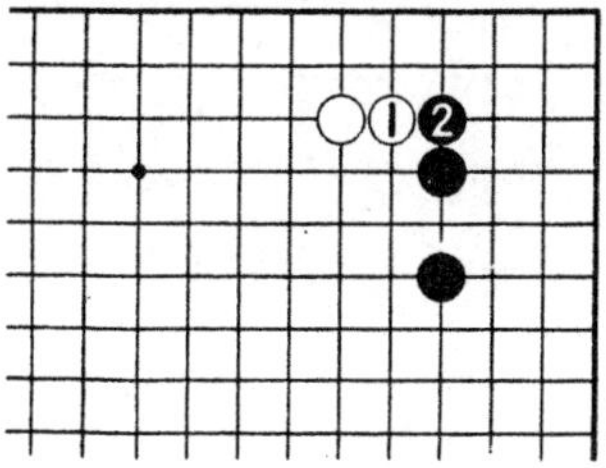

5 도

6 도

공격을 두려워하여 백1 등으로 뛰면, 흑2로 귀를 호형으로 지키고, 또 백 두 점으로의 공격을 겨냥합니다. 그러면 백도 견딜 수 없으므로——

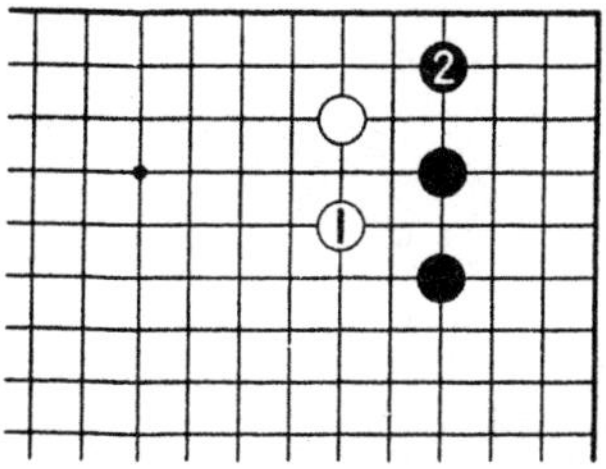

6 도

7 도

백3으로 저공 비행하여 귀로의 진입을 겨냥하는 것이 정석으로의 수순이 됩니다.

백3에 대해——

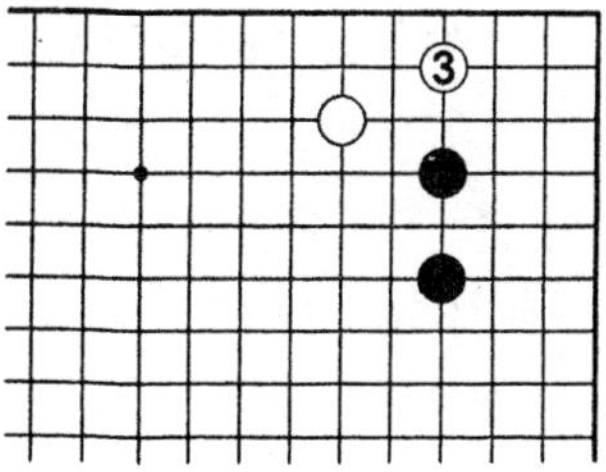

7 도

8 도

날일자의 경우는 언

제나 상대의 끊기를 걱정하지 않으면 안됩니다.

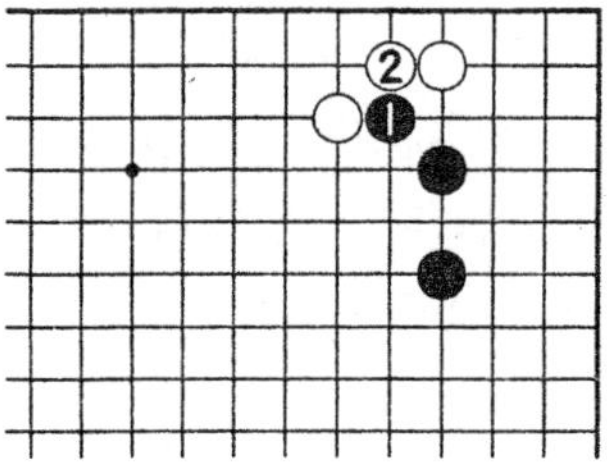

8도

흑 1, 백 2 에 이어—

9 도

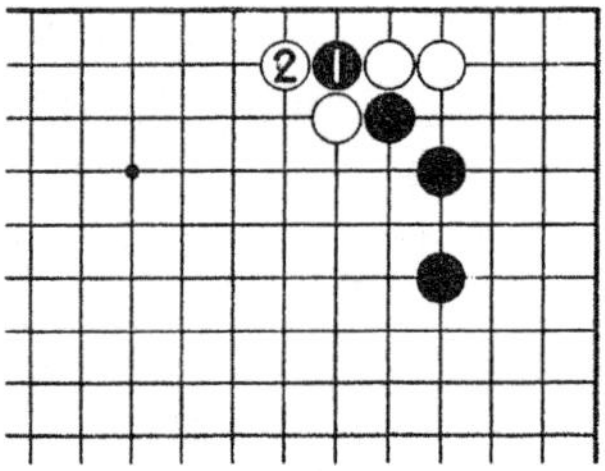

9도

흑 1 의 끊기에는 백 2 로 단수하여 괜찮습니다. 그렇다면 이번에는 흑의 대응책이 문제가 됩니다.

10 도

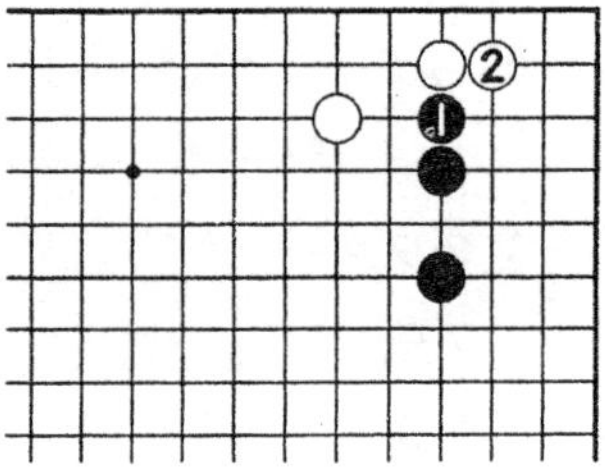

10도

흑 1 등으로는 더욱 백 2 로 귀를 침입당합니다. 백의 약점을 잡으면 좋지만,

11 도

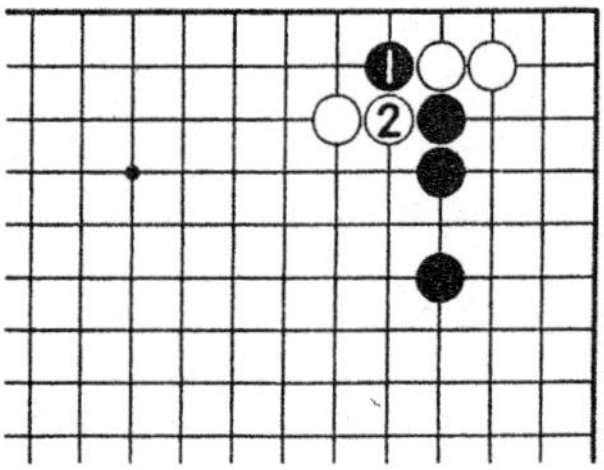

11도

흑 1 에는 백 2 로 실패.

이렇게 되면 귀에 크게 들어간 실점만이 눈에 띕니다.

한 칸 뛰기 정석의 포인트는 다음 페이지입니다.

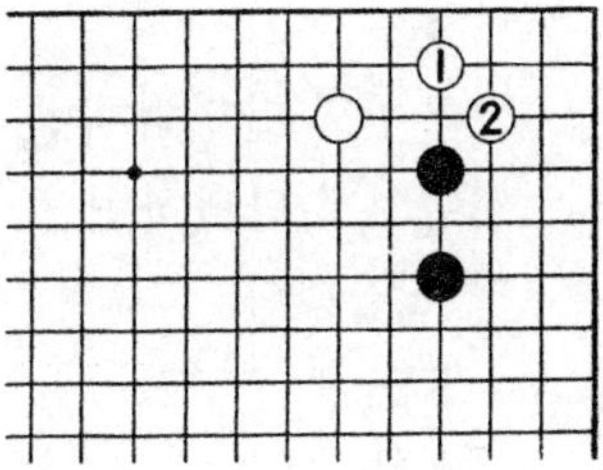

1 도

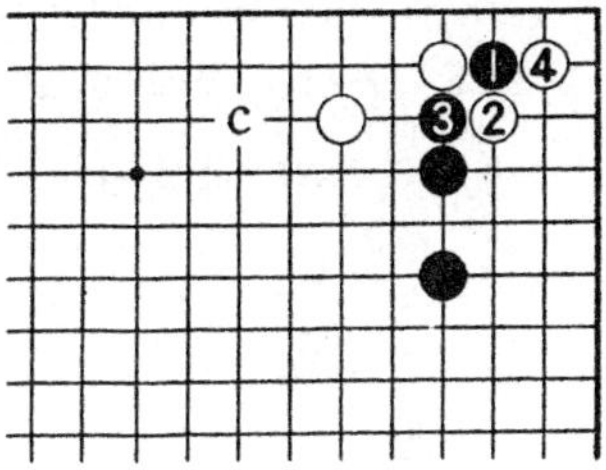

2 도

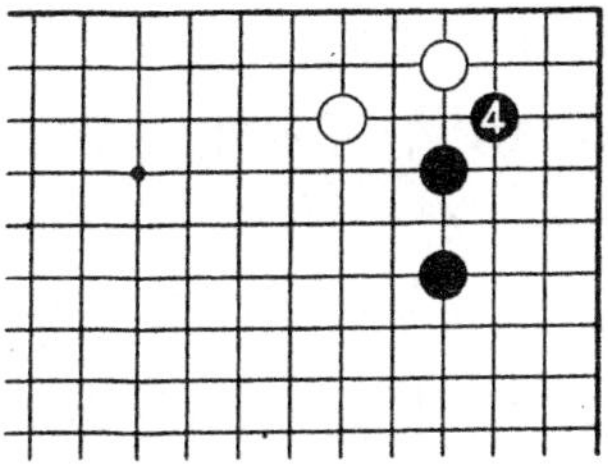

3 도

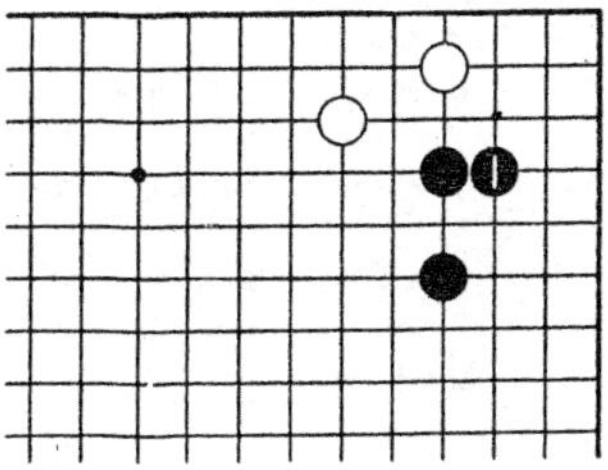

4 도

3 · 3이 크다.

화점의 돌은 여러 가지 있으나, 3 · 3의 쟁탈전이 항상 중요한 포인트이다.

1도

백1을 방치해 두면, 이어서 백2로 쳐지는 것이 터무니없이 큽니다. 백2의 지점을 3·3이라고 부르며, 귀의 근거와 실리의 요점입니다.

2도

흑1로 백의 침입을 막을 수는 없읍니다. 백2에서 4로 흑 한 점을 따내어, 귀에 상당한 백집이 만들어져 버렸읍니다.

3도

흑4로 3·3에 단단하게 치는 것이 정해.

4도

흑1도 단단하지만, 지나치게 단단하면 좋지 않습니다.

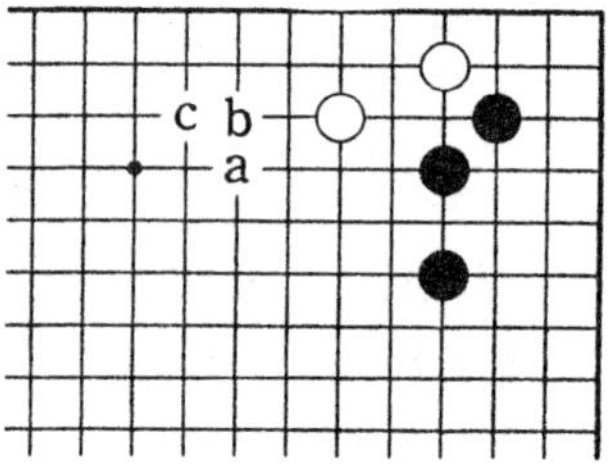

5도

5도

흑이 3·3의 요점을 지킨 다음, 백이 자군을 굳히는 차례입니다. 왼쪽의 배석에 따라 a, b, c 등을 생각할 수 있습니다.

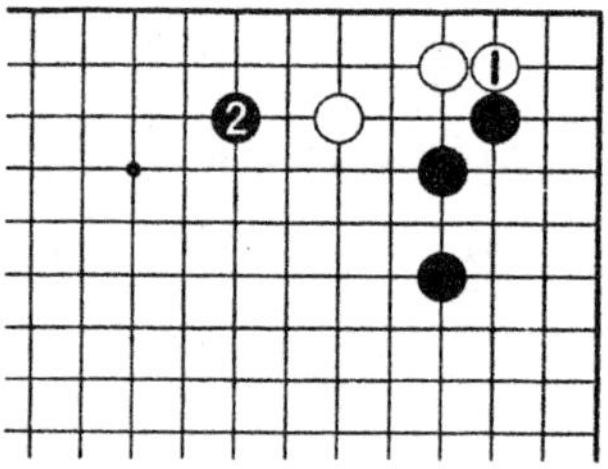

6도

6도

백1은 너무 낮습니다. 흑2로 공격하면 받기만 합니다.

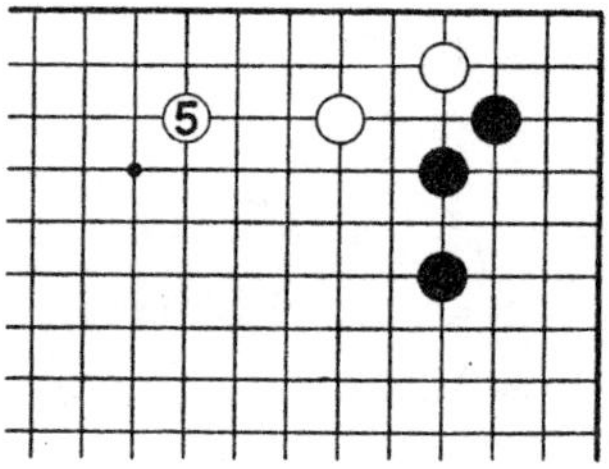

7도

7도

백5의 밸런스가 잡힌 태세가 정석이라고 되어 있습니다.

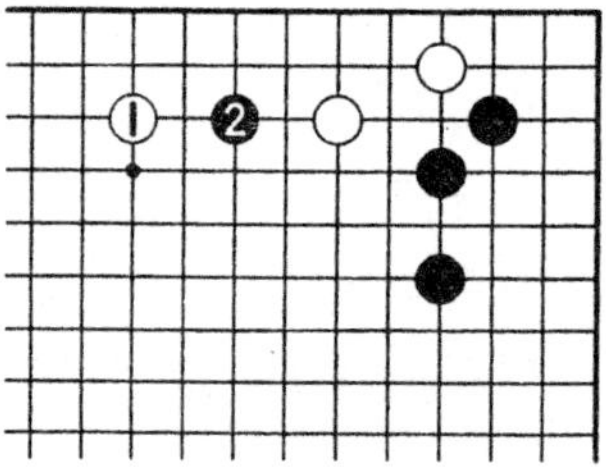

8도

8도

욕심을 내어 백1 등으로 크게 전개하면 흑2의 폭탄 투하가 강력합니다.

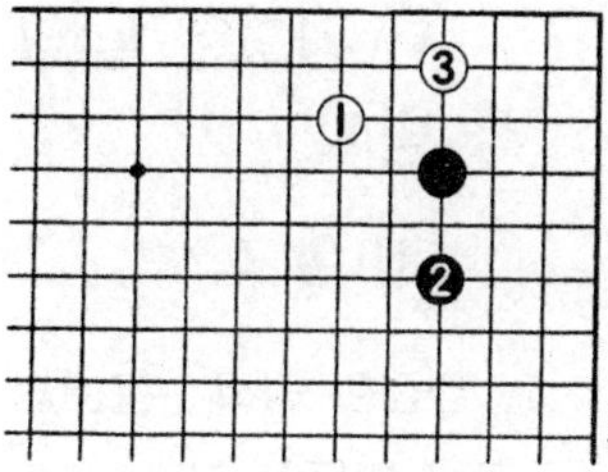

9
도

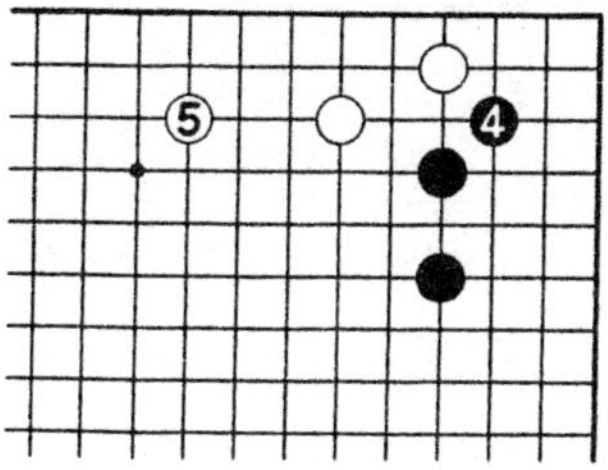

10
도

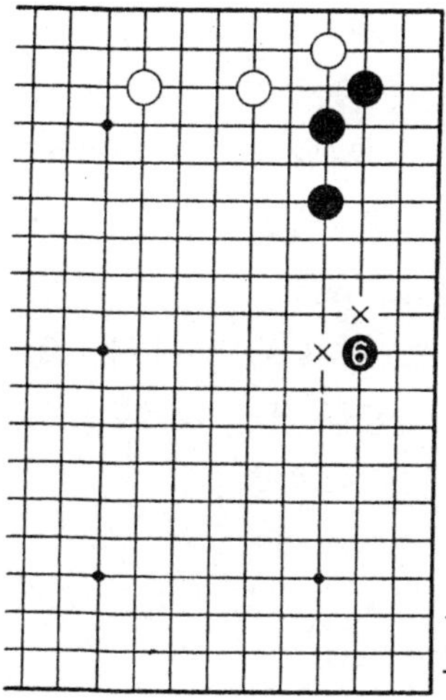

11
도

9도

예에 따라, 지금까지의 수순을 정리하여 봅시다.

백1의 날일자 걸치기에 흑2로 한 칸 받기. 백3의 날일자로 귀의 침입을 기할 때.

10도

흑4로 3·3의 요점에 받읍니다. 백5로 지켜 일단락. 여기까지로 정석의 완결이라고 해도 좋지만——

11도

다음의 흑6이 멋진 호점으로, 다른 곳에 그다지 좋은 것이 없는 한 흑6으로 전개해 두는 것이 좋을 것입니다.

흑6에서는 경우에 따라서는 × 표시에 치는 경우도 있읍니다.

4. 견고한 날일자 받기

수비의 정석

화점의 정석 중에서 가장 혼동이 적다. 귀를 확실히 수비할 수가 있다.

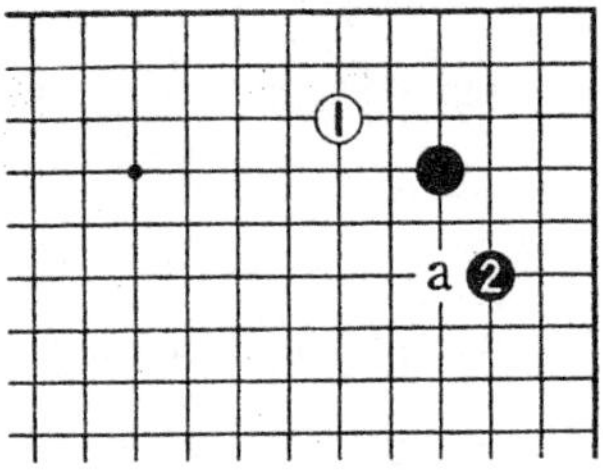

1도

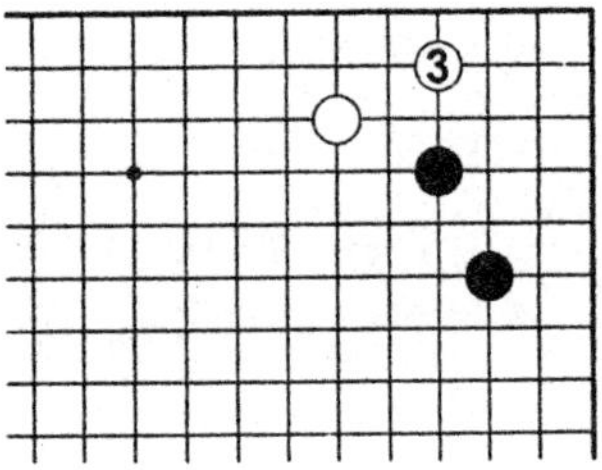

2도

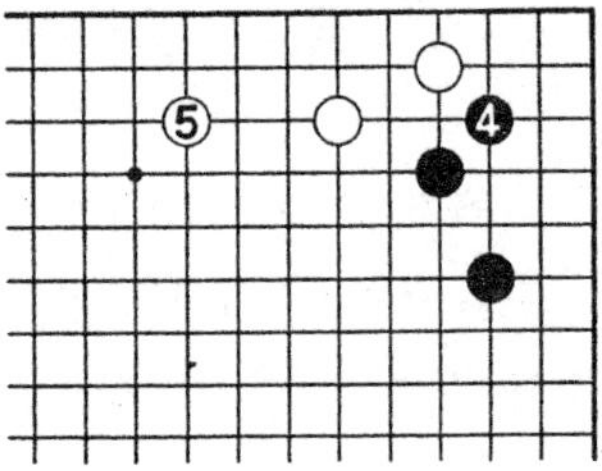

3도

1도

백1의 날일자 걸침에 전형의 한 칸 받기 정석에서는 흑a였으나, 이 정석은 흑2의 날일자로 받읍니다.

2도

뒤의 경과는 거의 비슷. 백3에——

3도

흑4로 3·3의 요점을 점령, 백5의 전개까지입니다.

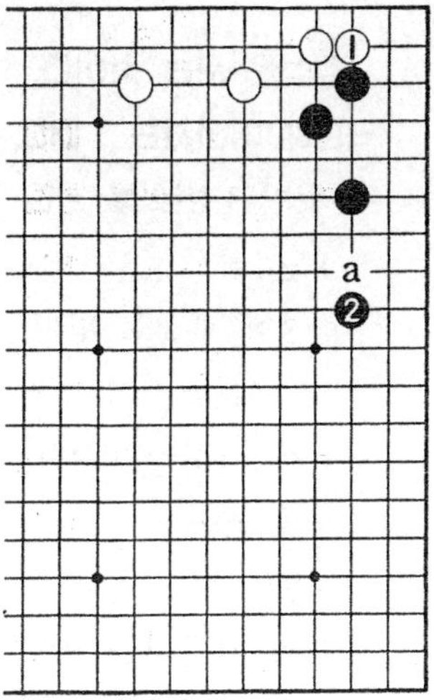

4도

4도

견고하다는 것은, 반대로 융통성이 적다는 말도 되므로, 수비의 자세를 철저히 할 필요가 있읍니다.

백1로 쳐지면 흑2로 응하지 않으면 안됩니다. 흑2를 게을리하여 백a로 쳐지면, 면적이 좁은 만큼 궁핍해집니다.

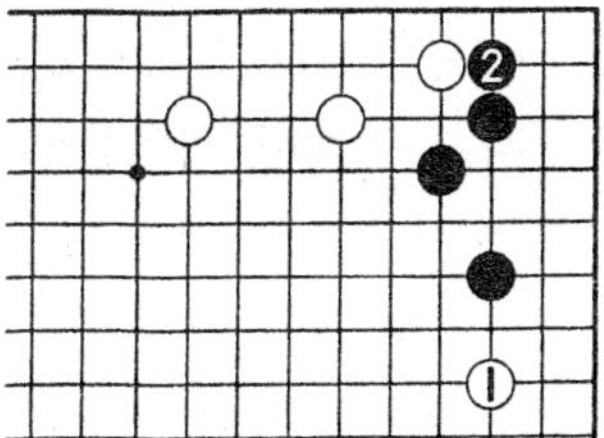

5도

5도

백1로 쳐지면 흑2로 받읍니다. 1의 장소와 2의 장소를 양쪽 백에게 쳐져서는 안됩니다.

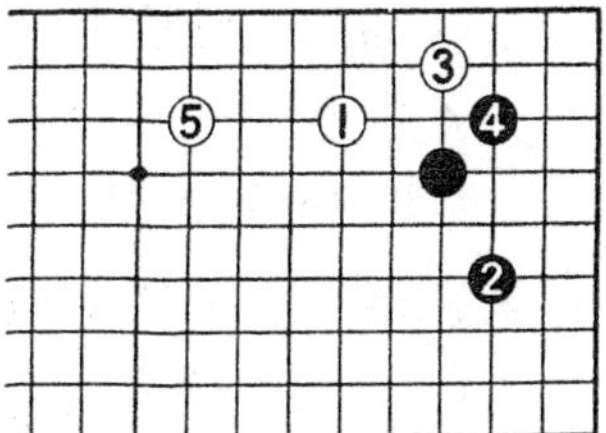

6도

6도

백1에서 5까지, 날일자 받기 정석을 정돈해 둡니다. 조촐하지만 이것으로 일단락되는 정석입니다.

외세를 구한다

정석은 사는 것이다. 국면에 따라서는, 때때로 뜻밖의 변화를 한다.

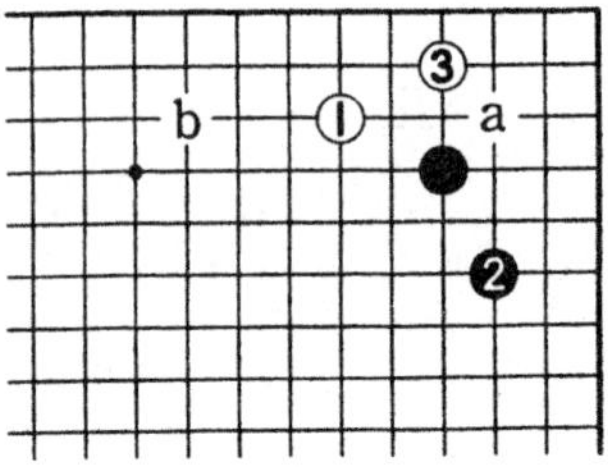

1도

1도

백3에 흑a로 받고, 백b가 되는 것이 가장 일반적인 정석입니다. 그것을——

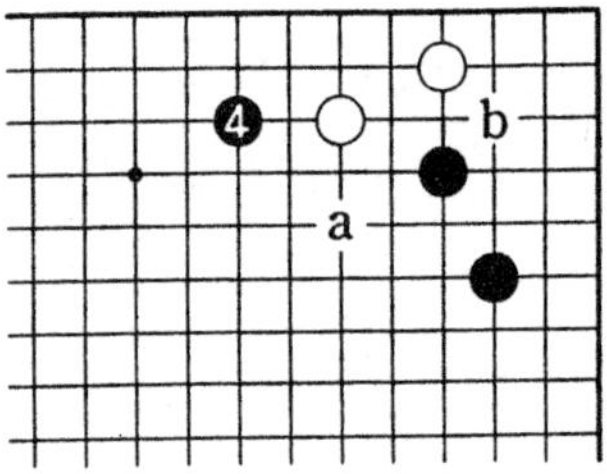

2도

2도

백의 전개하는 방향에 흑4로 끼우는 발상이 재미있습니다. 이어서 백a라면 흑b로, 이것은 흑이 예기했던 바입니다.

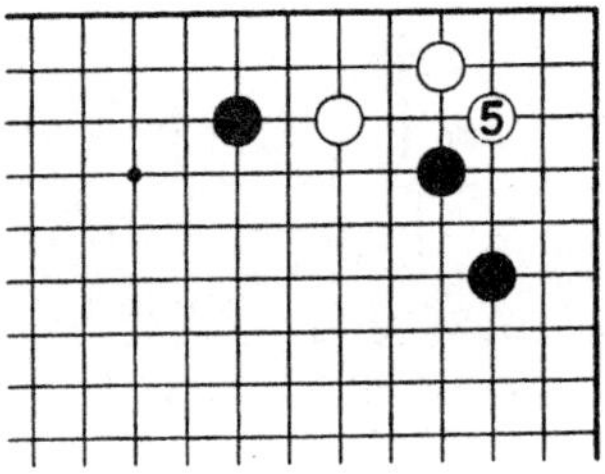

3도

3도

백5로 흑이 치지않았던 3·3의 요점을 치지 않으면 안됩니다.

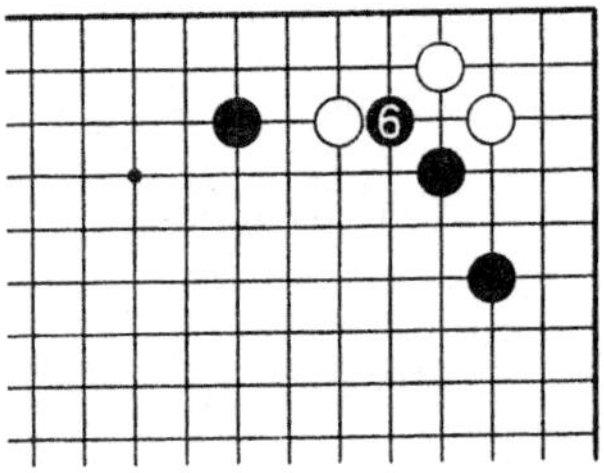

4도

4도

흑은, 백에 귀의 실리를 빼앗긴 보상을 구합니다. 흑6에서—

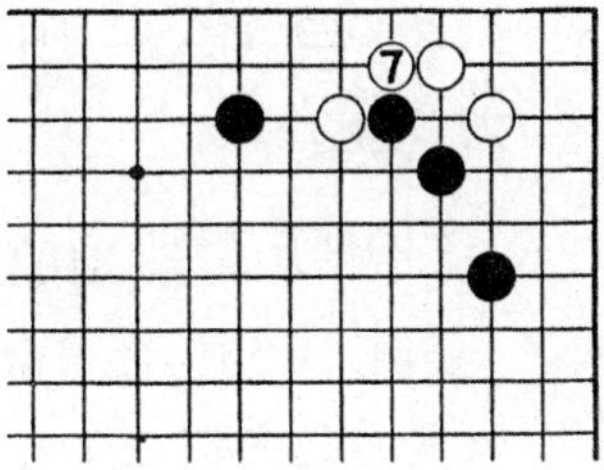

5도

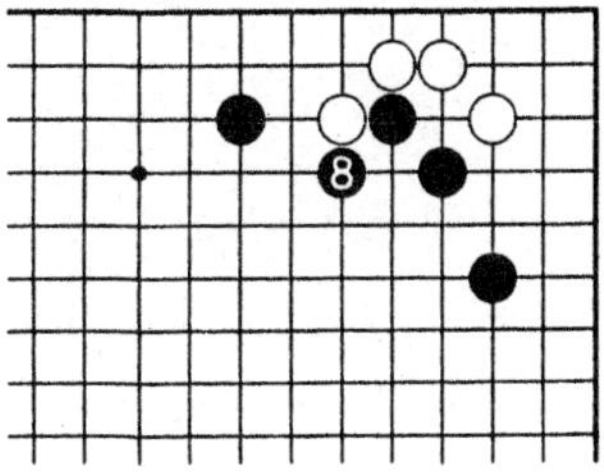

6도

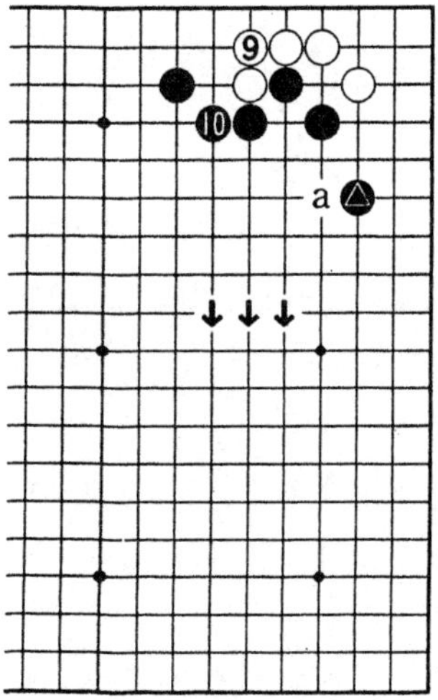

7도

5도

백7로 연결시켜—

6도

흑8로 눌러 붙입니다.

7도

백9에 흑10이 되어 일단락.

본래의 날일자 정석은 흑이 귀의 실리를 얻고, 백이 변에 세력을 구축한다는 나뉨이 되는 것입니다. 그러나, 이 변화로, 백이 귀에 실리을 얻고, 흑이 중앙, 화살표 방향으로 세력을 구축하게 되었읍니다. ▲이 한 칸의 흑a 때도 같은 변화를 생각할 수 있읍니다.

실은 이 변화도 훌륭한 정석으로, 정석이라는 것은 단조롭고 외곬적이 아닙니다.

5. 큰 붙여 뻗기 정석

난이한 전부 내기

초급에서 배우는 정석 중 하나인데, 전부 내기의 변화는 더욱 어렵다.

1도

백 1의 날일자 걸침에 흑 2로 붙이는 것에서부터 시작합니다. 돌이 접촉하기 때문에 복잡한 변화가 많지만, 여기에서는 잔가지는 언급하지 않기로 합니다.

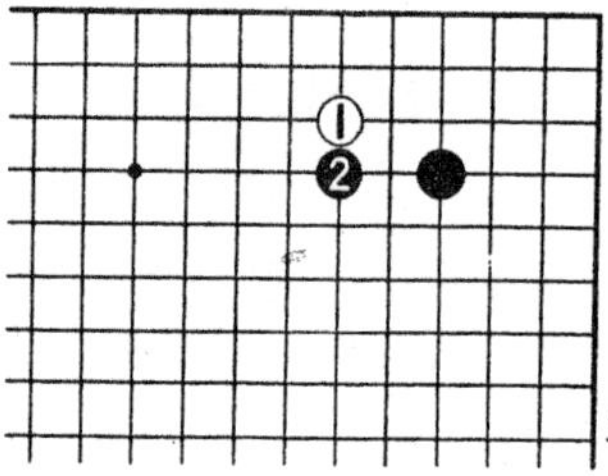

1도

2도

백 1이라면 흑 2로 흑 유리. 세력이 강합니다.

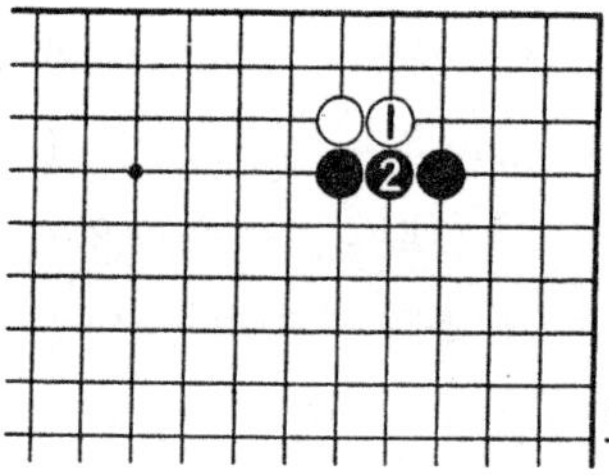

2도

3도

백 1에는 흑 2로 흑 유리. 실리가 큽니다.

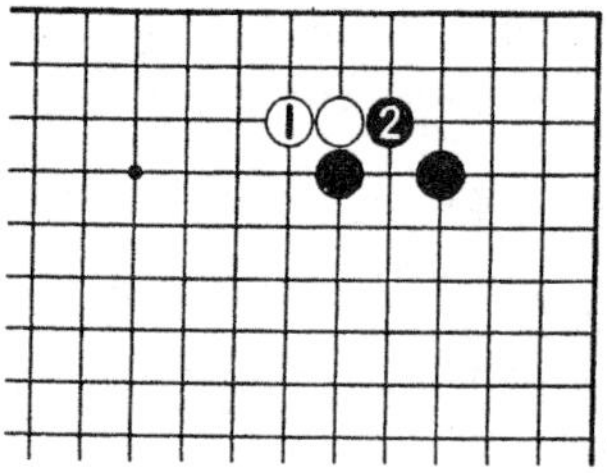

3도

4도

백 3으로 젖히는 때

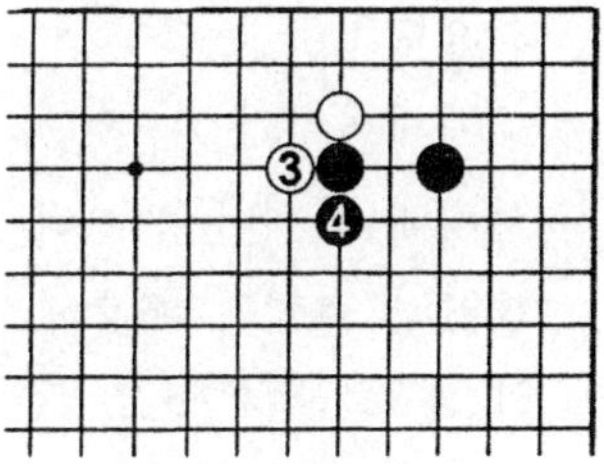

4도

입니다. 젖히기에는 뻗으라는 바둑의 격언이 있고, 흑 4로 뻗는 것이 보통. 붙여 뻗었으므로, 붙여 뻗기 정석이라는 이름이 붙었습니다.

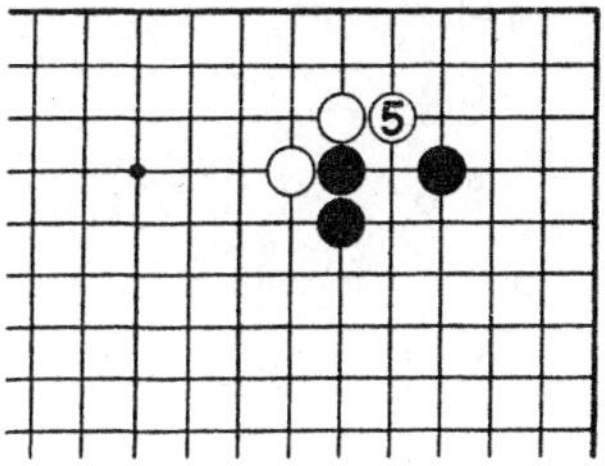

5도

5도

백 5도 가장 일반적인 치기인데, 이 뒤가 좀 어려운 것입니다.

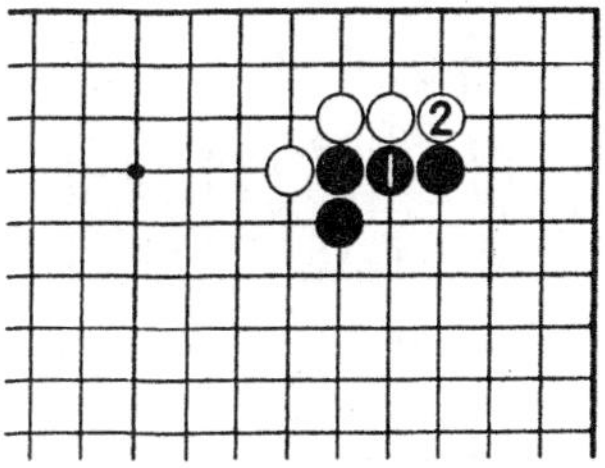

6도

6도

흑 1로 지키는 것은 백 2로 쳐지고, 이것은 흑의 세력보다 백의 실리쪽이 큽니다.

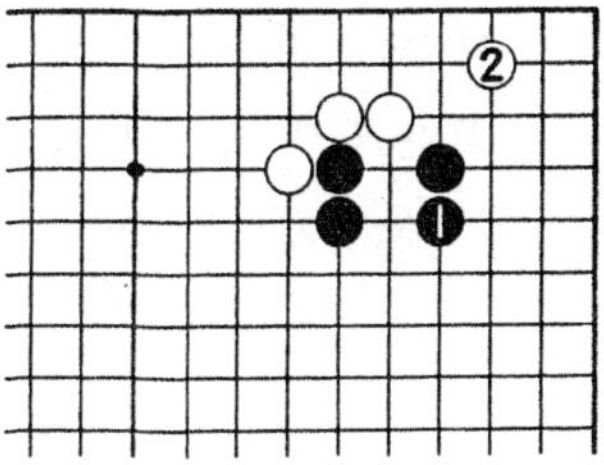

7도

7도

흑 1은 쌍립 이음이라는 화려한 잇기 방법. 전도보다는 흑이 우수하지만, 역시 백 2로 치면 백의 실리가 큽니다.

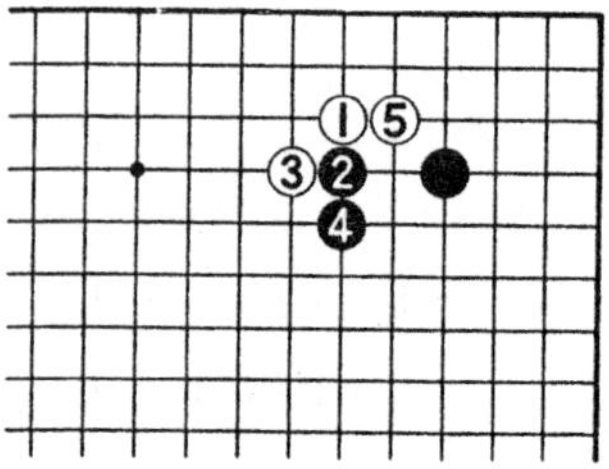

8
도

8 도

이제까지의 수순을 정리해 봅시다. 백 1 의 날일자 걸침에 흑 2 에서 4 로 붙여 뻗고, 백 5 에서 문제의 장소입니다.

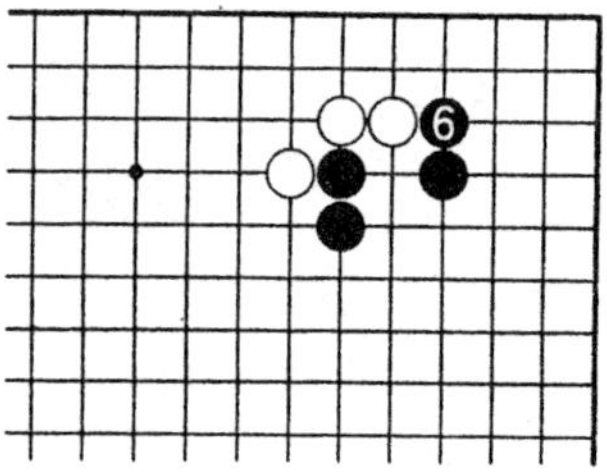

9
도

9 도

흑 6 이 이 정석의 포인트. 이렇게 치지 않으면 붙여 뻗기 정석을 호각으로 나눌 수 없읍니다.

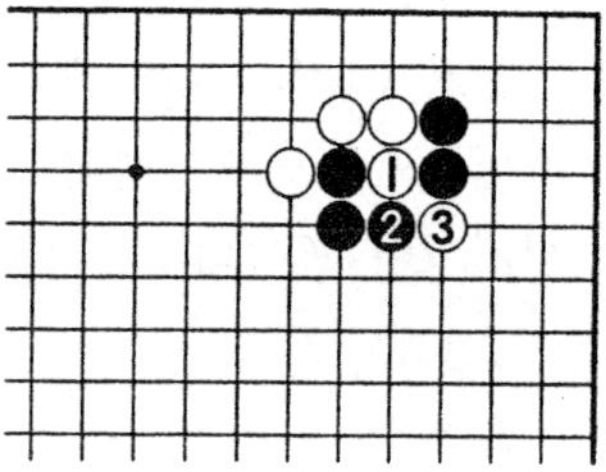

10
도

10 도

여기에서 백 1 · 3 의 전부 내기는, 실은 대단한 악수입니다.

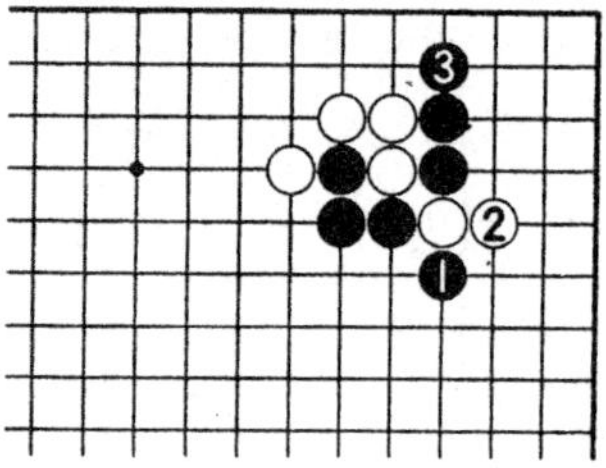

11
도

11 도

흑 1 · 3 이 중요한 수로, 백은 위의 세 점이나, 오른쪽의 두 점이 잡힐 운명에 있읍니다.

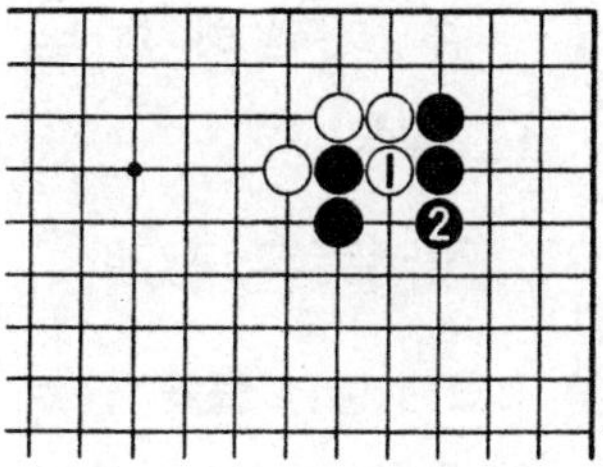

12
도

12도

우선 대책을 가르치겠읍니다. 백 1에는 흑 2로 삼가합니다.

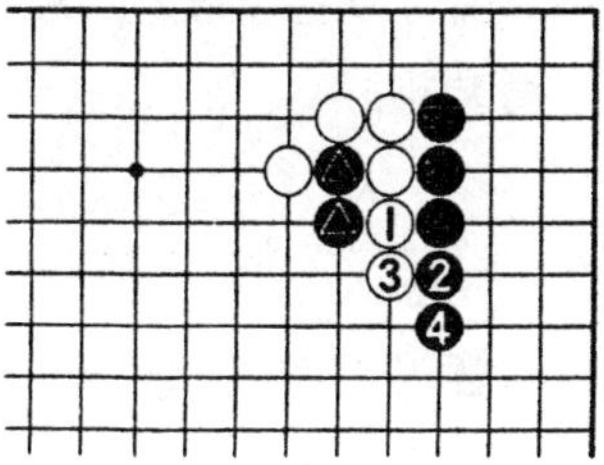

13
도

13도

백이 1에서 3으로 더욱 내어가도 상대하지 않고 척척 흑2·4로 뻗어 갑니다. ▲의 두 점이 놓여지고, 백의 세력은 상당한 것이지만, 흑도 귀에서부터 변으로 집이 커, 그런대로 호각의 나눔이라고 해도 좋을 것이라고 생각합니다.

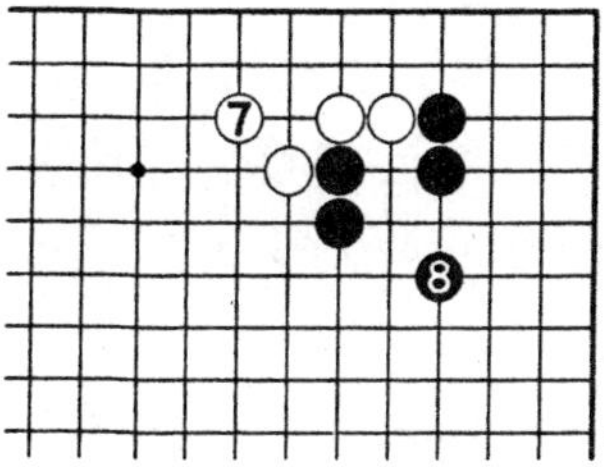

14
도

14도

나가지 않고 백 7로 지키면, 흑 8로 지켜 호각입니다.

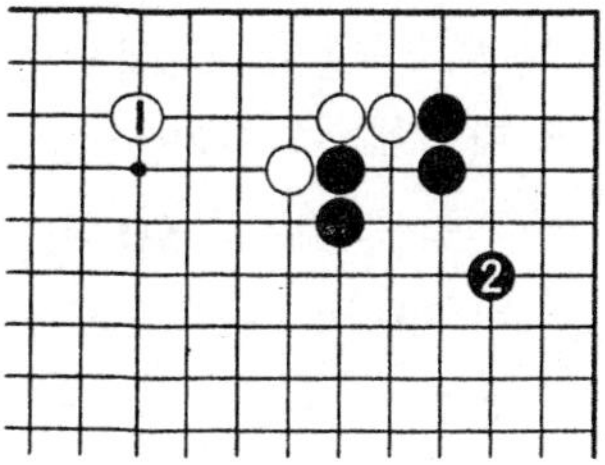

15
도

15도

백 1에는 흑 2. 흑 2로 더욱 넓게 전개할 수도 있읍니다.

6. 강력한 마늘모 붙임

접바둑은 공격

흑의 놓인 돌을 공격에 활용하는 것이 접바둑에 이기는 제일의 지름길이다.

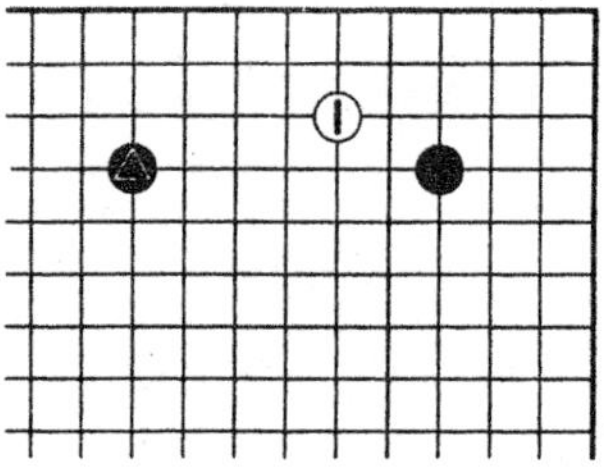

1도

1도

▲은 놓인 돌입니다. 백1에——

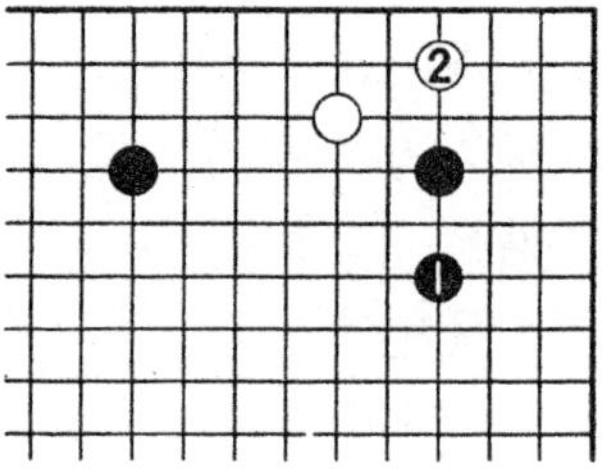

2도

2도

흑1로 한 칸에 받는 것도 당당한 태도입니다. 백2로 날일자——

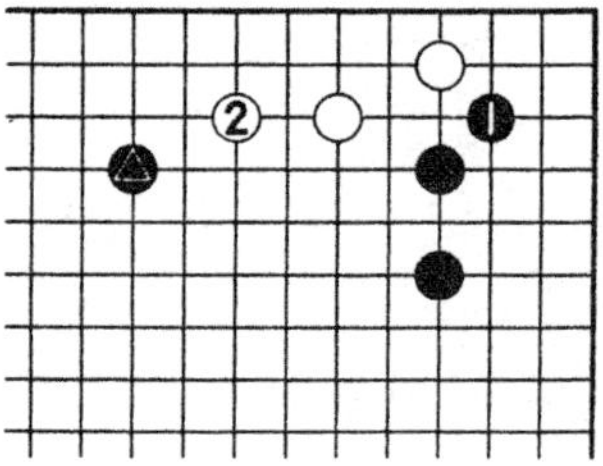

3도

3도

흑1의 3·3 받기에 백2로 좁게 준비하지 않으면 안되는 것이 백의 괴로움. ▲의 위력 탓입니다.

4도

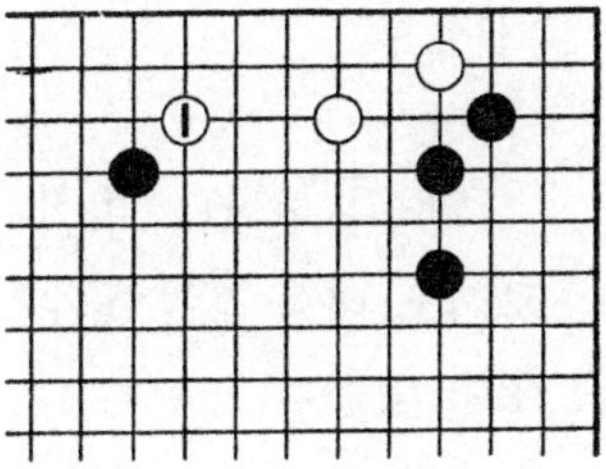
4도

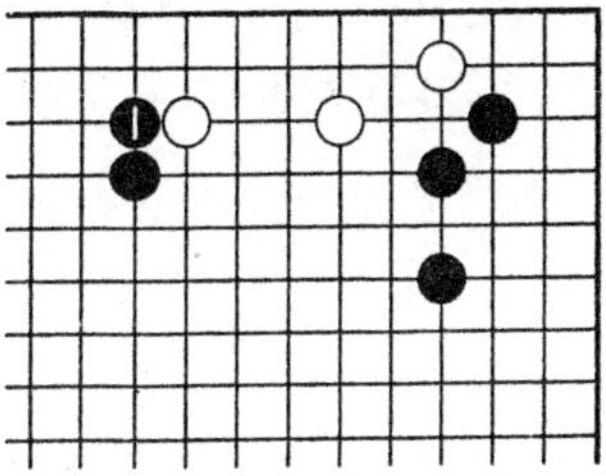
5도

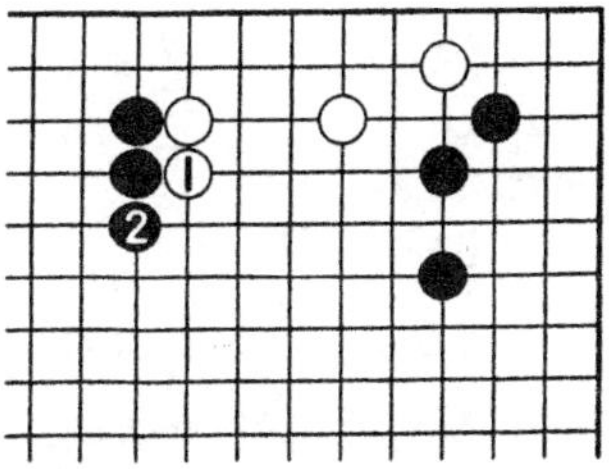
6도

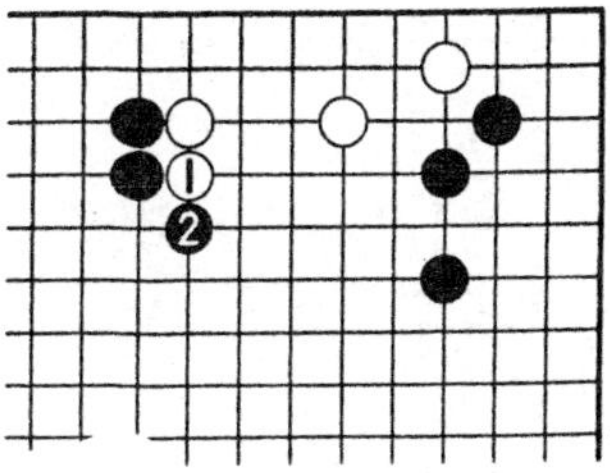
7도

정석대로 백 1로 두 칸에 준비하고 싶은 마음은 굴뚝같지만——

5도

흑 1로 두껍게 눌러지면 백은 곤란합니다. 접촉한 돌은 수가 많은 쪽이 우세.

6도

백 1이라면 흑 2로 뻗어 있어도 좋을 것입니다. 백 1, 흑 2의 형은 '차 뒤 밀기'로, 먼저 뻗는 편이 항상 우세합니다.

7도

강력하게 치면 흑 2의 젖히기입니다. 이곳은 두 점의 머리라고 하여, 백을 공배 막힘이 되게 하는 급소.

6도, 7도 모두 백 나쁨, 백은 두 칸에 준비할 수가 없는 것이니다.

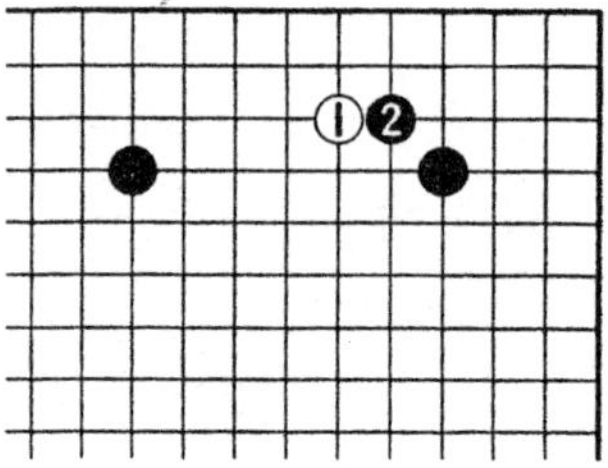

8도

8도

그러나 한 칸 받기보다도 더욱 강력한 수법이 있읍니다. 변의 화점에 놓인 돌이 있는 경우의 특수한 정석인데, 자주 사용됩니다.

흑2의 마늘모 붙임입니다.

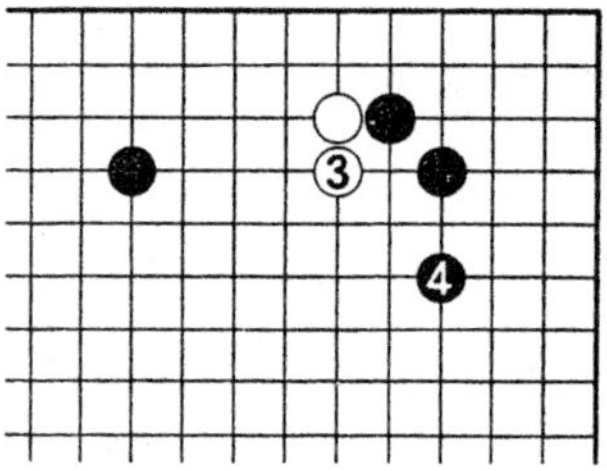

9도

9도

이어서 백3이 절대적이라는 것은 앞에서 설명했읍니다. 흑4로 한 칸.

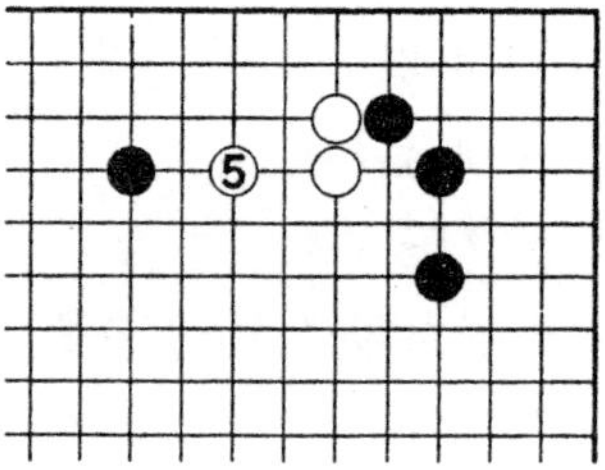

10도

10도

백5로 준비하는 것이 정형이지만 좁으므로, 이것만 근거를 얻을 수는 없읍니다.

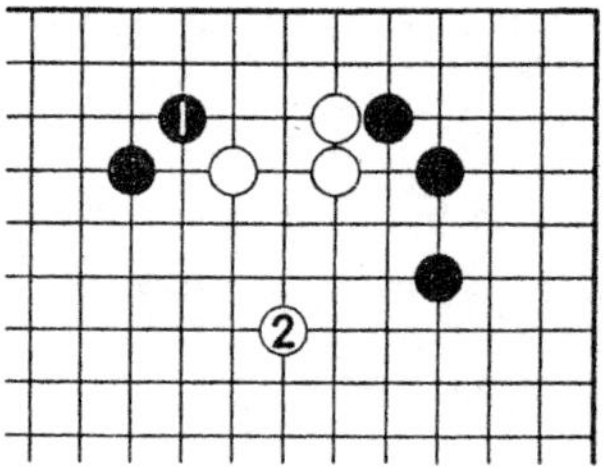

11도

11도

흑1로 공격하면 백2로 도망쳐 냅니다.

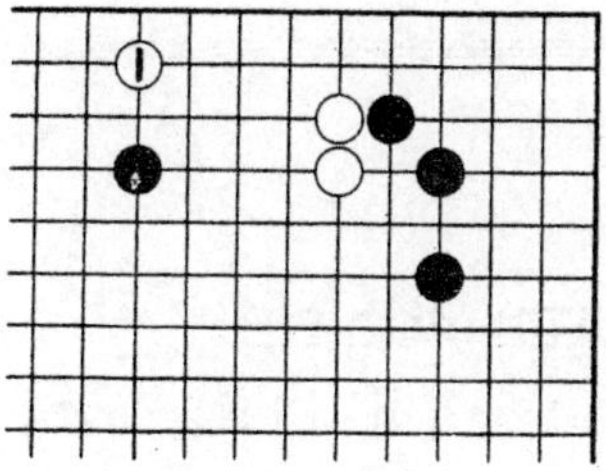

12도

12도

도망쳐 내는 것은 싫다고, 백 1로 낮게 근거를 얻으려 치는 방법도 있는데——

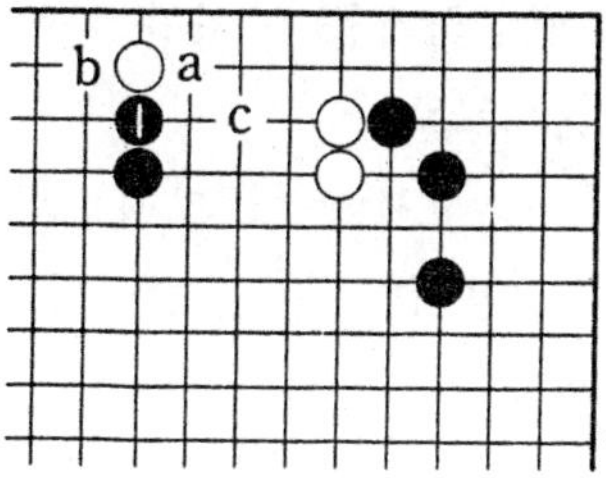

13도

13도

흑 1이 명심해 두어야 할 맥입니다. 백a라면 흑b로 백의 근거는 분명치 않고, 백b라면 흑c로 백을 분단할 수 있습니다.

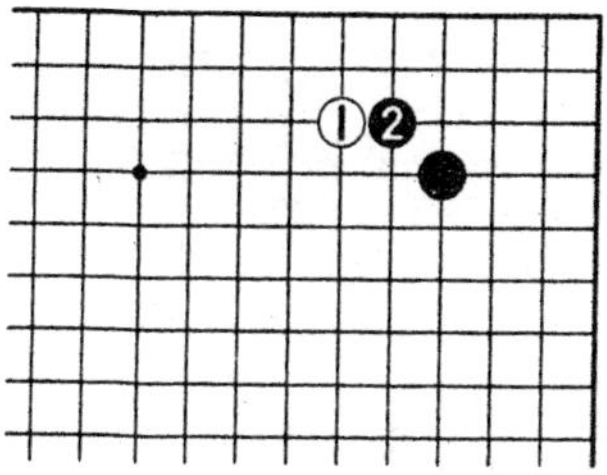

14도

14도

마늘모 붙임은 왼쪽의 화점에 흑돌이 있을 때는 유효하지만, 없을 때는 백 1에 흑 2는 악수가 되므로 주의.

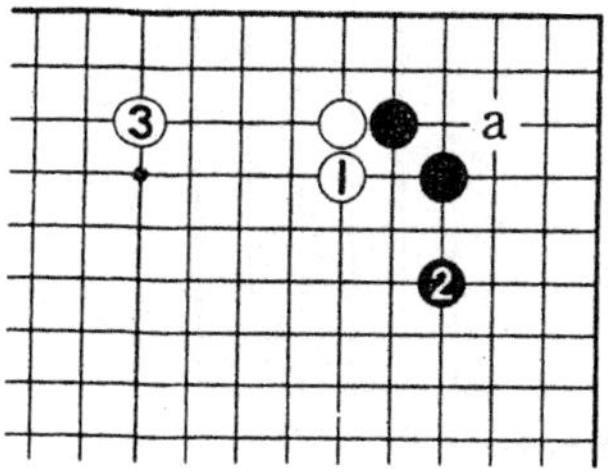

15도

15도

백 3까지의 자세는 백이 단단하여, 마늘모 붙임은 백을 굳히는 결과가 되어 있습니다.

정석의 난이도

짧은 수수(手数)이므로 쉽다고는 할 수 없다.

아래 그림의 우상은 단 3수의 정석. 좌하는 37수라는 장대한 수수의 정석입니다. 아득하다고 생각하는 독자도 있을지 모르지만 안심하기를. 이치만 알면 외우는 것은 그렇게 어렵지 않으므로.

뜻밖에 우상이 외우기 쉬울 듯하지만 그 뒤의 운용이 난이하여, 고급형이라고도 할 수 있을 것입니다. 이상하게 생각할지도 모르지만……

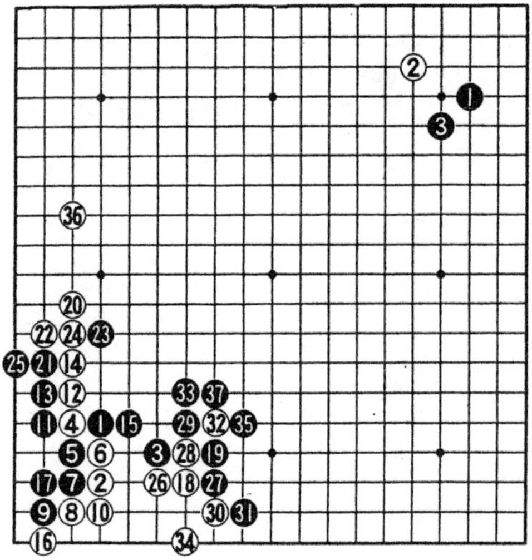

제 4 장

귀와 변의 치기 방법

귀의 실리, 근거를 확인하는 것이 포석·정석의 제1 과제입니다. 다음에 귀에서 변으로의 발전, 그리고 변의 집의 확대가 제2 과제가 될 것입니다. 그때, 명심해 두어야 할 기본 수단을 몇 가지만 소개하겠습니다. 다음 단계로의 비약을 위해.

1. 2·3·4선의 특징

2선은 지는 선

이렇게 말해도, 사활의 급소는 2선에 많다. 포석으로는 나쁘다는 것.

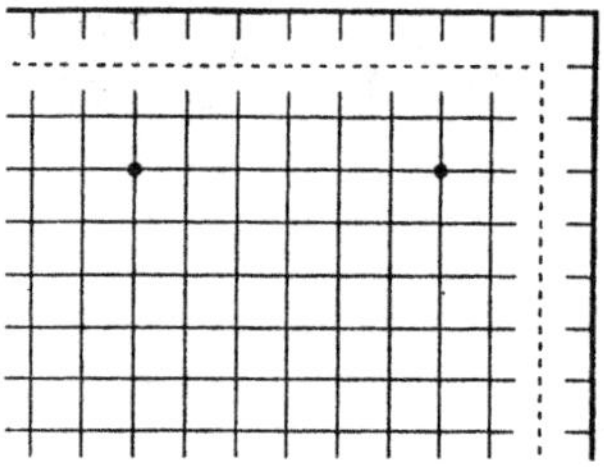
1도

1도

점선으로 나타낸 것이 2선입니다. 반단을 1선이라고 셉니다.

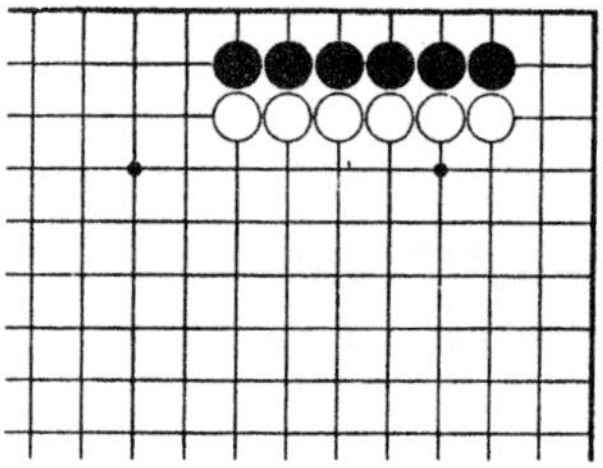
2도

2도

이와 같은 배치에서는, 흑집은 적은 것. 백의 세력이 훨씬 우세합니다.

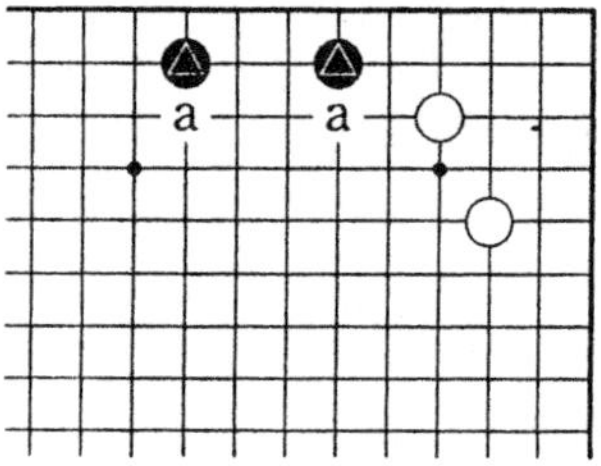

3도

3도

▲이 각각 a에 있으면 훌륭한 준비이지만, 2선에 있기 때문에 불리합니다.

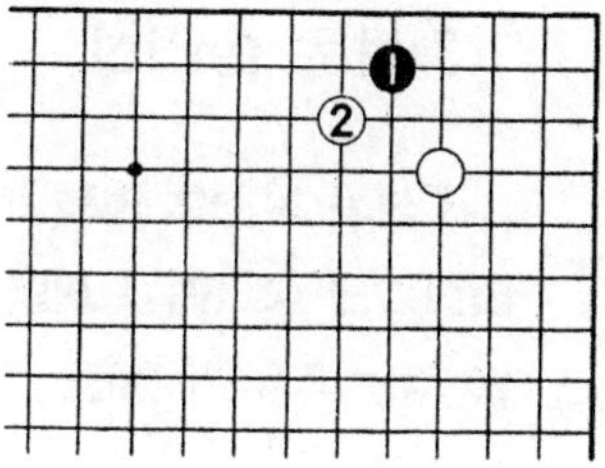

4도

4도

흑1은 끝걸침등으로 불리우며, 때때로 사용되는 것입니다. 백 2의 받기에——

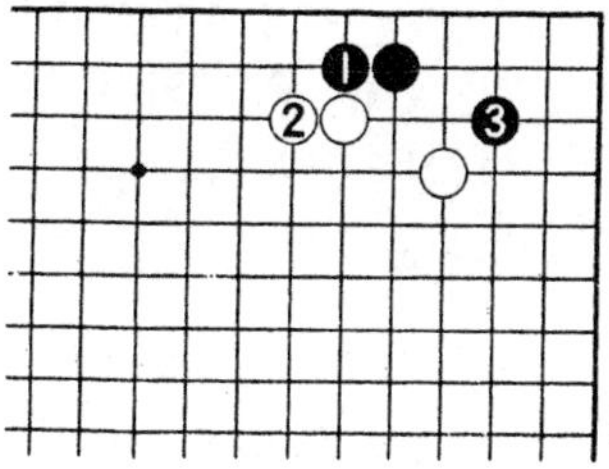

5도

5도

흑1로 한 수만 2선에 치고, 백2에 흑3으로 귀를 침입합니다. 흑1을 치지 않으면 안되는 것은 불만이지만, 흑3으로 큰 귀의 요점을 점령한 것으로 그 보상을 찾았다고 생각하는 것입니다.

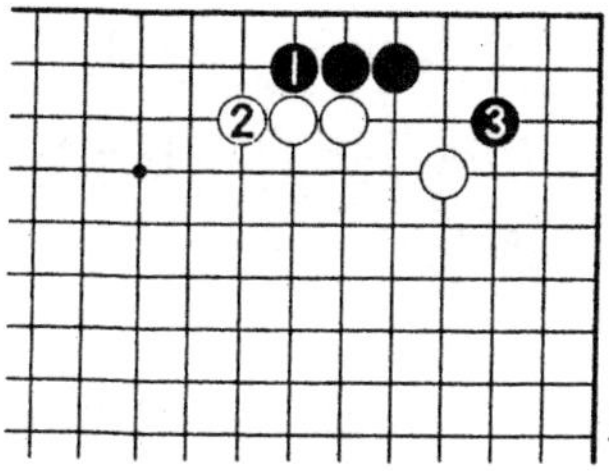

6도

6도

또 한 점, 흑1로 2선을 쳐 흑3은 전도보다 좀 불리합니다.

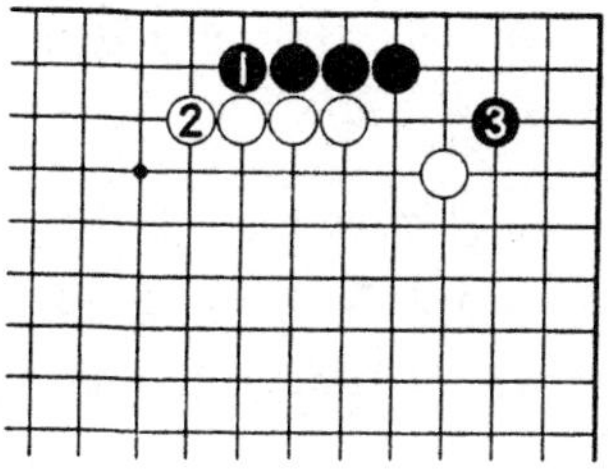

7도

7도

더욱 또 한 점 흑1로 2선을 치는 것은 더욱 불리합니다.

3 선은 실리선

3 선은 실리를 만들기 쉽다. 단 상대에게 세력을 주는 경우가 많다.

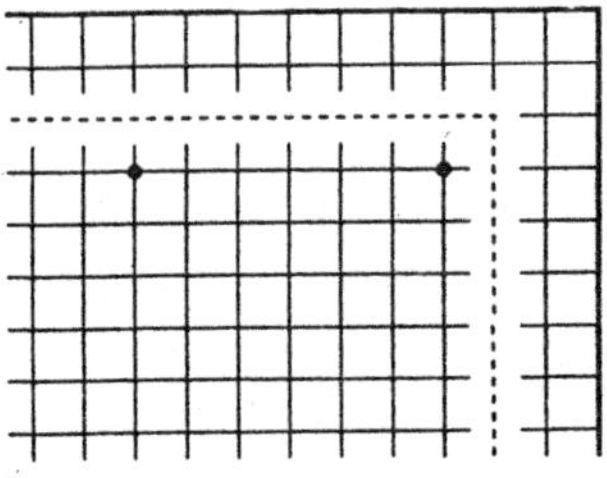

1 도

1 도

점선으로 나타낸 것이 3 선. 확정지가 되기 쉬운 선입니다.

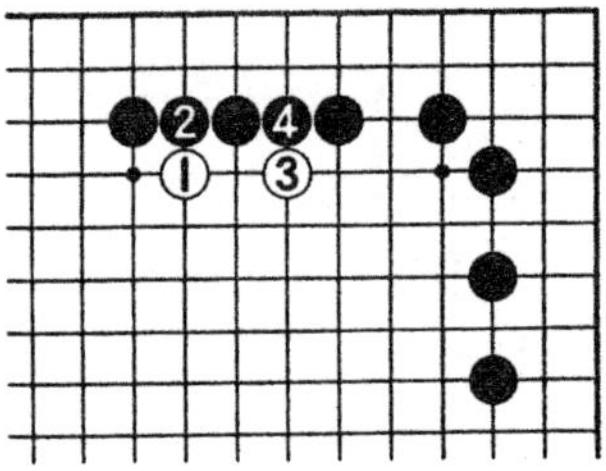

2 도

2 도

그림의 배석은 흑돌이 모두 3 선에 있어, 백이 침입하는 것은 거의 불가능. 이렇게 여기저기의 장소가 아니라도——

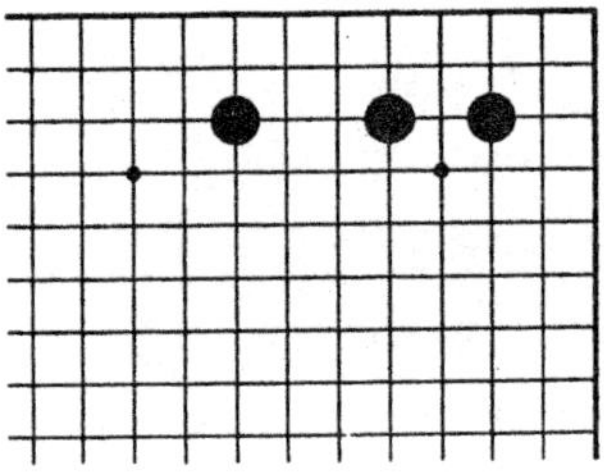

3 도

3 도

이 정도의 배치로 귀에서 상변으로 걸쳐, 상당한 집을 전망할 수 있습니다.

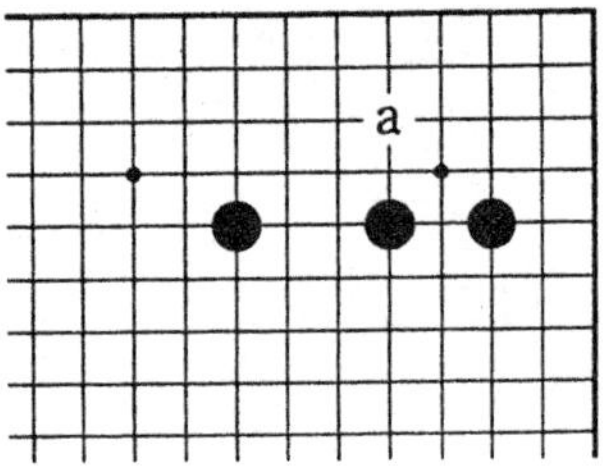

4 도

4 도

이것은 5 선. 집이 되면 클 듯하지만, 백 a

근처에서 편하게 침입 당할 것 같읍니다.

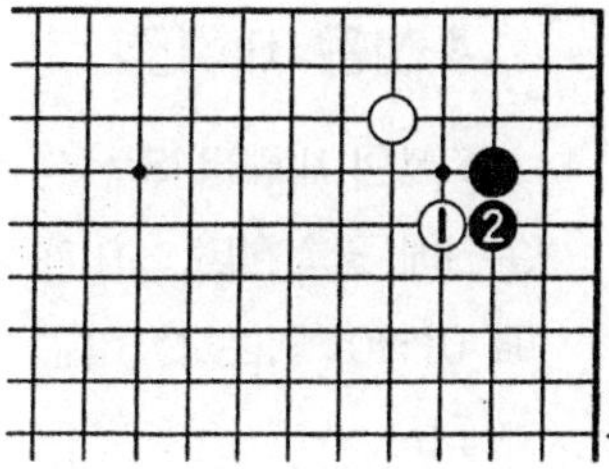
5 도

5 도

정석형의 하나입니다. 백 1 에는 흑 2 로 3 선에 받고——

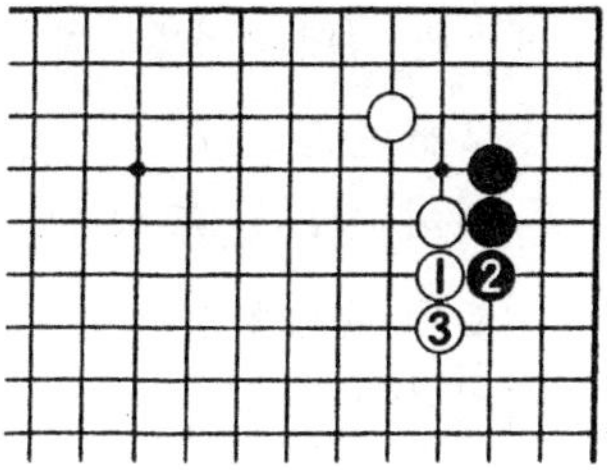
6 도

6 도

이어서 백 1 에 흑 2 로 3 선에 쳐 가면 실리를 얻을 수가 있읍니다.

단, 흑만 좋은 것이 아니고, 백도 1 에서 3 으로 중앙을 향해 세력을 만들어 흑의 실리에 대항하고 있읍니다.

이와 같이, 3 선과 4 선에서 실리와 세력을 겨루는 형은 많이 있읍니다.

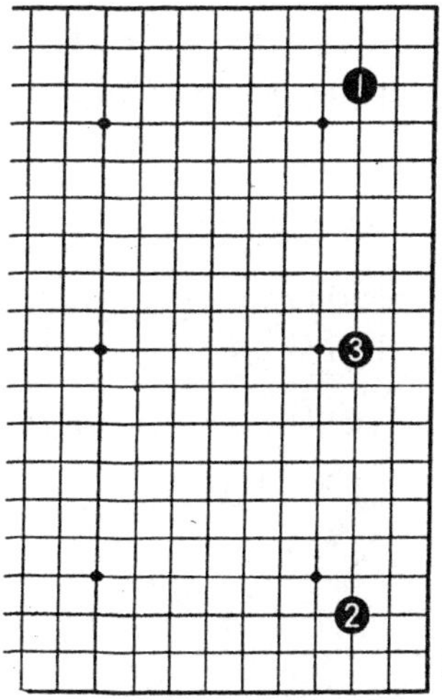
7 도

7 도

흑 1 · 2 · 3 . 우변을 흑의 집으로 하려는 의도가 노골적입니다.

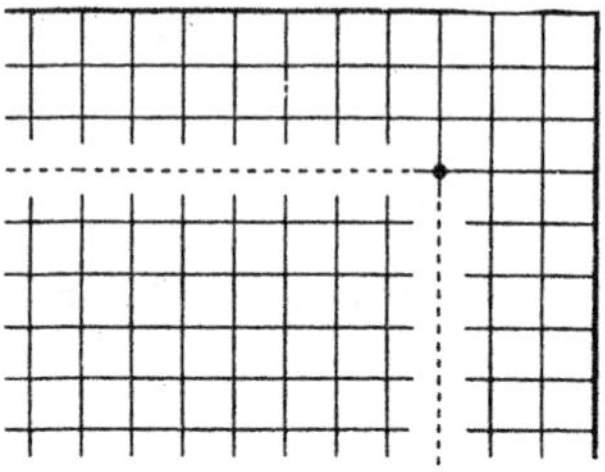

1도

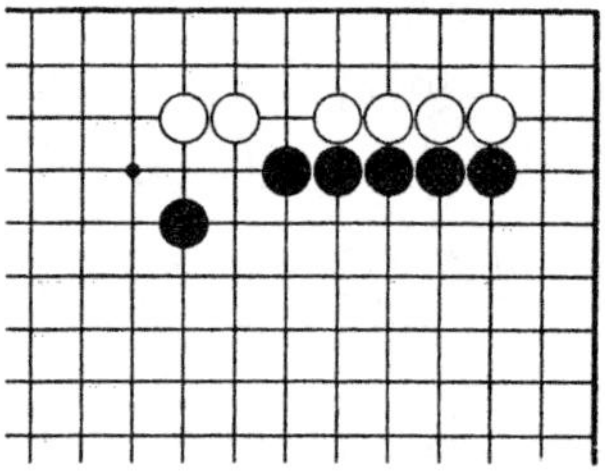

2도

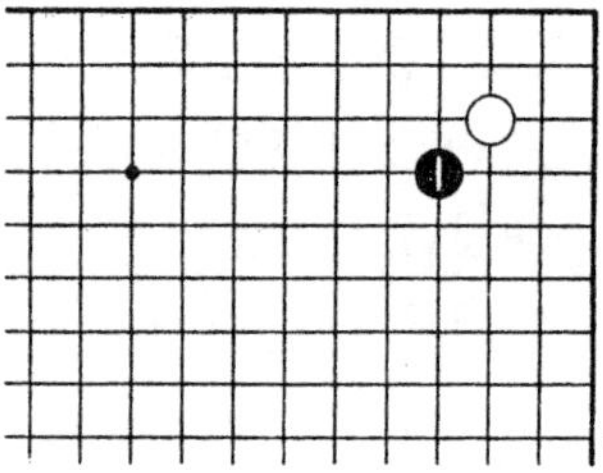

3도

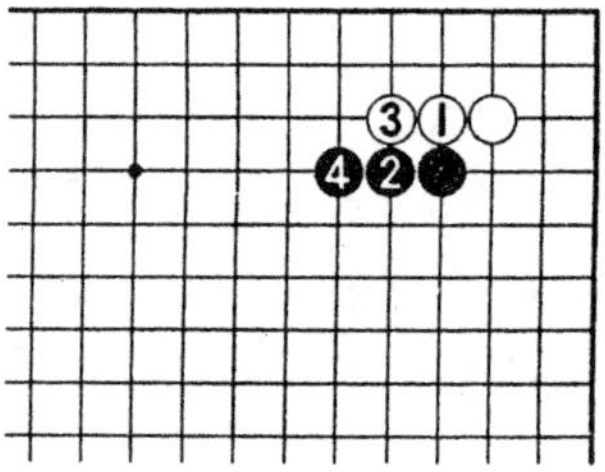

4도

4선은 세력권

4선의 세력은 3선의 실리에 필적한다. 미래에 이익이 되는 선이다.

1도

예에 의해 점선으로 4선을 나타내었읍니다.

2도

백이 실리선, 흑이 세력선의 대항형입니다. 백의 실리는 과연 대단한 것이지만, 흑의 세력도 나중 싸움에서 큰 역할을 하는 세력입니다. 계산은 지금 할 수 없지만, 적어도 백의 실리에 떨어지지는 않을 것입니다.

3도

백의 3·3 치기에 흑1로 치면——

4도

3선과 4선의 대항형. 우열은 앞으로의

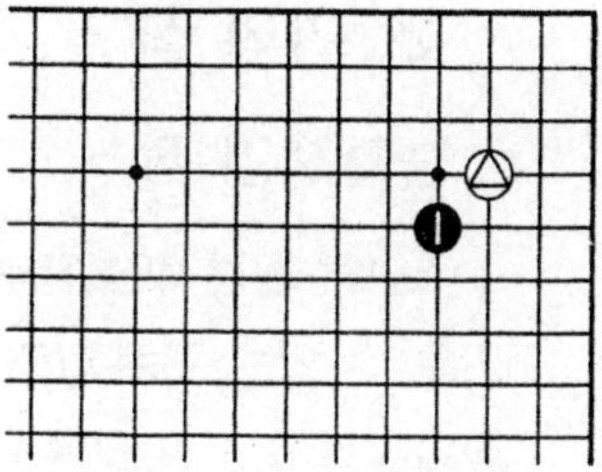

5도

싸움에 의해 결정된다고밖에 할 수 없읍니다.

5도

비슷한 것 같아도, △의 소목의 돌에 흑 1로 친 것은 좀 사정이 달라집니다.

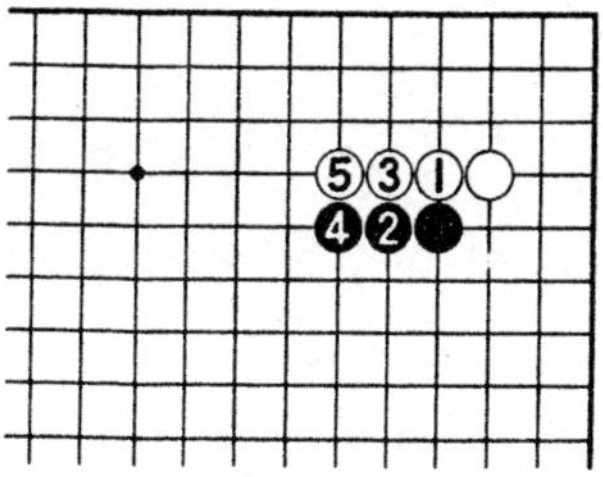

6도

6도

이어서 백 1에서 5까지, 백은 4선에서 실리를 얻었읍니다. 3선에서도 불만은 없지만 4선이라면 더욱 대만족입니다.

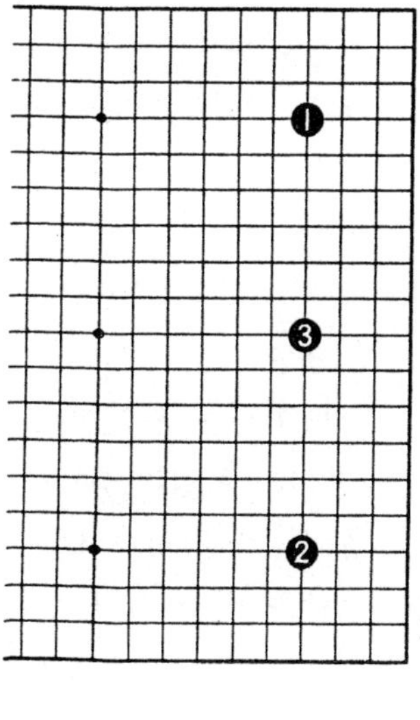

7도

7도

흑 1·2·3의 준비는 앞에 소개했던 '3연성' 입니다.

세력을 과시하여, 스케일 큰 싸움을 바라고 있읍니다.

2. 귀의 집

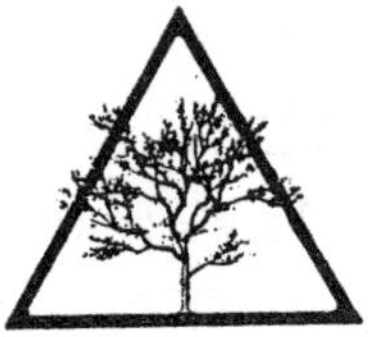

능률적인 집

귀만큼 능률적인 집을 만들 수 있는 곳은 없다. 침입하기 어렵기 때문이다.

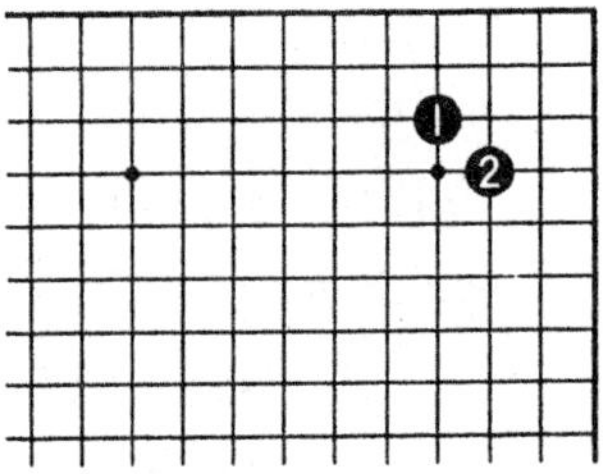

1도

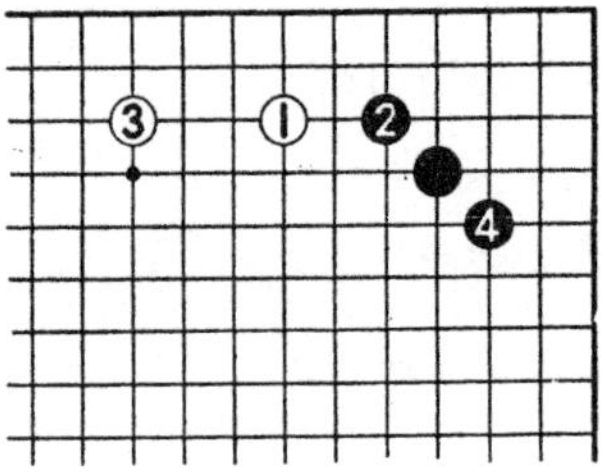

2도

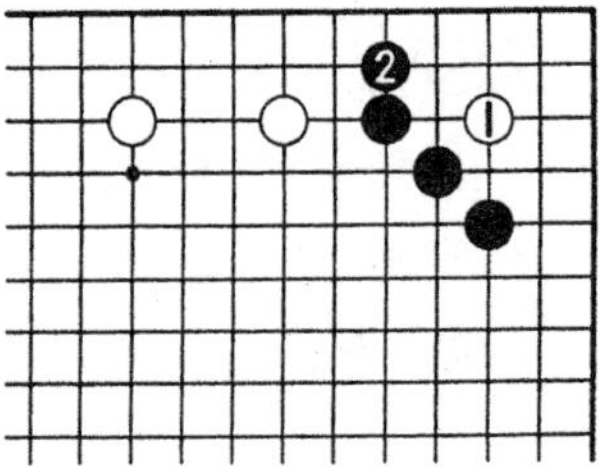

3도

1도

흑1·2의 두 수로 거의 10집의 땅. 달리 이만큼 확실하게 집이 되게 할 수 있는 곳은 없읍니다.

2도

흑2·4의 준비는 '3우조(三羽鳥)'라는 이름으로 불리우고 있읍니다.

3도

백1에는 흑2. 백이 살 여지가 없는 것이 이 돌의 값어치입니다.

귀의 집을 지키기에

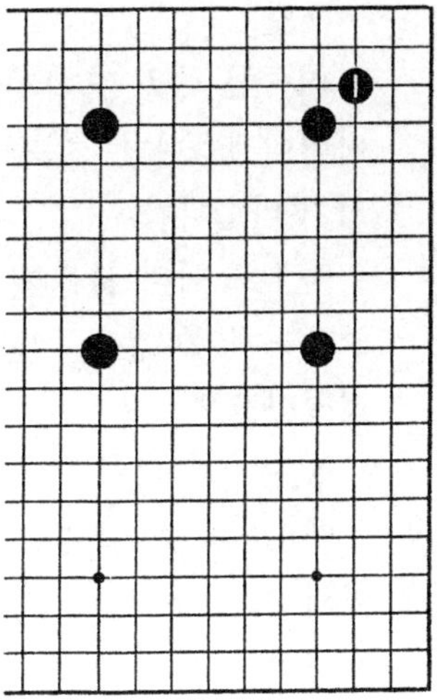

4도

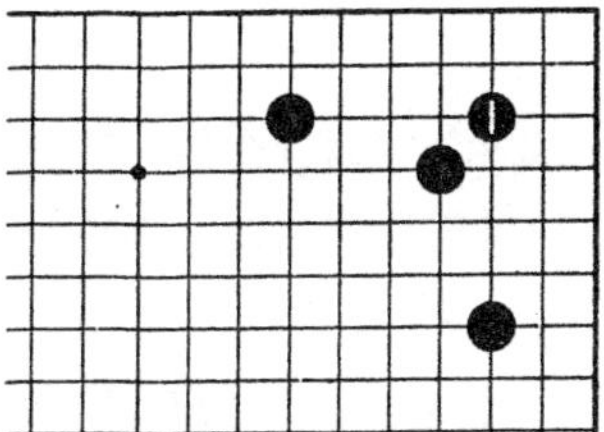

5도

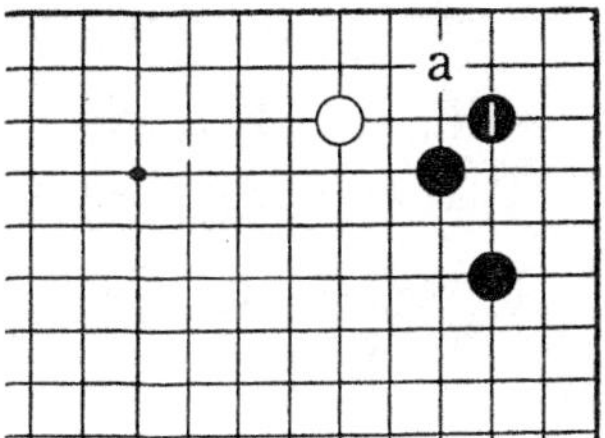

6도

는 3·3이 가장 알기 쉬운 곳입니다.

4도

흑1이 3·3. 귀에서 양쪽 변에 걸쳐 큰 확정지가 될 듯합니다.

5도

흑1도 3·3. 이것으로 확실하게 귀는 흑의 땅이 되었습니다.

6도

흑1의 3·3으로확정지. 단 집은 클수록 좋으므로, 바르게는 흑a로 치는 것이라고 되어 있습니다. 거기에는 흑a 뒤, 백1로 3·3에 넣어 와도, 그것을 잡는다는 뒷받침이 있어야 하지만……

여기에서는 그 이상은 언급하지 않겠습니다.

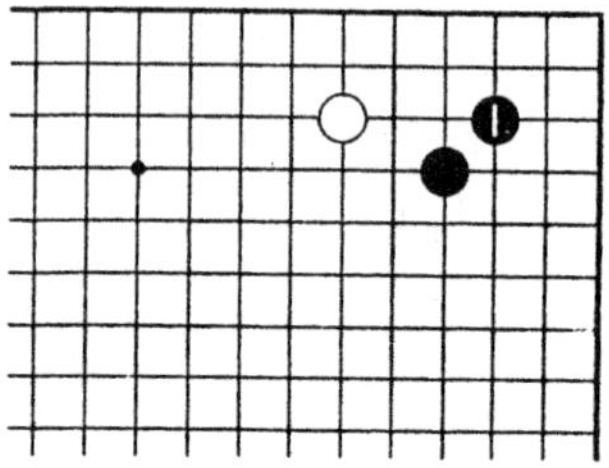

7도

7도

비슷한 것을 몇 가지 나타내겠읍니다. 감을 잡기 바랍니다.

흑 1로 귀의 집을 확보했는데 좀 겁을 낸 것일까요?

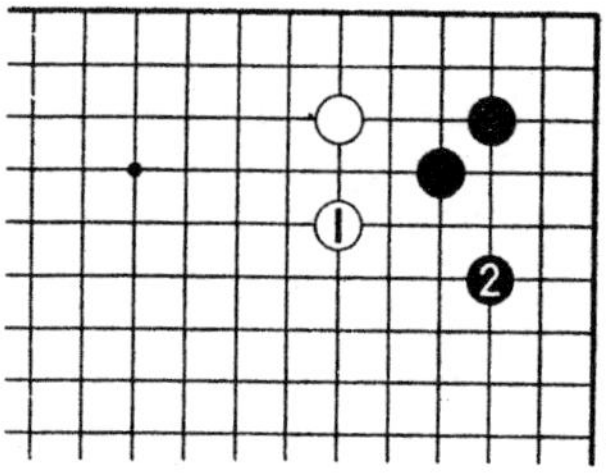

8도

8도

백 1이라면 흑 2로 귀의 집은 분명히 확보했지만, 다음 그림과 비교해 보기 바랍니다.

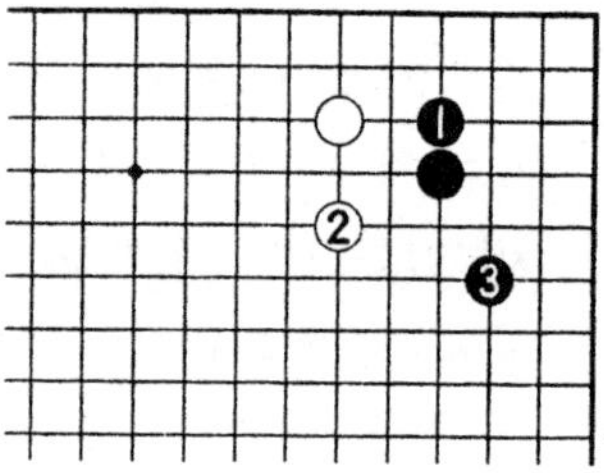

9도

9도

흑 1의 수비가 경제적. 마찬가지로 백 2라면 흑 3으로, 전도보다 큰 집이 가능하다고 생각하지 않습니까?

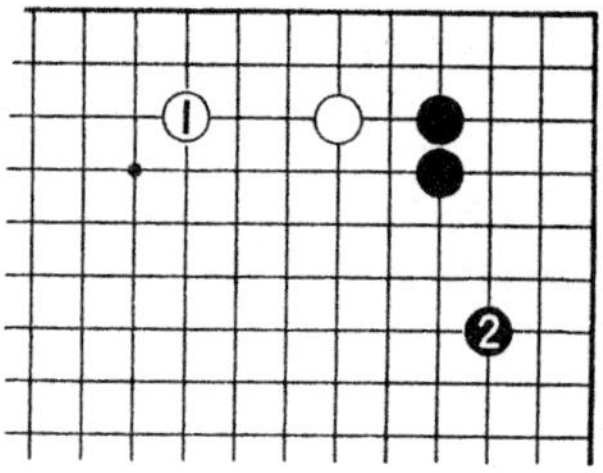

10도

10도

백이 1로 상변에 벌리면, 흑은 2로 눈목자에 벌려 귀를 확정하는 요령입니다.

화점에서의 마늘모 붙임

화점에서의 마늘모 붙임으로 귀가 집이 되는가. 3·3이 비어 있으므로 주의.

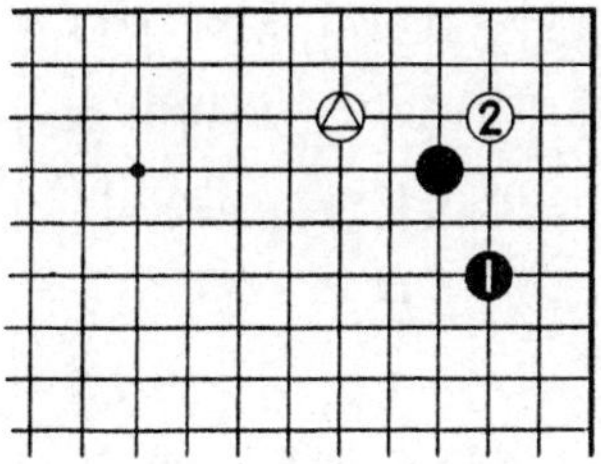
1도

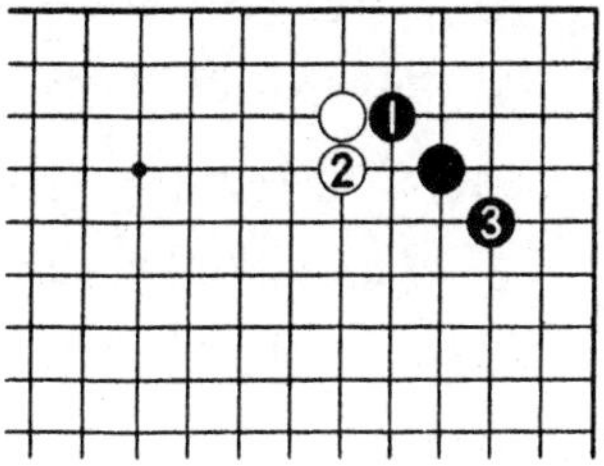
2도

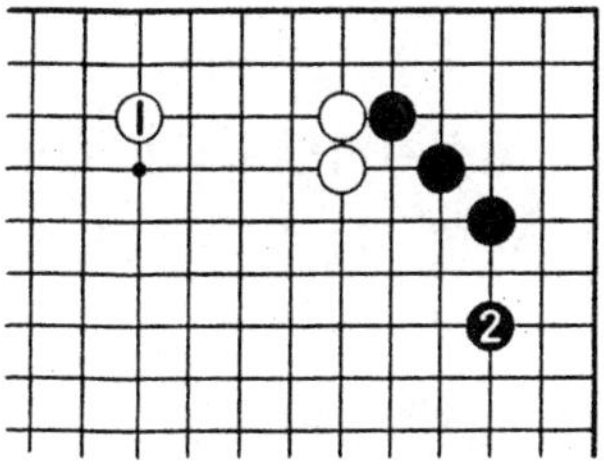
3도

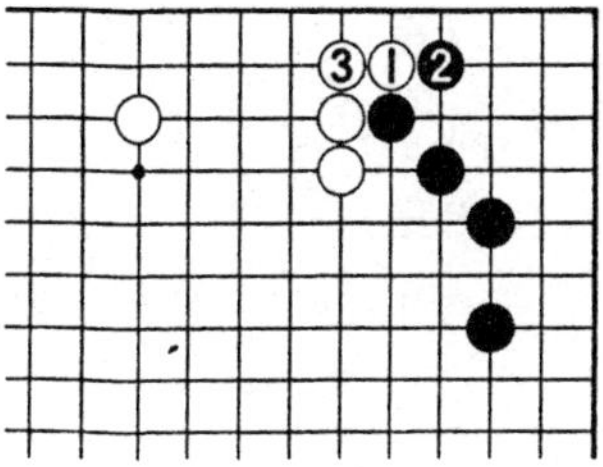
4도

1도

△의 걸침에 흑1의 날일자는 정석. 백2는 악수라 해도 좋을 것이지만, 그것은 아뭏든 귀에 백집이 만들어질 듯합니다.

2도

아무래도 귀의 집을 확보했다면 흑1의 마늘모 붙임. 이것도 백을 강화시켜 악수이지만, 이 때 눈을 감읍니다.

3도

백1에 흑2로 이럭저럭 집이 되었읍니다.

4도

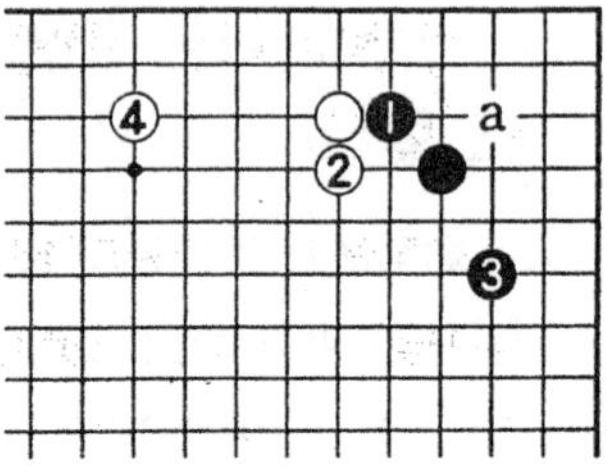

5 도

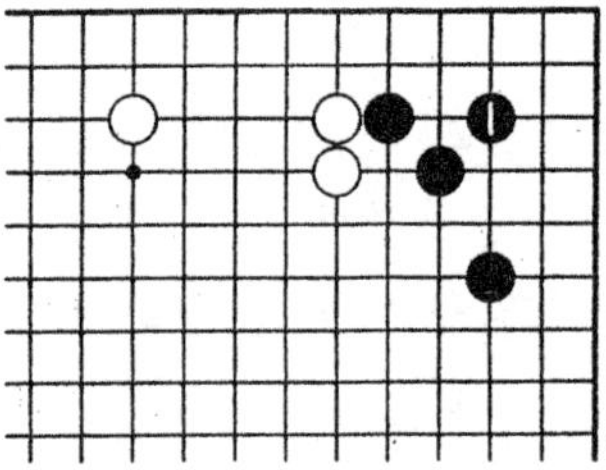

6 도

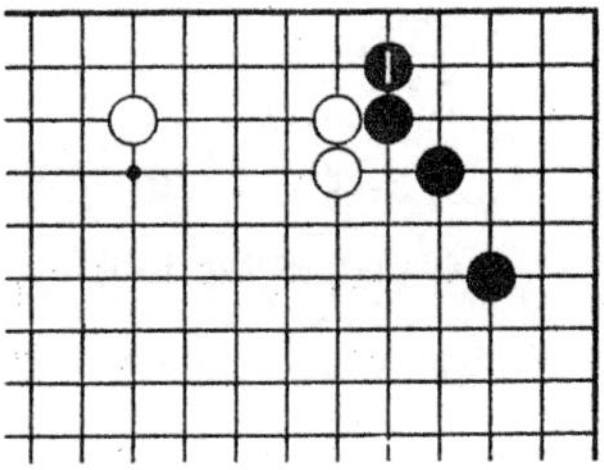

7 도

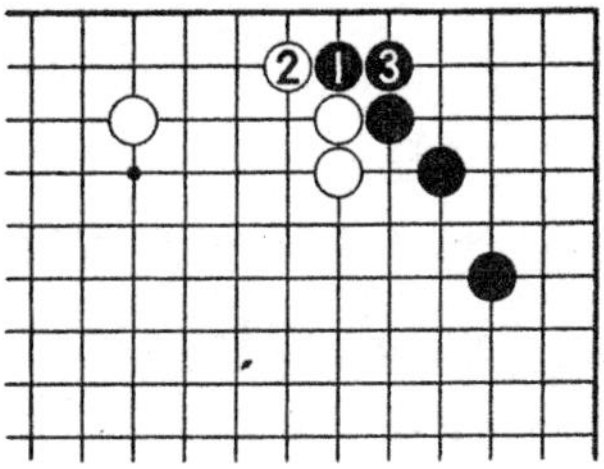

8 도

그러나, 뒤에 백 1 · 3 등으로 처지면 그다지 큰 집은 아닙니다.

5 도

흑 1 로 마늘모 붙여 백2로 세우는 것도, 백을 굳히는 것은 흑의 귀의 집이 단단하지 않기 때문에 악수입니다. 흑 3, 백 4 로 된 다음 a의 결점이 신경 쇠약의 원인입니다.

6 도

흑 1 로 지키면 물론 안심이지만 그런 것이라면 처음부터 마늘모 붙이기를 하지 말고, 3 · 3 에 넣어 두었더라면 좋았을 것을……

7 도

수비라면 흑 1.

8 도

흑 1 · 3 도 있을 것입니다.

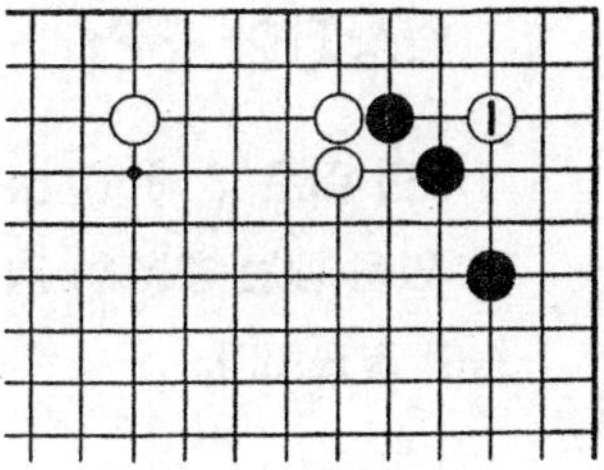

9
도

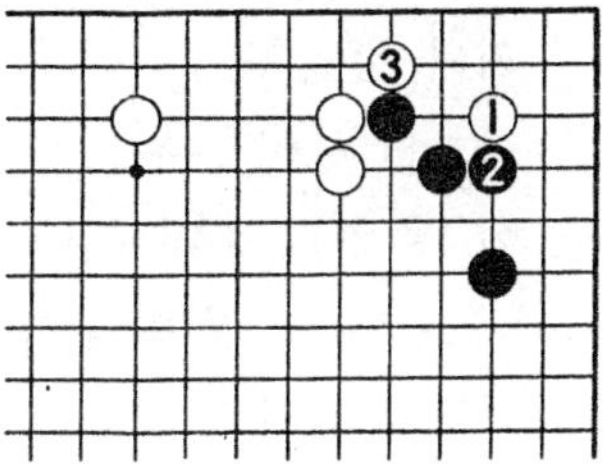

10
도

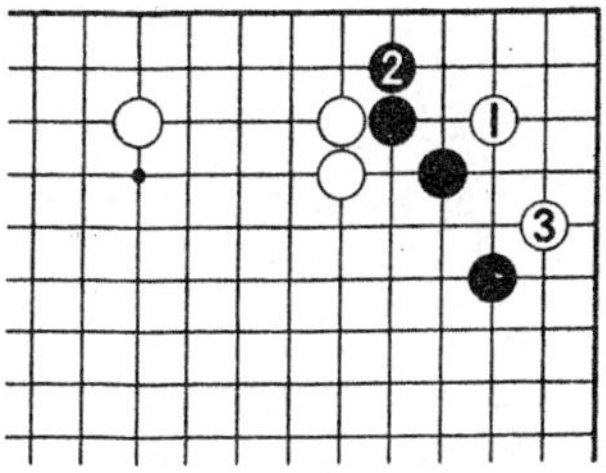

11
도

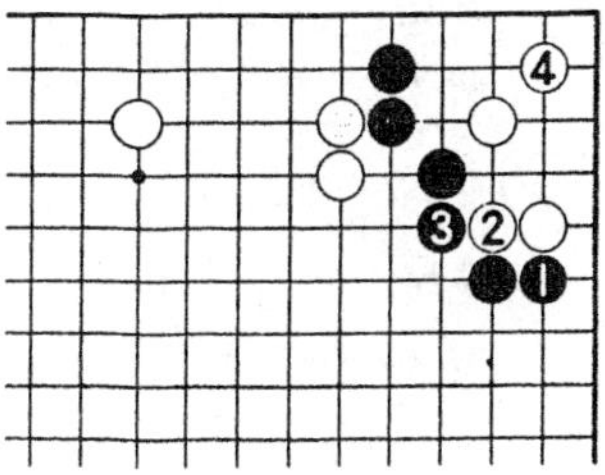

12
도

9도

백1로 3·3에 넣어져, 곧 문제가 생깁니다.

10도

흑2로 누르면 백3. 흑집이 작아지고, 백집이 쑥 증가합니다.

11도

흑2로 차단하면 백3으로 귀에 문제가 생깁니다.

12도

흑1이라면 백4까지. 흑은 귀에 집이 없어질 뿐 아니라, 전체가 공격당하게 되어 버립니다.

화점에서의 마늘모 붙임은 초심자 애용의 수법인데, 그다지 칭찬할 만한 수는 아닙니다.

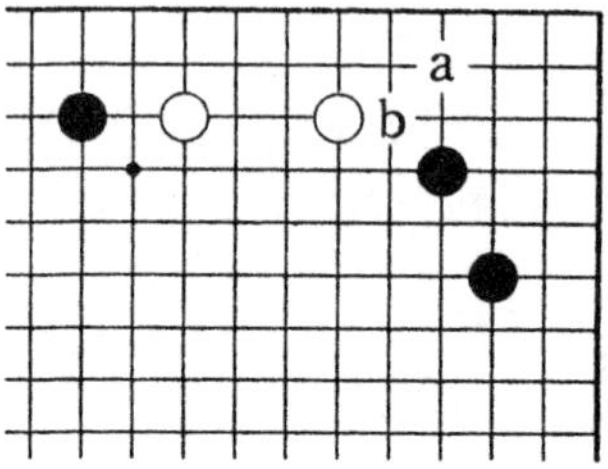

1도

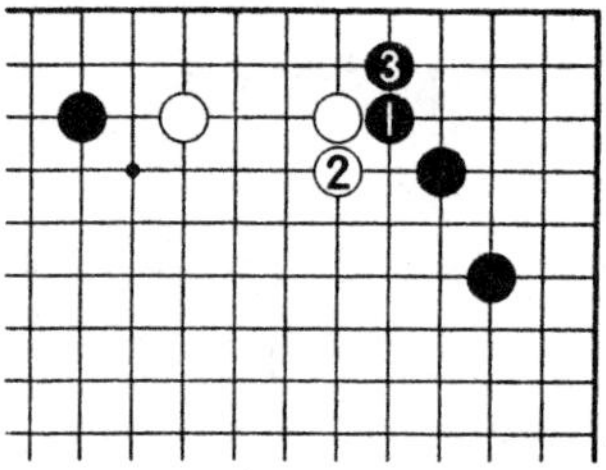
2도

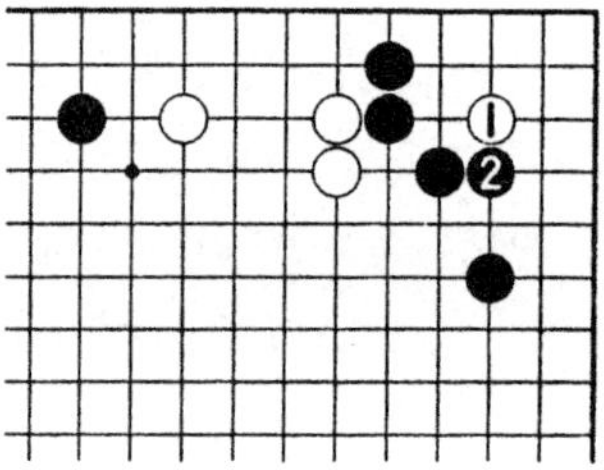
3도

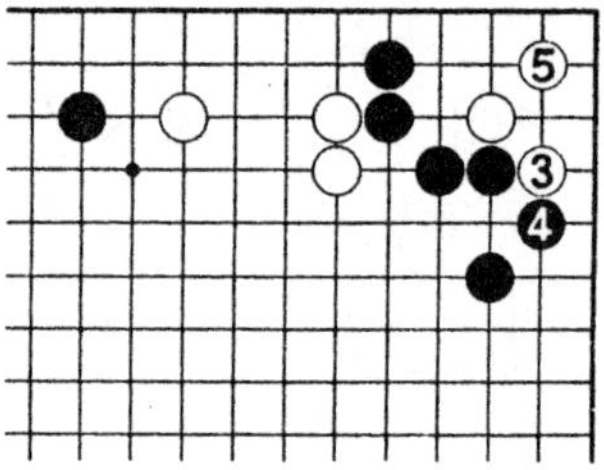
4도

확정지의 조건

귀의 집은 3·3 이 비어 있을 때는 충분한 검증이 필요하다.

1도

귀의 흑집을 굳히기 위해서는 흑a.

그러나 이 경우는 백이 두 칸의 준비이므로 b로 마늘모 붙여 공격하면서 귀의 집을 만드는 생각도 유력합니다. 단——

2도

흑1, 백2에 이어서 흑3이 화룡점정의 일착입니다. 이것으로 귀가 확정됩니다.

3도

백1로 3·3에 넣어 가도 흑2.

4도

백3·5로 부자연스럽게 붙여도 백에게 살

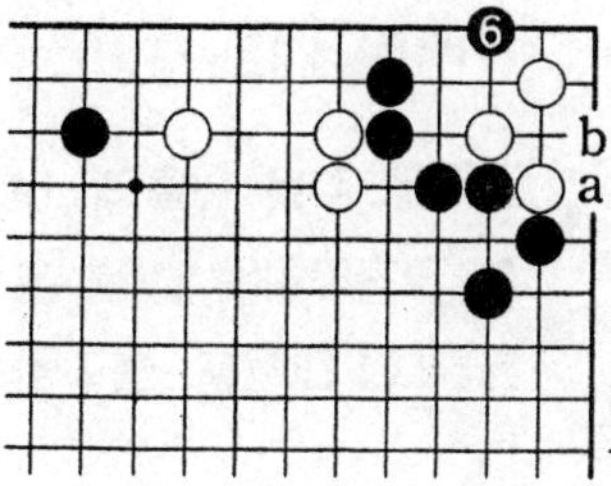

5 도

길은 없읍니다.

5 도

흑6이 중요. 이 수로 흑a는 백b로 패가 되어 버리는 것입니다.

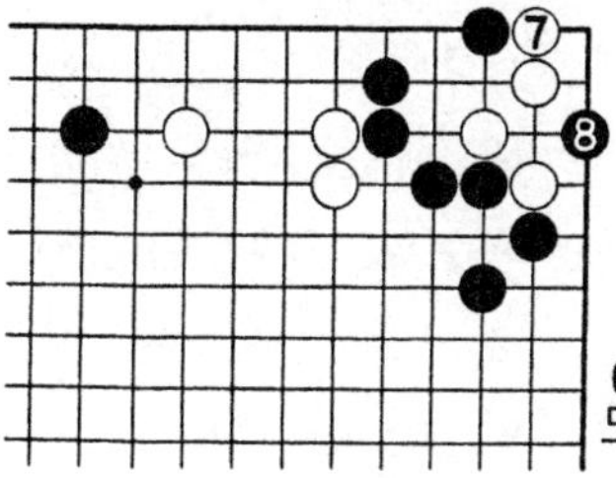

6 도

6 도

이어서 백7에 흑8. 눈모양의 급소에 놓아 백의 숨통을 막았읍니다.

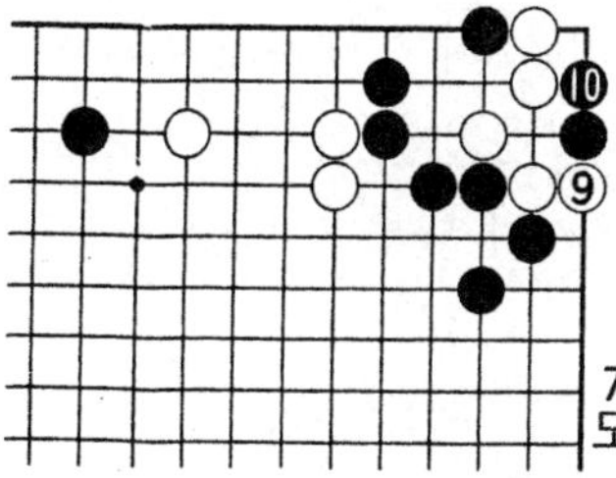

7 도

7 도

군더더기이므로 백9에는 흑10. 백9에서 10이라면 흑9 입니다.

8 도

군더더기의 군더더기이므로, 위의 ▲ 한 점을 잡아도 여기에 눈은 만들어지지 않읍니다.

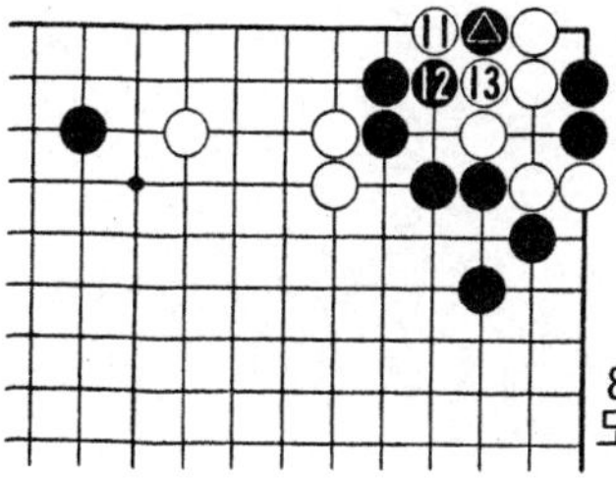

8 도

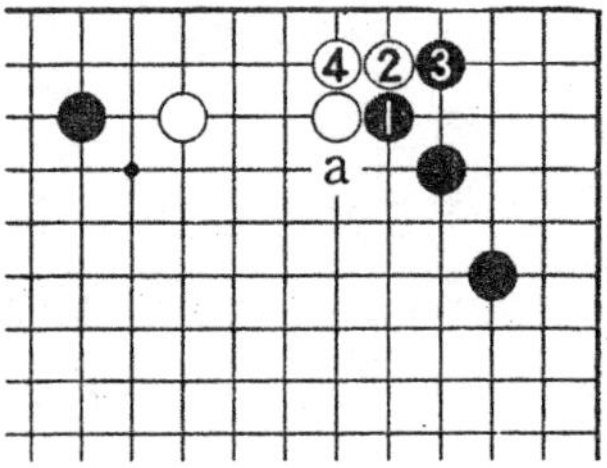

1도

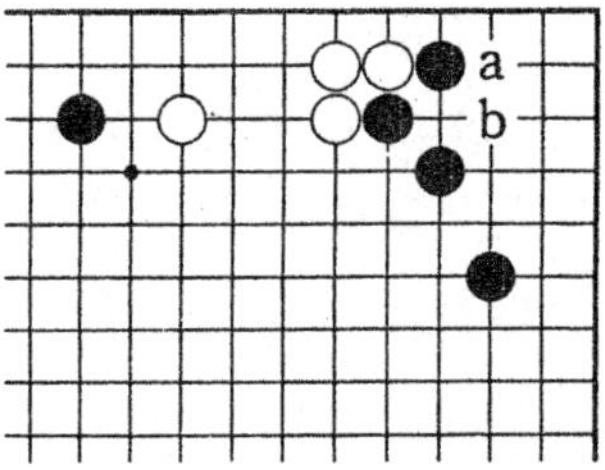

2도

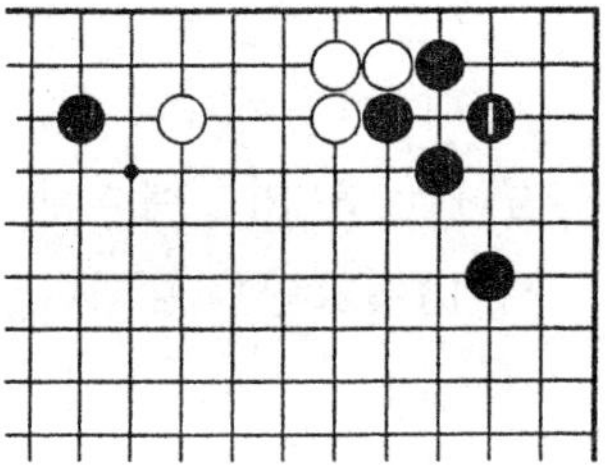

3도

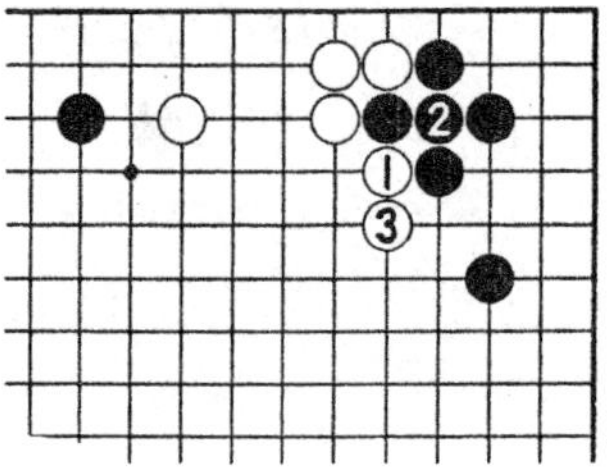

4도

백의 대책

귀에 집을 만들게 하여 공격당하는 것은 곤란하다. 대책을 생각한다.

1도

흑 1의 마늘모 붙임에 백a로 치는 것은 흑2로 받아지므로, 백 2·4로 변신하여 내어 보았읍니다.

2도

이 귀에는 a나 b의 수가 있어 더욱 기분이 나쁩니다.

3도

흑1로 지키는 것이 좋다고 되어 있으나, 그 뒤도 결코 쉽지 않습니다.

4도

백 1 에 흑2로 잇는 것은 백 3 으로, 흑의 우

형에 대해 백의 자태가 아름답습니다. 미녀와 야수입니다.

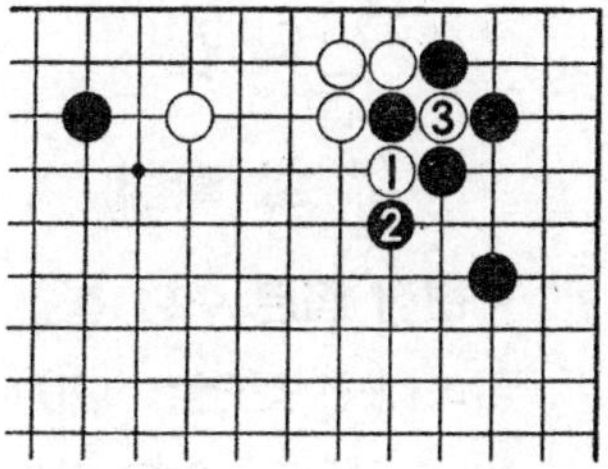

5도

5도

백 1 때, 패를 두려워하지 말고 흑 2로 다시 단수해야 합니다.

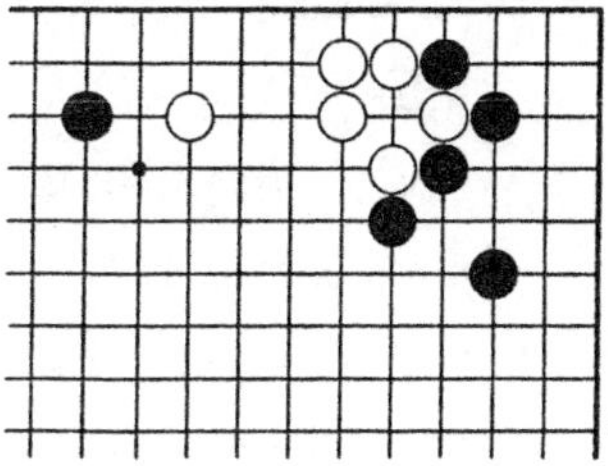
6도

6도

전도에서 백이 패를 따낸 형. 상당히 고급스러운 것이므로 설명은 생략하겠지만, 이 패는 흑 지지 않습니다.

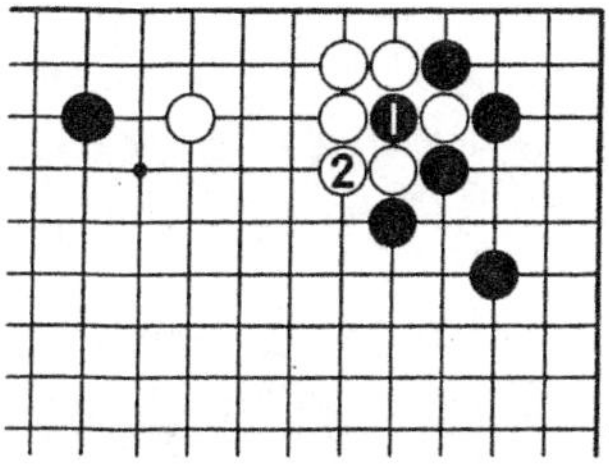

7도

7도

결국 흑 1로 패를 되따내고, 백 2가 되는 것입니다.

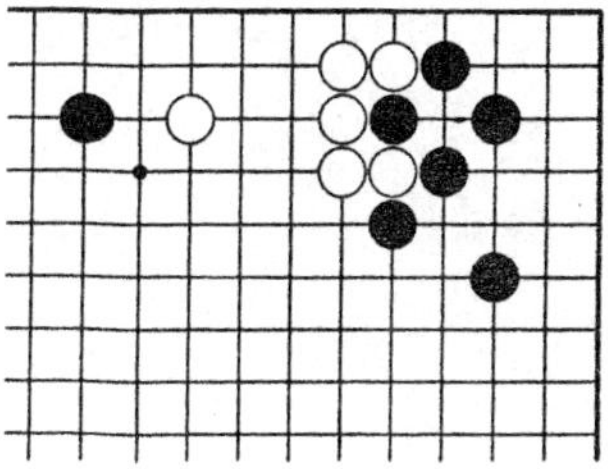
8도

8도

이로써 일단락이라는 결론.

이것은 화점에서 마늘모 붙임 한 수로 귀를 굳히기 어렵다는 것입니다.

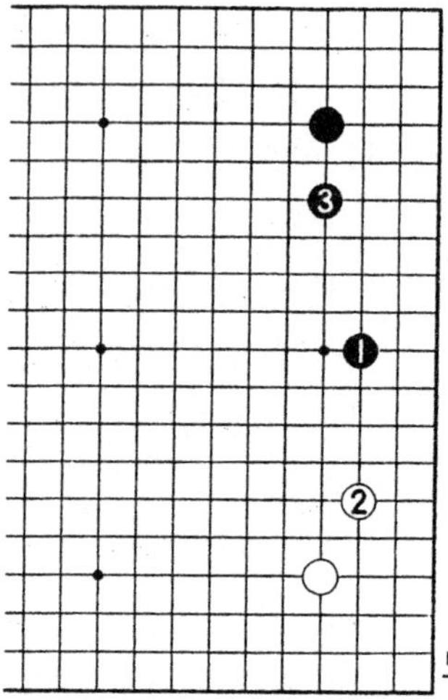

1
도

3. 변의 집

변의 집 확대

변의 집은 귀의 집과 접속하는 것으로 가치가 증가하고, 안을 향하여 성장한다.

1도

흑1의 변으로의 발전은 흑3으로 귀의 세력과 연결되는 것으로 가치가 증대됩니다.

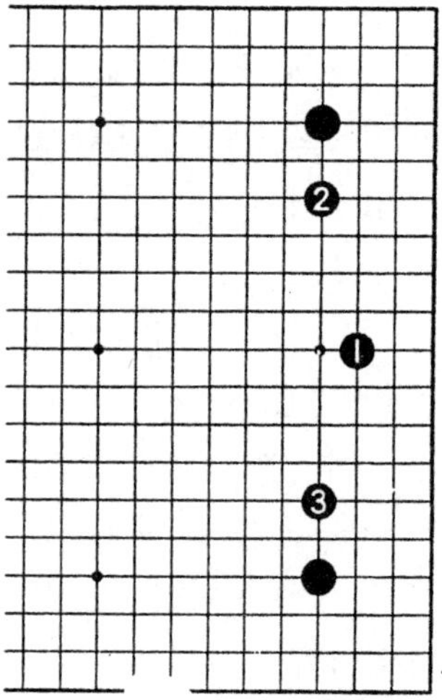

2
도

2도

2연성의 한가운데에 흑1로 발전하고, 더욱 흑2·3으로 귀와 연락되면, 우변은 위에서 아래까지 통한 세력권이 됩니다. 흑1은 실리의 3선에 있으므로 집이 되기 쉬울 듯합니다.

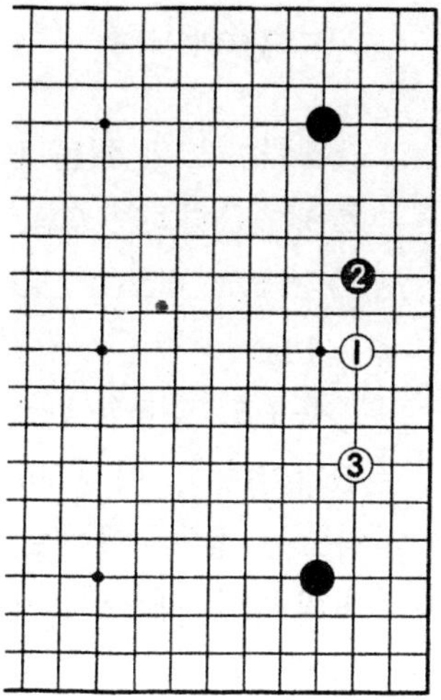

3도

3도

따라서, 전도 흑1에 앞서 백1로 흑의 호형을 방해하는 것도 상당한 수입니다. 백1은 고립되어 있는 것 같지만, 흑2로 위에서 쫓으면 백3으로 아래에 대비, 아래에서 쫓으면 위로 대비할 수 있으므로 그렇게 불안하지는 않습니다.

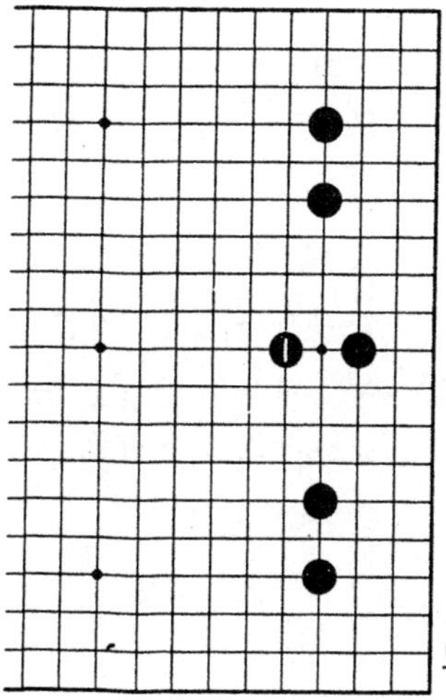

4도

4도

2도의 호형에서 더욱 흑1로 중앙을 향하여 한 칸 뛰면, 이것도 또한 이상형.

이와 같이 변의 집은 안으로 넓혀 갈 수 있다는, 귀의 집에는 없는 특징을 갖고 있습니다.

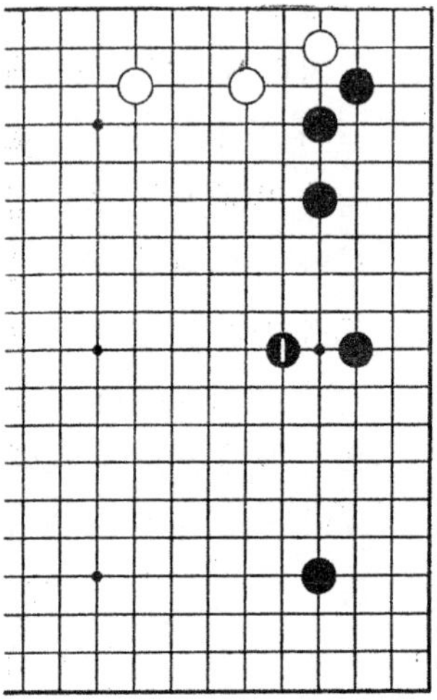

모자의 변화

모자는 변의 집을 제한하는 대표적인 수법. 그 변화에 정형이 있다.

1도

흑1도 훌륭한 한 칸 뛰기입니다. 이상형이라고는 할 수 없어도, 변의 집을 확대하는 호점이라고 할 수 있을 것입니다. 그것을 사전에 방해하는 것이—

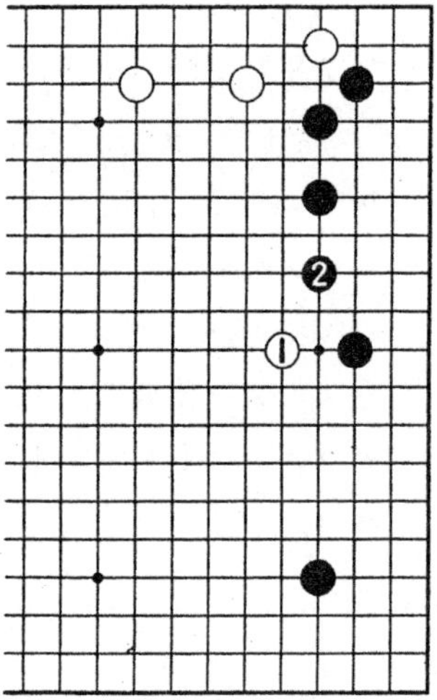

2도

백1의 모자입니다. 모자란 帽子. 3선에만 한하지 않고, 상대의 돌의 진로에 한 칸 떨어져 씌우는 기분. 여기에서는 3선의 돌에 씌우는 모자를 연구합니다.

'모자에 날일자' 라고 하여, 흑2로 집이

되는 쪽에 날일자로 치는 것이 알기 쉬운 받기 방법.

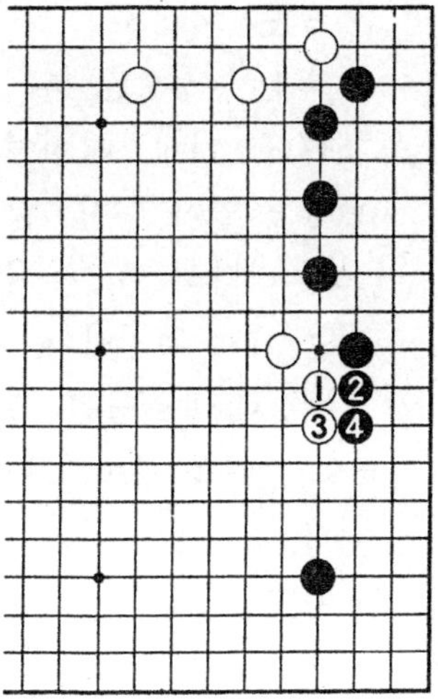

3
도

3도

백 1·3으로 쳐서는 모처럼의 모자가 울게 됩니다. 흑은 2·4로 실리를 쳐 변에 확정지가 만들어진 것이 커 만족입니다. 우하귀의 흑과 연락되는 것도 기쁩니다.

상대를 기쁘게 해서는 안됩니다. 바둑이라는 것은 심술장이 게임인 것입니다.

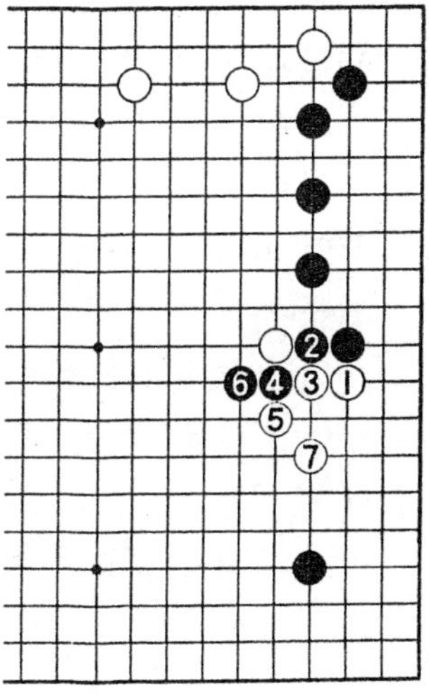

4
도

4도

단연 백1로 붙여 승부를 내고 싶습니다. 흑2·4는 그다지 맥이 좋은 치기는 아니고, 백3에서 백도 승산이 있는 싸움이 될 것입니다.

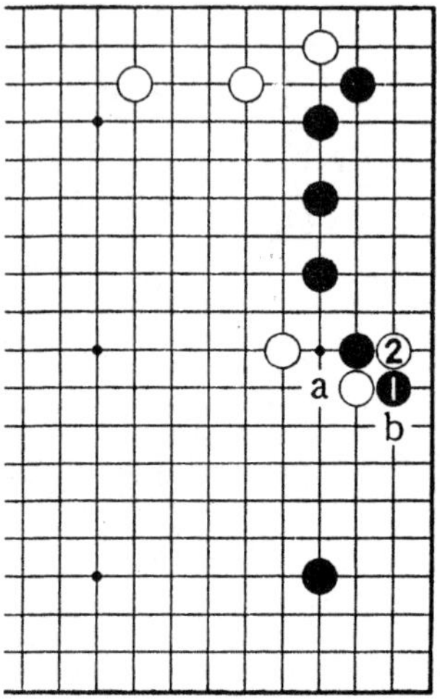

5
도

5도

흑1이 정도(正道)입니다. 이에 대하여 백2가 알아 두지 않으면 상당히 치기 어려운 수일 것입니다.

백2에서 a 등은 흑b로 상대를 기쁘게 합니다.

6도

흑3이 더욱 평온한 응수. 이로써 불만이 없는 나눔이 되므로, 여분의 일은 생각하지 않아도 좋을 것입니다.

백4는 이 한 수. △의 한 점을 버린 돌로 하여 효과를 나타낼 수 있읍니다.

버린 돌이라는 것은 상당히 고급스러운 맥에 속하는데, 낚시 용어로 말하자면 모이를 뿌리는 일과도 같은 것

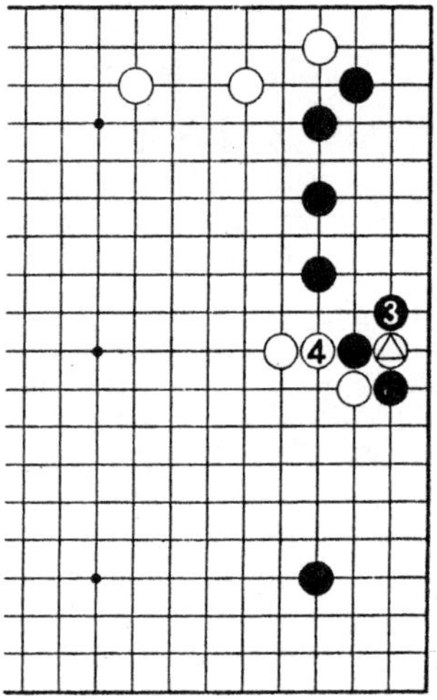

6
도

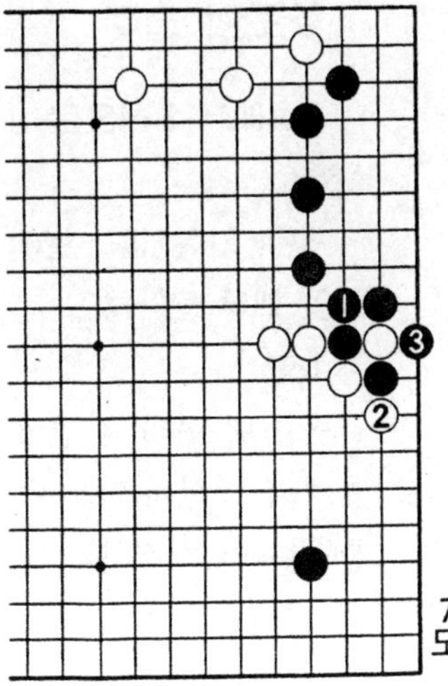

7
도

으로, 아까워할 필요는 없읍니다.

7도

흑1로 잇읍니다. 흑1에서 3으로 빼는 것은 백1로 단수되어 어지러워져 버릴 것입니다.

이어서 백2의 단수. 한 개의 버린 돌로 두 번의 단수를 칠 수 있는 것이 백의 자랑입니다.

흑3의 빼기에——

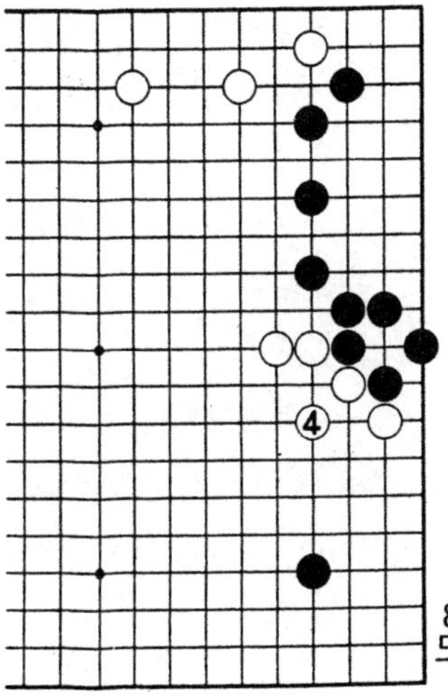

8
도

8도

백4로 준비하여 일단락이 되었읍니다.

그럼 이 결과는 어떻게 될까요?

백은 상하 쪽 집이 될 듯하던 흑의 세력권을 갈라, 소기의 성과를 거두었다고 할수 있을 것입니다.

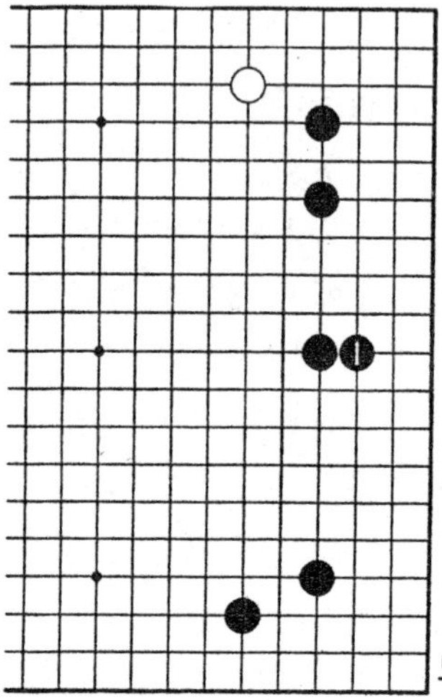

1
도

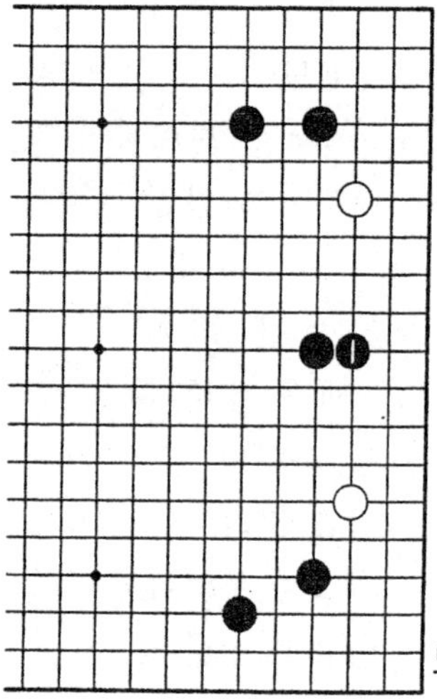

2
도

공포의 철주

4 선에서 3 선으로 나란하다.

서툰 치기처럼 보이지만 매우 단단하다.

1 도

흑 1 로 변의 4 선의 돌에서 3 선에 치는 수를 철주라고 부릅니다. 누가 이름을 붙였는지, 그 이름에서도 알 수 있듯이 쳐도 차도 꿈쩍도 하지 않습니다.

본도의 흑 1 은 수비의 철주입니다. 상하 어느쪽으로 백이 들어와도 혼내주려는 자세로 있읍니다.

2 도

공격의 철주. 상하 양쪽의 백을 겨냥하고 있읍니다. 도저히 옆에 가까이 갈 수 없을 듯한 분위기이기는 하지

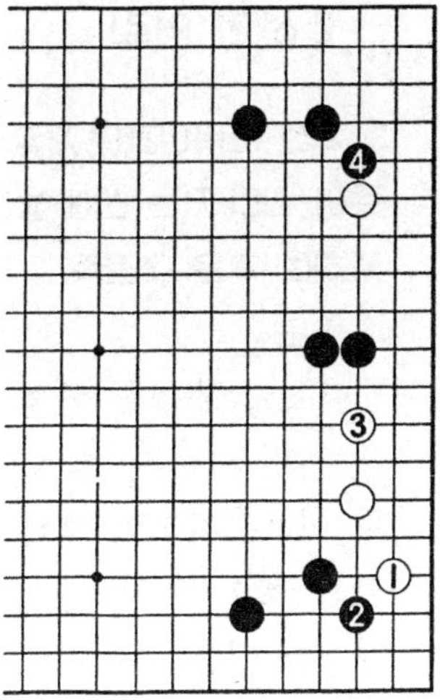

3
도

만——

3도

우선 백1·3으로아래쪽의 백을 정형합니다. 이로써 분명하게 안정되었다고는 할 수 없지만, 그 보다도 흑4로 윗쪽의 백이 공격당해 위험합니다.

4도

백1에 흑2. 흑2에서는 a의 모자도 있을 것입니다. 아뭏든 백은 견디기가 힘든 때. 게다가 상대가 철주이므로 계속해서 접촉전은 할 수 없고…

철주는 접바둑의 경우, 특히 유력합니다. 변의 집을 굳히는 수단으로써 애용하도록 권합니다.

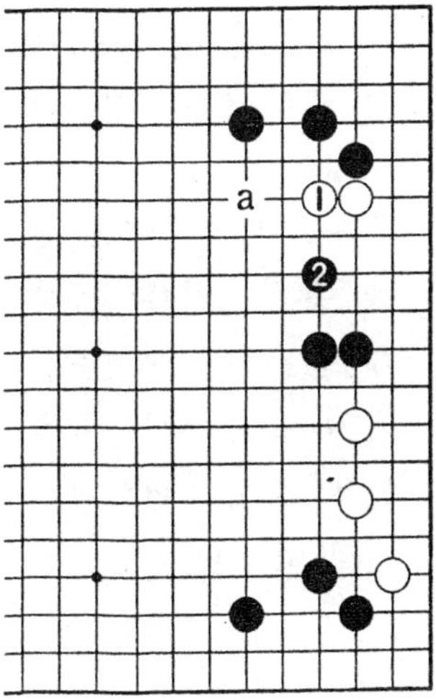

4
도

2선의 연락

2선 연락이라면 자유로이 한다. 지는 선에 놓게 하여 흑은 대만족.

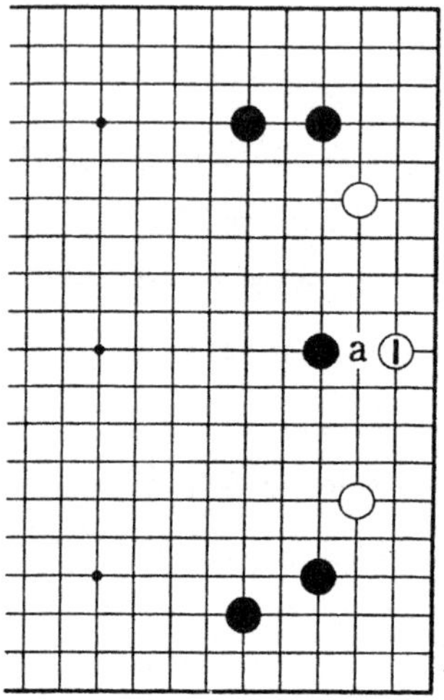

1도

1도

흑a로 철주를 만들게 하면 상하의 백 모두 어려워지므로, 그에 앞서 백**1**로 쳐 가는 경우가 있습니다. 흑의 대책은 두 가지 있는데, 그 하나는——

2도

어서 건너십시오, 하는 흑**1·3**의 평온한 수법입니다.

눈으로 보기에 백에게 주는 타격은 그다지 없는 듯하지만, 실은 백에 있어서 좋지 않은 치기. 헷갈림도 거의 없습니다.

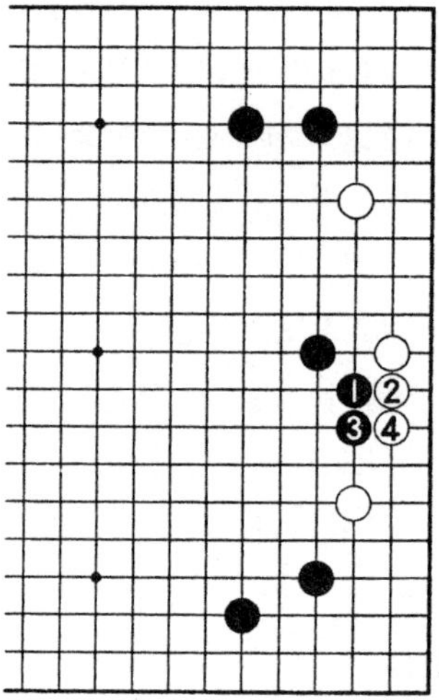

2도

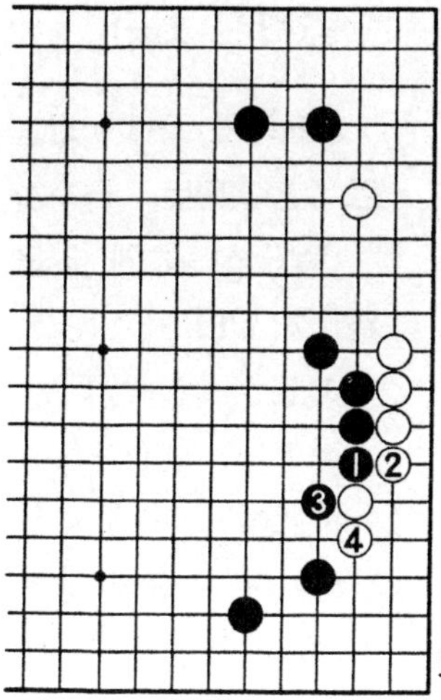

3
도

3 도

흑 1 에 백 2 로 무사히 연락은 했읍니다.

이어서 흑 3 이 중요한 곳. 도중까지 좋은 수를 쳤어도, 최후의 결말을 잘 하지 않으면 지금까지의 성과가 물거품이 되어 버립니다. 어디까지나 백을 변에 가두어 두지 않으면 안 됩니다.

4 도

같은 의미로, 흑 1 도 중요한 것. 백 2 를 치지 않으면 이것을 흑이 눌러 귀에 흑집이 생깁니다.

이어서 흑 3 에서 아래로 마찬가지로 진행되면, 지는 선을 놓게 하여 백의 변의 실리보다도 흑의 세력쪽이 훨씬 나은 결과가 됩니다.

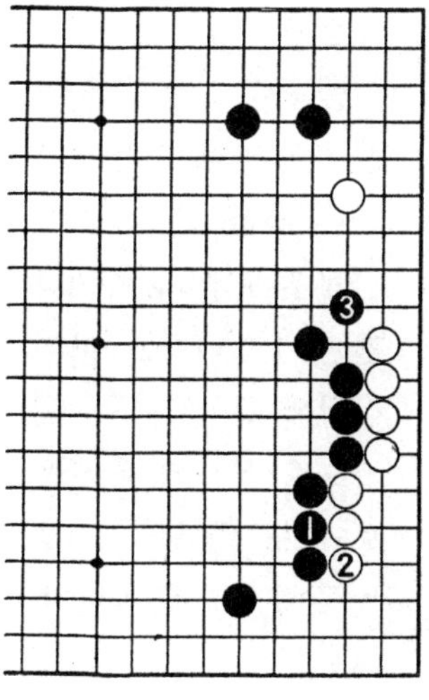

4
도

강력한 차단

공격적인 자세. 싸움의 수법이므로, 공격하는 쪽도 신중하게 읽을 필요가 있다.

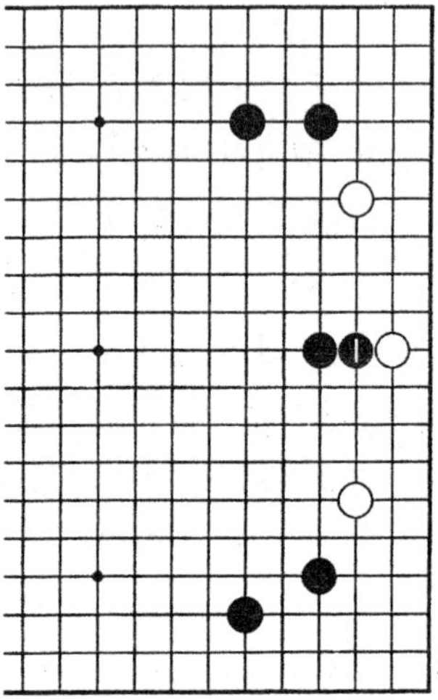

1도

1도

흑1은 철주라고는 하지 않습니다. 부딪치기입니다. 이로써 상하의 백을 차단할 수가 있습니다. 잘 나오는 맥이므로 외워두어 사용합니다.

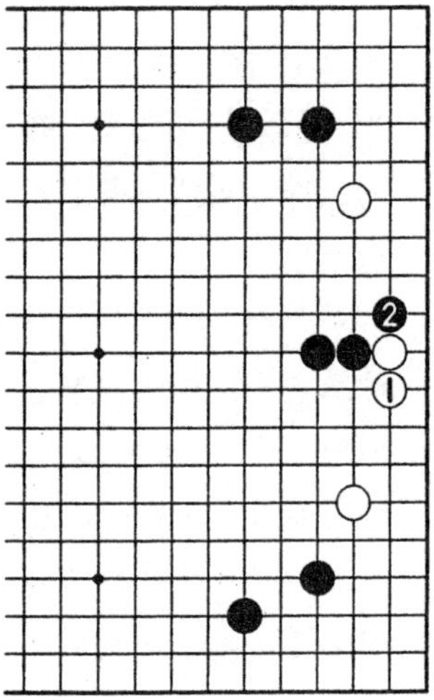

2도

2도

백1에 흑2로 눌러 양쪽의 백에게 각기 충격을 가하려는 자세.

백1에서 2쪽이라면 흑1입니다. 뒤의 진행에 큰 차이는 없으므로 본도의 진행을 보아 또 하나의 진행을 유추하도록 합니다.

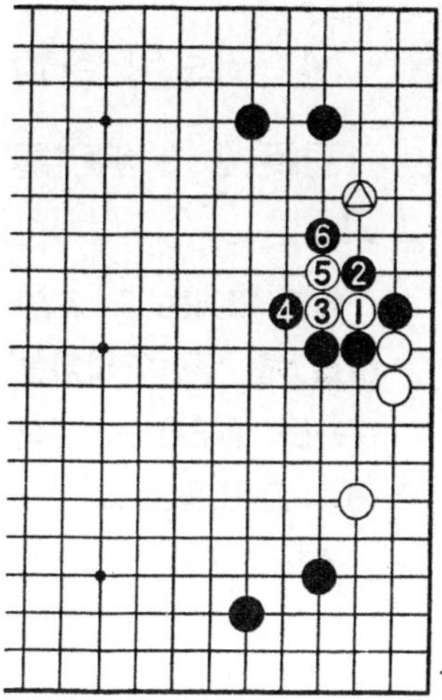

3 도

3도

백 1 로 끊기는 것이 염려되겠지만, 흑 2 이하의 축이 있으므로 괜찮습니다. △은 축단수가 되어 있지 않습니다.

4도

백 1 로 아래쪽을 지키는 정도의 것으로, 그렇다면 흑 2 로 굳혀 분단 작전은 우선 성공입니다.

축이 좋으므로 흑 2 는 필요하지 않다도 생각할지도 모르지만, 예를 들면 백 a 등으로 도망쳐 내는 수가 축단수가 되고, 또 백 2 로 반대로 공격당할 우려도 있습니다.

여러 가지 화근을 끊는 흑2의 착수로 △은 움직이기 어렵습니다.

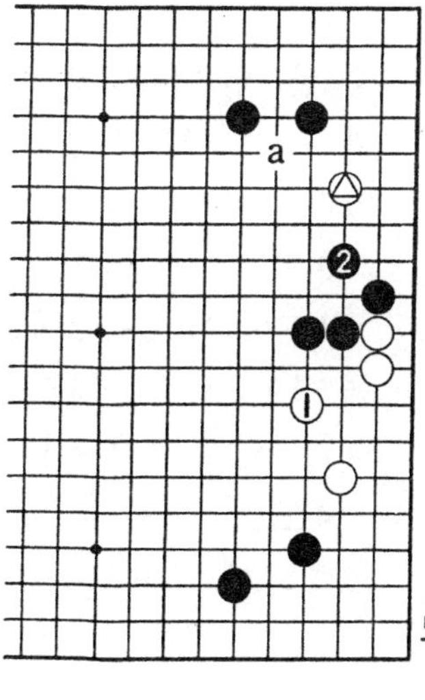

4 도

4. 귀로의 침입

단독 3·3 뛰어들기

화점 치기는 3·3 뛰어들기를 두려워하지를 않는다. 실리에는 세력을 갖고 대항한다.

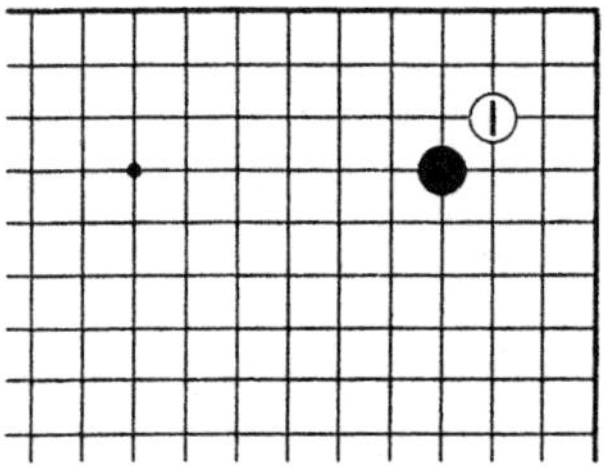

1도

1도

백 1로 올라타 간 경우를 연구합시다. 화점 치기의 기본입니다.

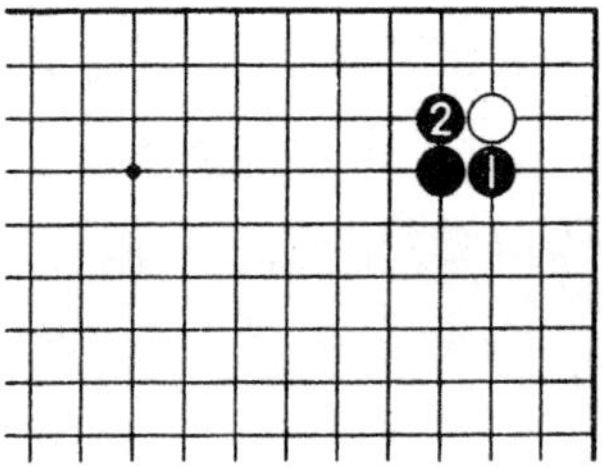

2도

2도

흑 1·2로 이어 칠 수 있으면 백을 잡지만, 두 수 이어서 칠수 없는 것이 바둑입니다.

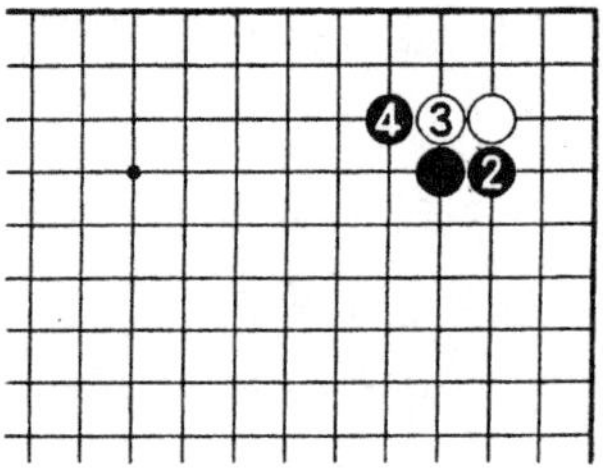

3도

3도

1도에 이어, 흑 2에는 백 3으로 살기를 기하고, 흑 4로 누릅니다.

4도

백 5 때 흑 6이 한 수법으로, 백을 살리는

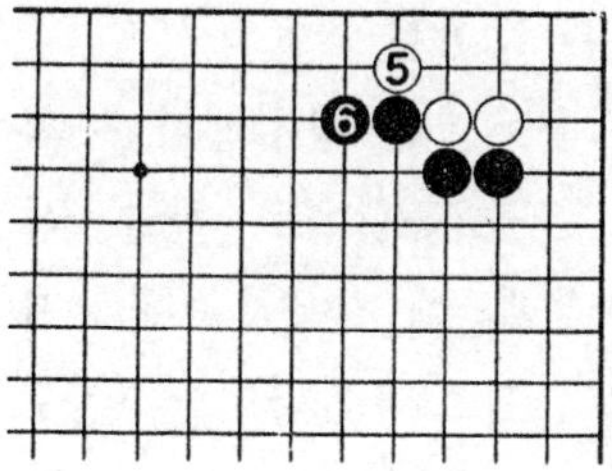

4도

대신 외세를 구축하려는 치기. 다른 방법은 나중에 설명하기로 하겠읍니다.

5도

백7에서 9가 중요한 수순. 흑8은 두점의 머리이므로 절대로 싸우게 해서는 안됩니다.

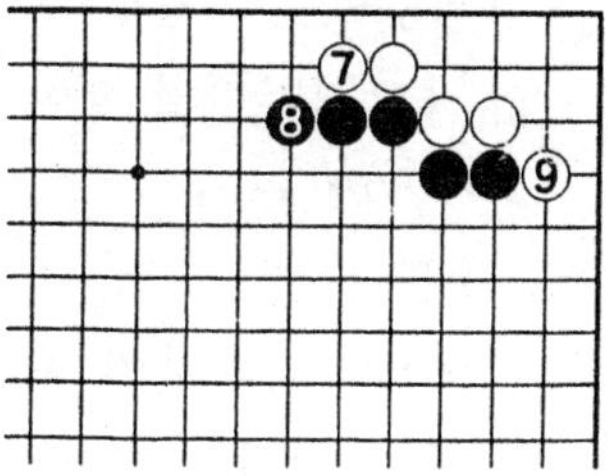

5도

6도

흑10으로 누르고 백11로 살린 때 흑12로 조여, 여기까지가 기본적인 정석이라고 되어 있읍니다. 백의 실리와 흑의 외세는 부분적으로는 흑이 우세합니다. 흑12는 중요하여——

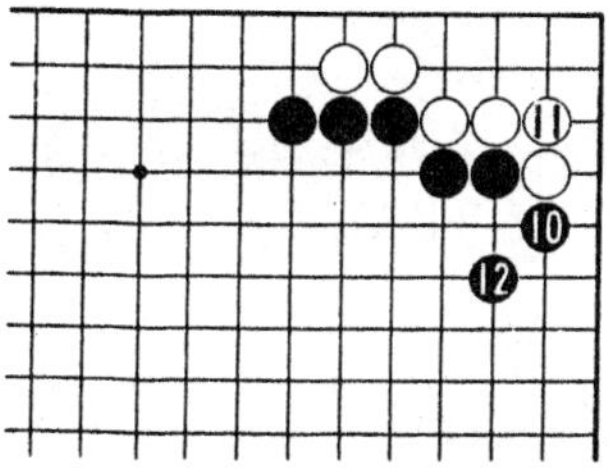

6도

7도

방심하면 백1로 끊겨 흑의 외세에 결점이 생기므로 주의.

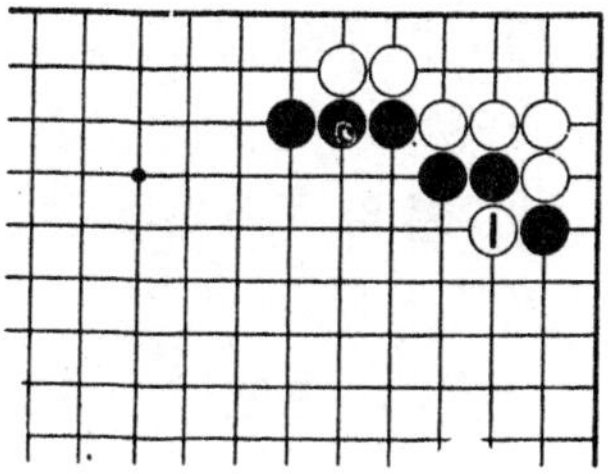

7도

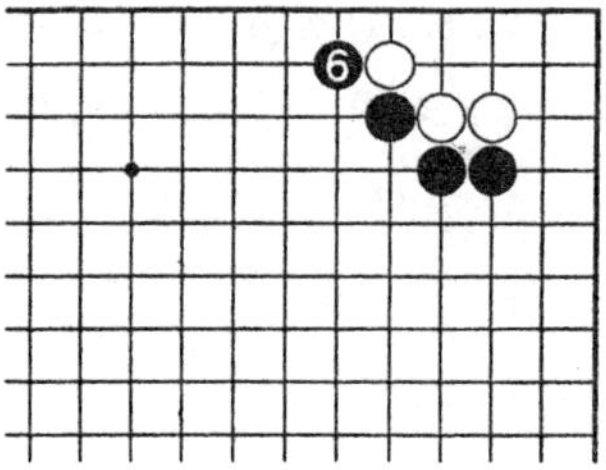

8 도

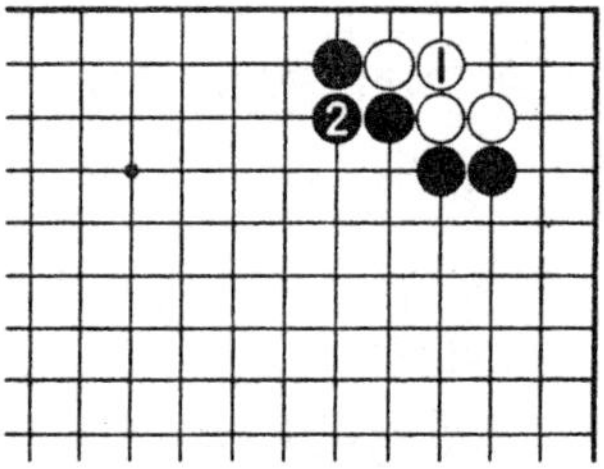

9 도

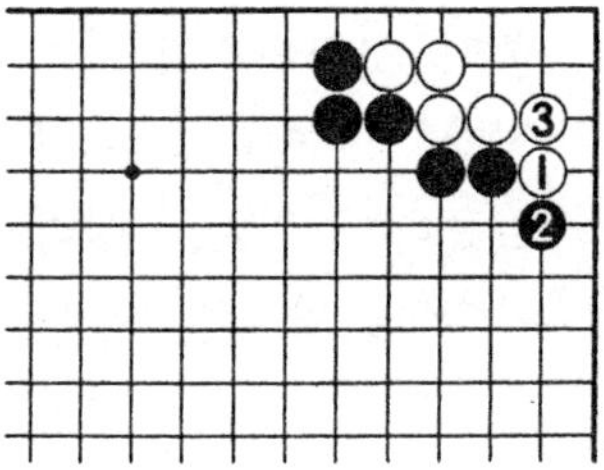

10 도

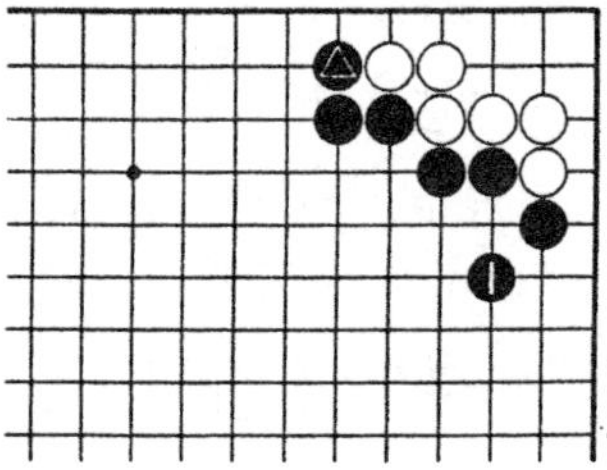

11 도

8 도

다른 방법입니다. 귀를 흑집으로 하고 싶을 때 사용하는데, 전형보다 좋다고는 할 수 없읍니다.

흑 6 으로 과격한 2 단 누르기. 만일 백이 기가 꺾여——

9 도

백 1 의 잇기라면 흑도 2 로 지켜 대만족입니다.

10 도

이어서 백은 1 · 3 으로 작게 살 수밖에 없어——

11 도

흑 1 로 준비하여, 앞에서 나왔던 6 도보다 흑이 우세한 것은 분명. ▲의 누르기가 큰 것입니다.

이것은 9 도의 백 1

이 나빴기 때문입니다.

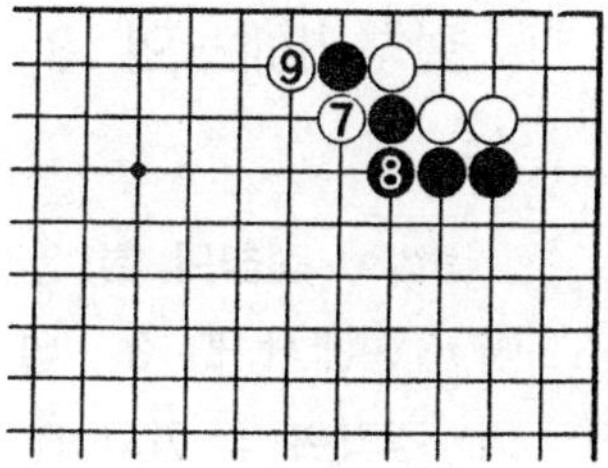

12도

12도

백 7 에서 9 로 한 점을 안는 것이 정해였읍니다. 좀 용기를 필요로 하는 수인데…

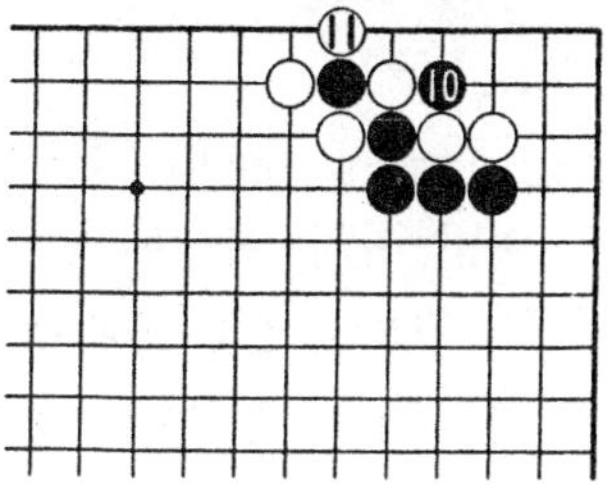

13도

13도

흑 10 에 백 11 로 흑 한 점을 잡을 수는 있지만——

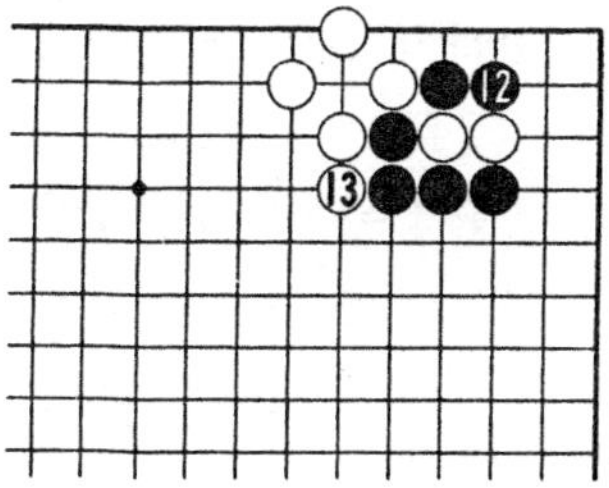

14도

14도

흑 12 로 백 두 점을 잡읍니다. 그러나, 백 13 으로 누른 형이 더할 나위 없는 호형으로, 어쩌면 흑의 실리를 상회할지도 모릅니다.

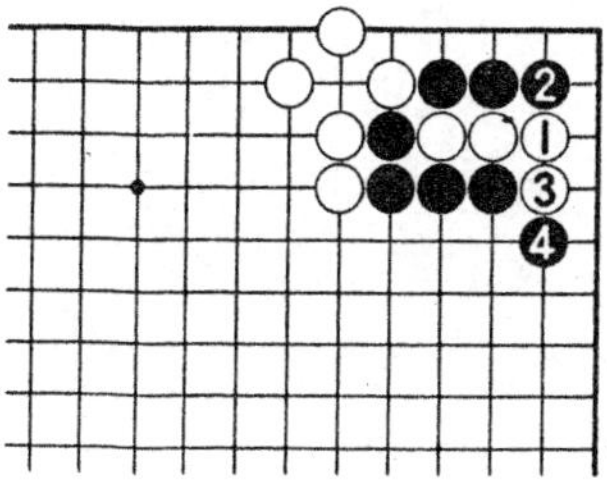

15도

15도

귀의 백이, 이대로 잡혀 있는 것을 나타냈읍니다.

걸치기에서의 3·3

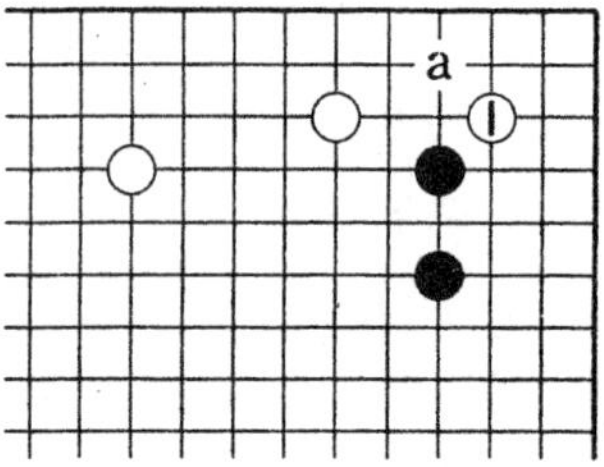

1
도

날일자 걸침의 한 칸 받기 형에서 3·3 넣기. 강약의 두 가지 대책이 있다.

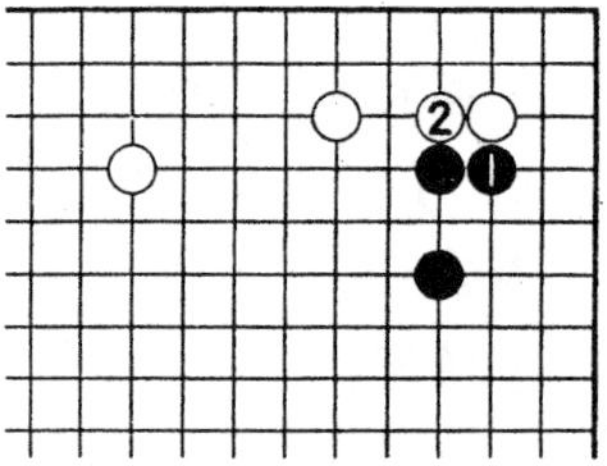

2
도

1도

다음에 흑a로 준비하면 귀의 흑집이 크게 정돈되므로, 그에 앞서 백1로 흑집의 삭감을 기하는 수법은 실전에서 많이 나옵니다.

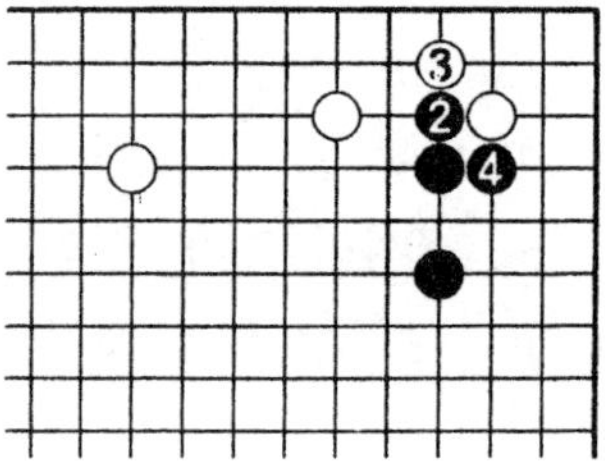

3
도

2도

흑1은 주의가 깊다기 보다도 무기력. 귀가 백집이 되어 버립니다.

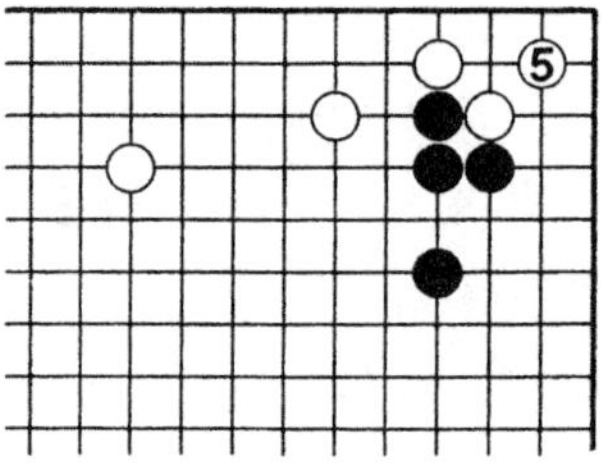

4
도

3도

흑2로 한 번은 나오는 것입니다. 백3 때 흑4는 다른 방법도있지만, 그것은 나중에 설명하겠읍니다.

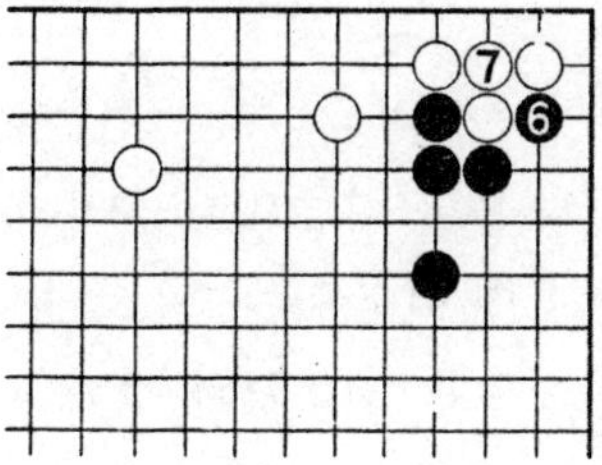
5도

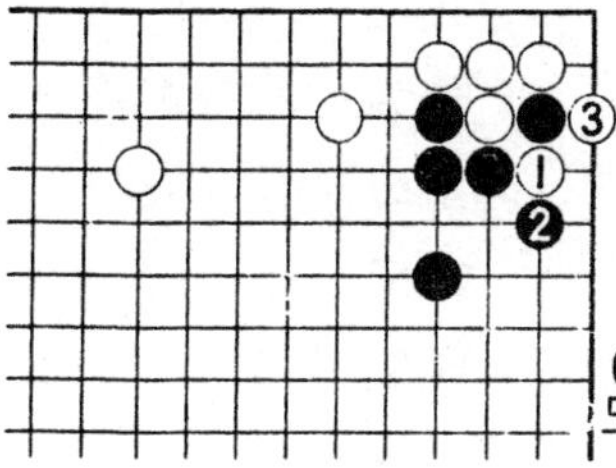
6도

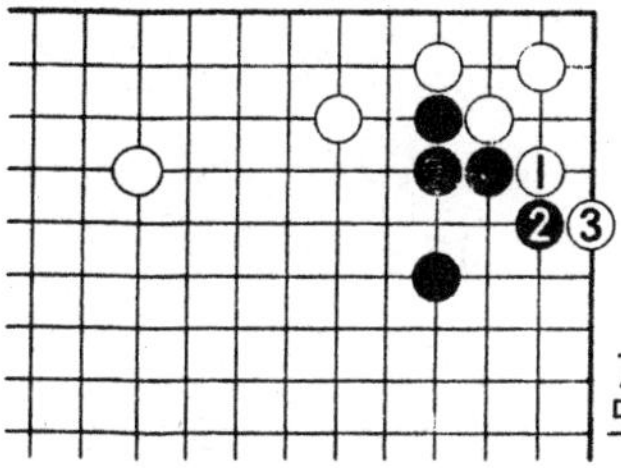
7도

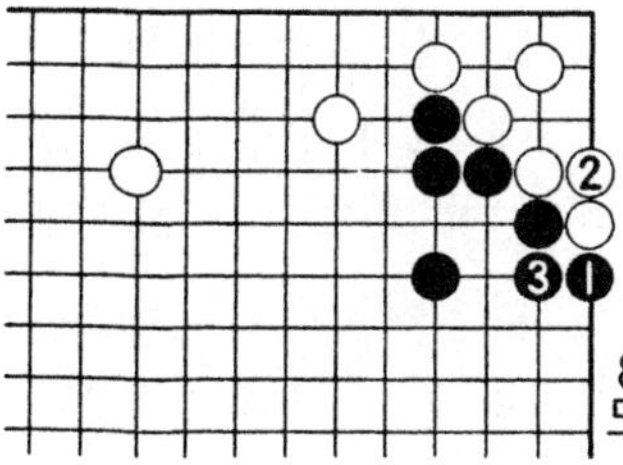
8도

4도

백5의 걸쳐잇기에 이어——

5도

흑6으로 단수하는 것이 중요. 그리고 이것으로 일단락. 선수를 잡아 다음에 큰 곳으로 돕니다.

6도

백1·3으로 한 점을 따내는 수는 결코 작지는 않지만, 후수 따내기이므로 백은 또 다른 큰 곳으로 돌게 됩니다.

7도

5도의 흑6으로 단수하는 수를 게을리하면, 거역하지 말고 백1에서 3으로 젖혀집니다. 이어서——

8도

흑3까지 백의 선수.

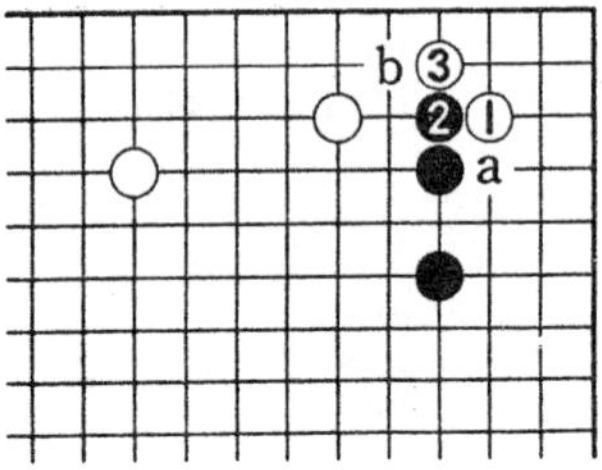

9도

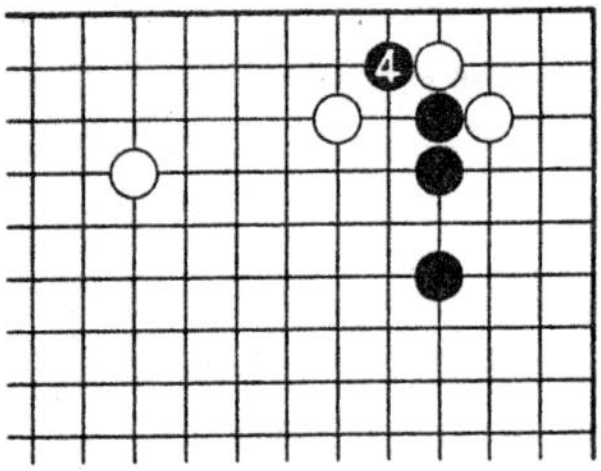

10도

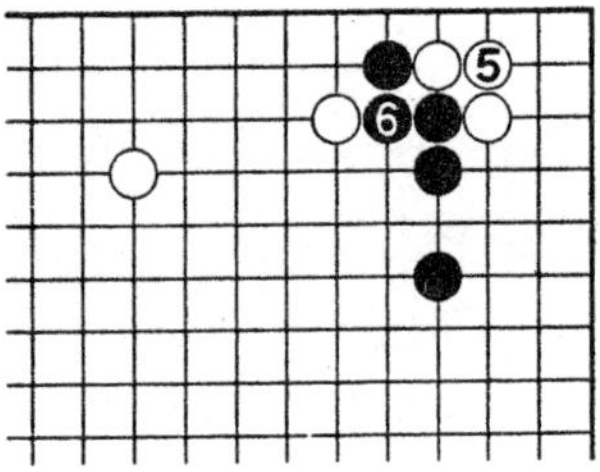

11도

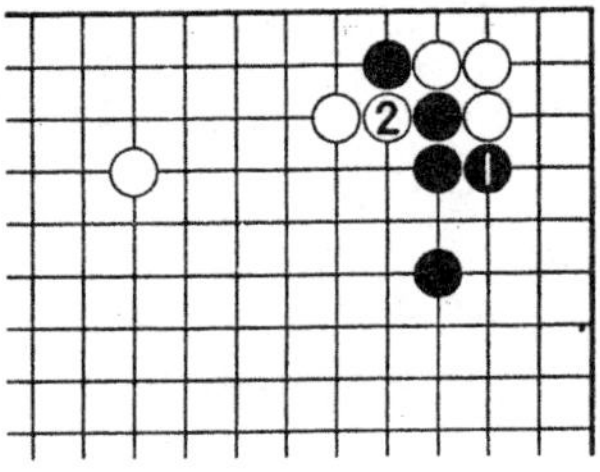

12도

9도

백3 때, 흑a라면 평온한 나눔으로 끝나지만, 이번에는 흑b로 누르는 전투형의 정석을 해설하겠읍니다.

10도

즉, 3도의 흑4를 이 흑4로 바꿉니다.

11도

백5, 흑6으로 서로에게 이어, 백은 좌우로 2분되었읍니다. 그 대신, 귀의 흑집은 거의 없어집니다.

12도

새삼스럽게 귀의 집에 미련을 갖고 흑1로 치거나 하면, 백2로 한 점이 잡혀 귀에 크게 침입당한 보상을 받을 수 없읍니다. 이렇게도 저렇게도 할 수 없다는 것이

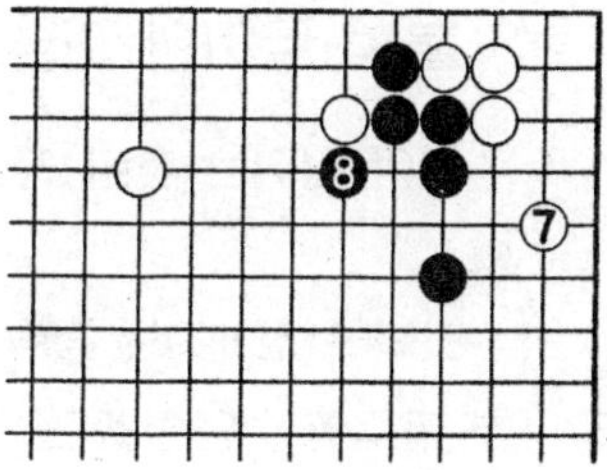

13
도

바로 이것입니다.

13 도

11도에 이어 백 7 로 살고, 흑 8 로 외세를 제지하여 일단락.

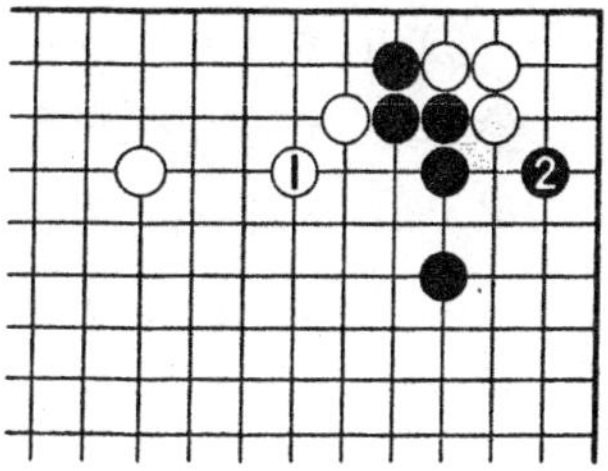

14
도

14 도

백 1 로 새삼스럽게 왼쪽을 강화하거나 하면 흑 2 가 귀에 놓여져 귀의 흑집이 손을 대기 전보다도 훨씬 커져 버립니다.

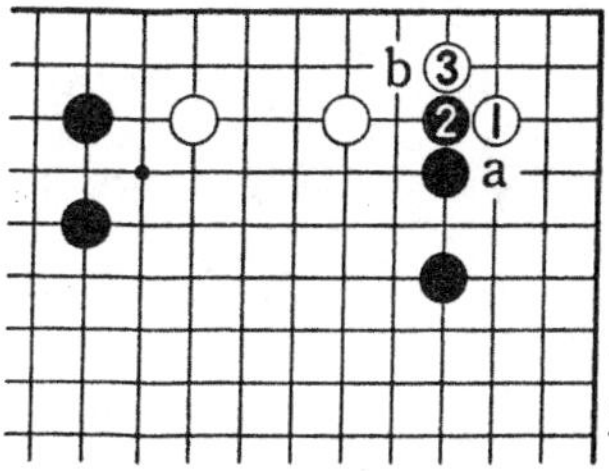

15
도

15 도

그럼 a가 평온한 형, b가 전투형, 두 개의 정석을 나누어 사용하는 것인데 ——

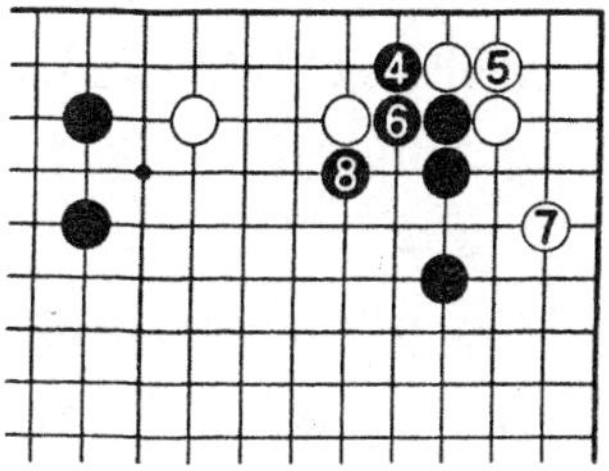

16
도

16 도

흑 4 이하의 세력이 작용하는 경우는 전투형을 채용합니다.

붙여 끊기의 기본

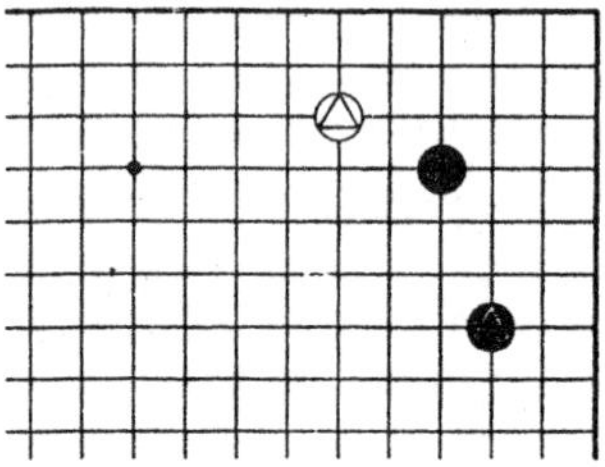

1 도

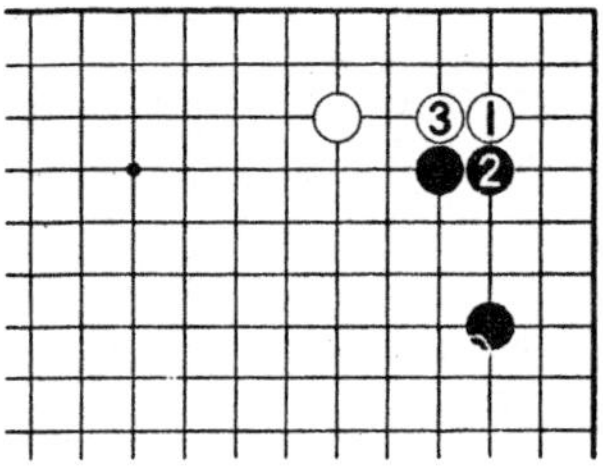

2 도

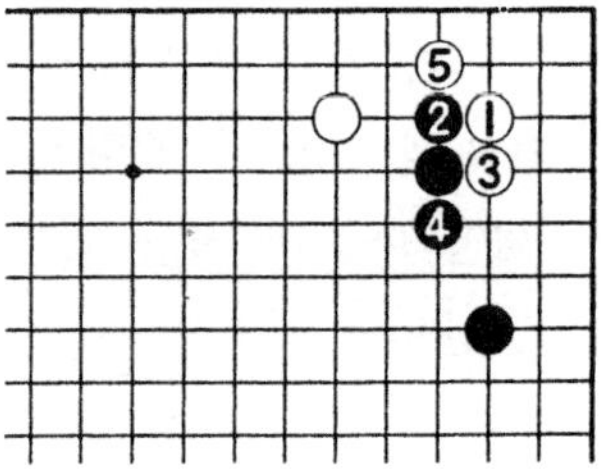

3 도

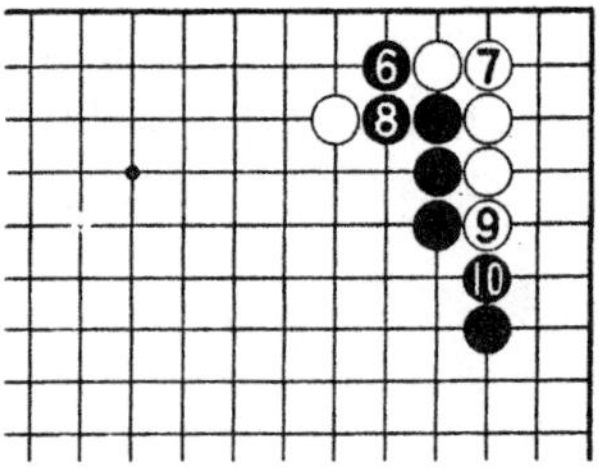

4 도

붙여 끊기는 혼란 전법.

옛부터 전해지는 정확한 응수를 설명하겠다.

1 도

△의 날일자 걸침에 ▲으로 눈목자에 받은 형. 이 책에서는 처음 나온 것이므로 가장 일반적인 정석형을 우선 나타냅니다.

2 도

백 1로 3·3에 넣읍니다. 흑 2는 백 3으로 놓여져 흑 손해입니다.

3 도

흑 2로 눌러 백을 차단하는 것이 바른 정석 코스. 이어서——

4 도

흑 10까지 백이 귀의 실리를 얻고, 흑

이 외세를 얻는 나눔이 되어 일단락입니다.

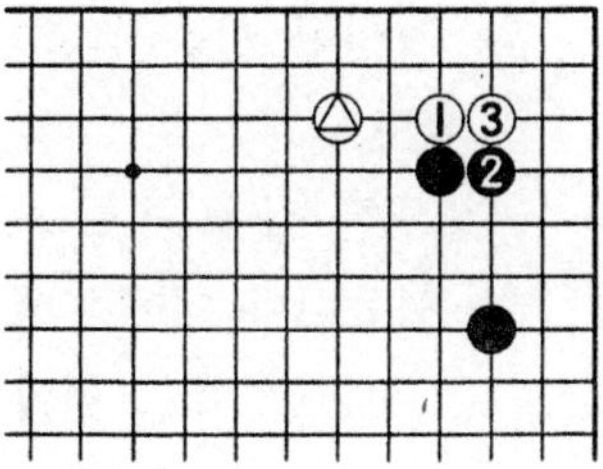

5도

5도

백1은 접바둑에서 자주 쳐집니다. △의 한 점을 차단당하고 싶지 않다는 의미로, 정석보다 복잡한 수순이 기다리고 있으므로, 흑이 틀려 줄지도 모른다는 기대……

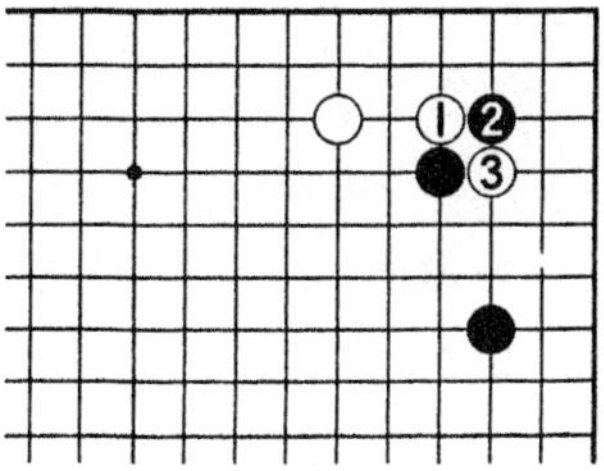

6도

흑2는 백3으로 손해. 2도와 같은 것입니다.

6도

백1에는 흑2가 바르고, 그리고 백3.

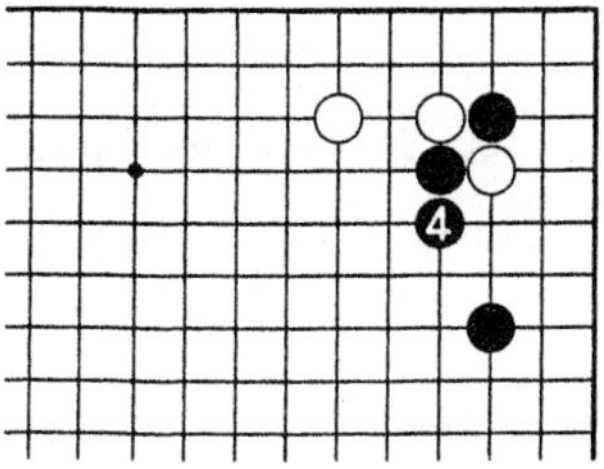

7도

백1로 붙여 3에 끊으므로 붙여 끊기입니다.

7도

흑4로 잠자코 치는 것이 포인트. '잘못 끊은 한쪽은 뻗어라' 라

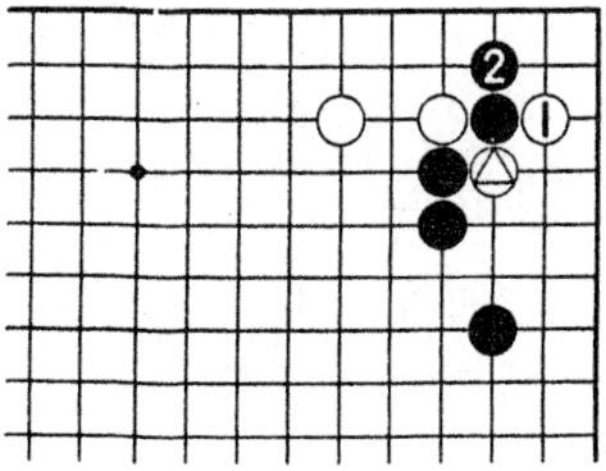

8도

는 격언이 있습니다.

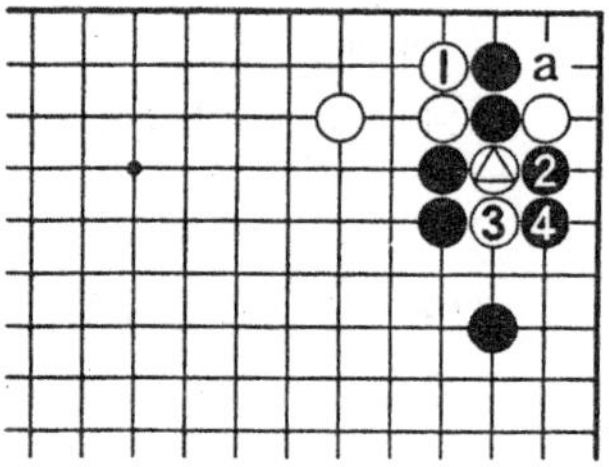

9도

8도

△ 한 점을 구할 수는 없읍니다. 일례는 백 1. 흑2로 쳐도 괜찮다는 것을 이하에 나타내겠읍니다.

9도

백1이라면 흑2에서 축으로 △의 한 점을 잡을 수가 있읍니다. 백1에서 a라도같은 축으로 해결.

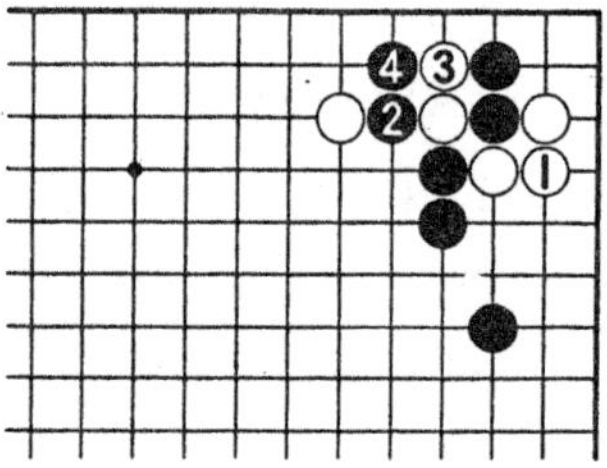

10도

10도

축을 막아 백1이라면 흑2에서 위의 백을 잡을 수가 있읍니다.

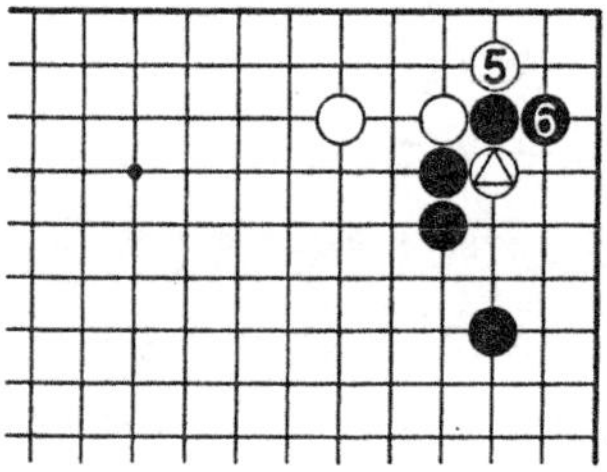

11도

11도

따라서 △의 한 점은 포기하고, 백5에서부터 정형하게 됩니다.

12도

백쪽에서 말하자면 백7이 중요한 한 수.

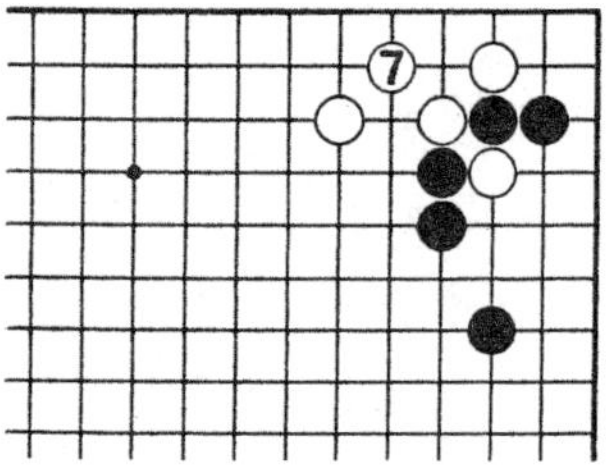

12도

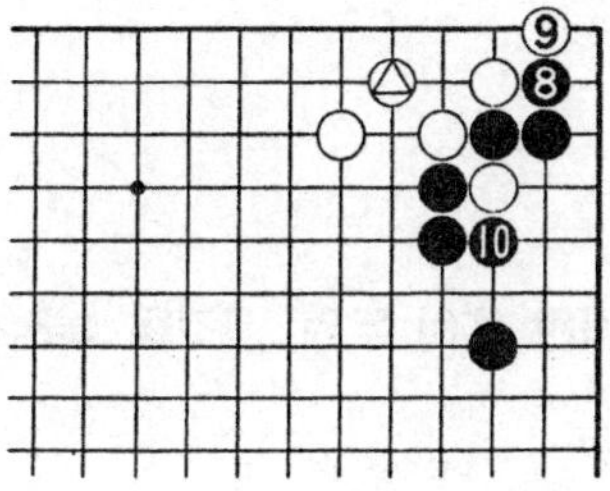

13
도

13 도

흑 8 에 백 9 로 튕길 수 있는 것이 △의 맥의 효과. 흑 10 으로 후수로 지키게 하여 버린 돌의 면목도 섰읍니다. 단, 흑도 두꺼운 형으로 불만은 없읍니다. 여기까지가 정석.

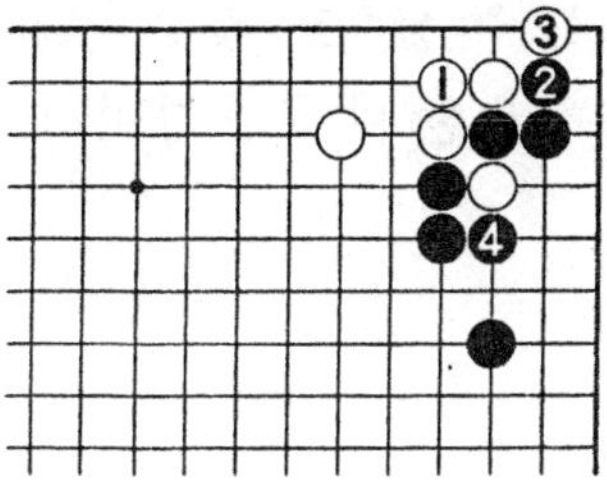

14
도

14 도

12 도의 백 7 로 본도 백 1 의 잇기라도 백 3 으로 풀 수는 있지만, 눈모양을 만들기 쉬운 만큼 정석형이 나은 것 입니다.

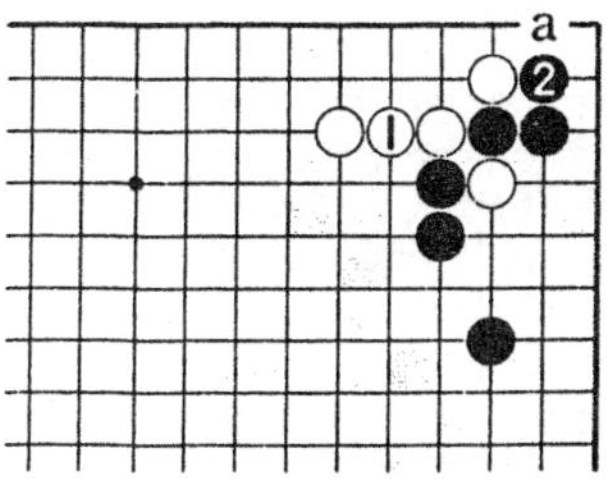

15
도

15 도

백 1 은 흑 2 에 백 a 로 풀 수가 없으므로 떨어집니다.

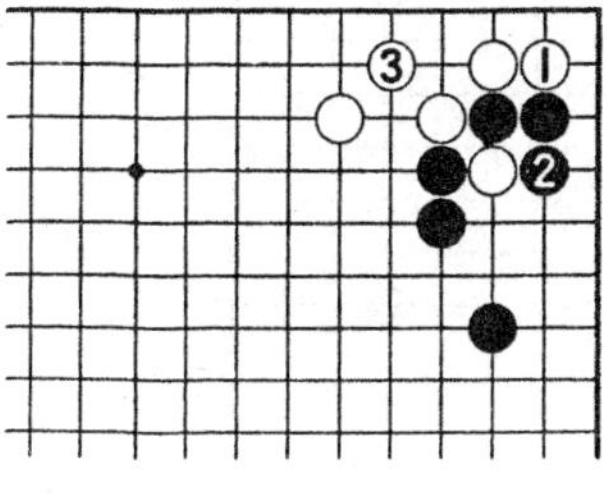

16
도

16 도

백 1 로 칠 수는 있지만, 백 3 으로 후수로 지키지 않으면 안됩니다.

5. 놓인 돌의 활용

백을 포위한다

접바둑에서는 처음부터 세력은 흑이 우위. 그것을 살려 치는 방법을 생각한다.

1도

다소의 실리는 백에게 준다라는 태도로 좋은 것입니다. 백을 2·4로 변에 가두면, ▲의 놓인 돌이 작용해 갑니다.

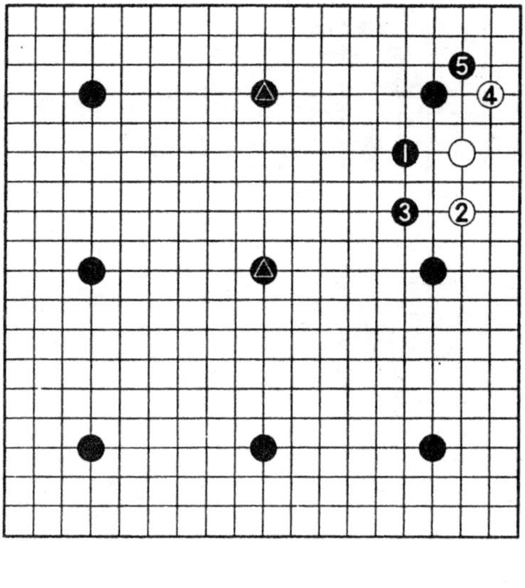

1도

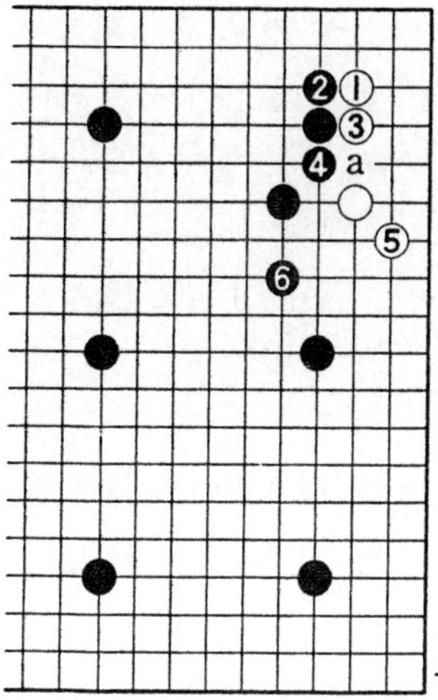

2도

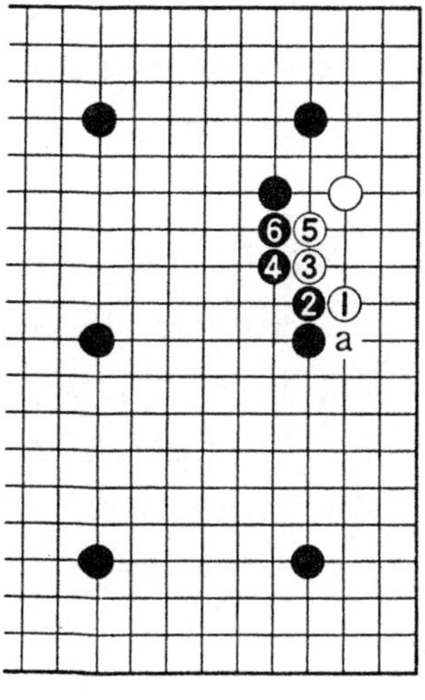

3도

2도

백 1로 귀에 들어가도, 귀의 실리는 신통치 않습니다. 그 대신 중앙을 향해 외세가 뻗으면 충분한 보상이라는 생각입니다.

특히 예에서 나온 9점 접바둑에서는 너무 좁은 생각은 하지 않는 편이 대국을 잡는 일이 될 것입니다.

3도

백 1에는 흑a로 눌러도 좋지만 흑 2에서 6까지, 중앙의 출구를 막는 편이 중요합니다.

변의 실리가 큰 것 같아도, 놓인 돌을 뒷받침으로 하고 있는 흑이 치기 쉬운 바둑이 되어 있습니다.

4도

변에 놓인 돌(▲)이

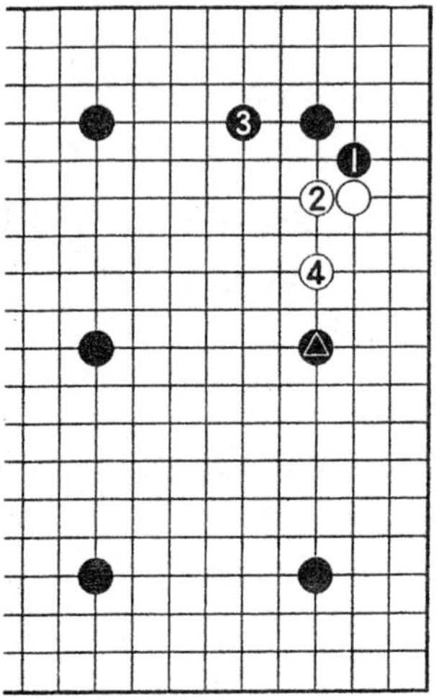

4도

있는 경우, 흑1의 마늘모 붙임이 유력하다는 것은 앞에서도 서술했읍니다.

흑1·3으로 호형으로 준비할 수 있음에 반해, 백은 ▲의 한 점에 방해받아 호형을 만들 수 없기 때문입니다.

백4는 ▲을 쫓아, 어떻게 하든 형을 만들려는 의도이지만—

5도

흑1로 한 칸에 뛰어 백에게 끼어들 틈을 주지 않습니다.

백2의 도망에 흑3도 호수. 백은 아무리 도망쳐도, 주위에 흑의 놓인 돌이 있으므로 편하게 되지 않습니다. 흑은 빙 둘러싸려는 치기입니다.

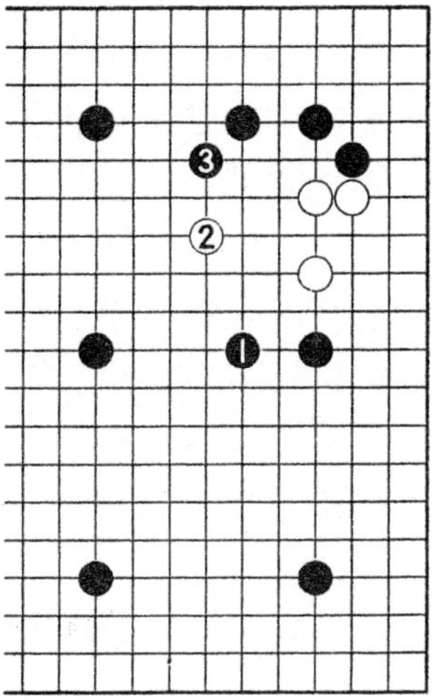

5도

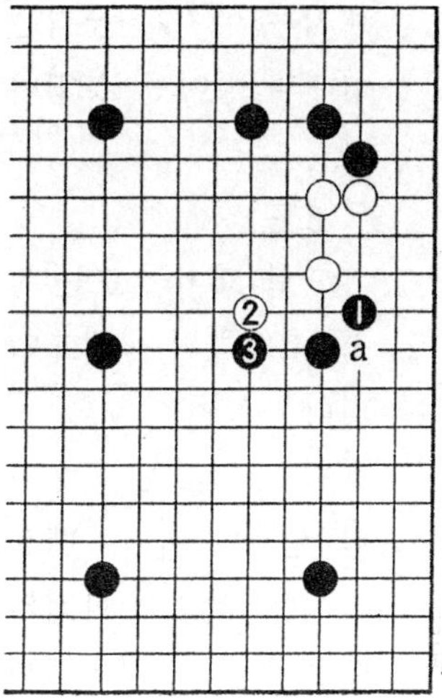

6도

6도

흑1은 더욱 강력한 치기. 분명히 백의 눈 모양을 빼앗으려는 것입니다. 흑1에서는 a의 철주도 있을 것입니다.

백2의 도망에 쓸데없는 것은 생각하지 않는 것이 좋읍니다. 흑3으로 놓인 돌을 활용한 봉쇄 작전입니다.

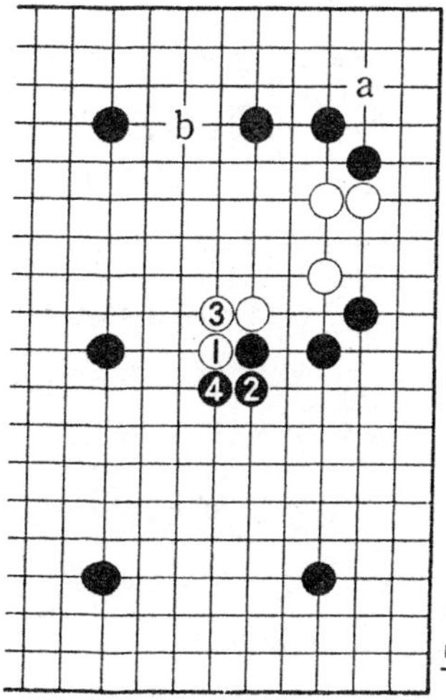

7도

7도

백1·3에 흑2·4로 백의 출구가 끊어졌읍니다.

우하 방면에 큰 상자 모양의 세력권이 만들어졌고, 백도 확실하게 안정되어 있지 않으므로 a나 b로 들어가기가 힘든 것이 골치.

백이 약하면, 그만큼 상대적으로 흑이 강

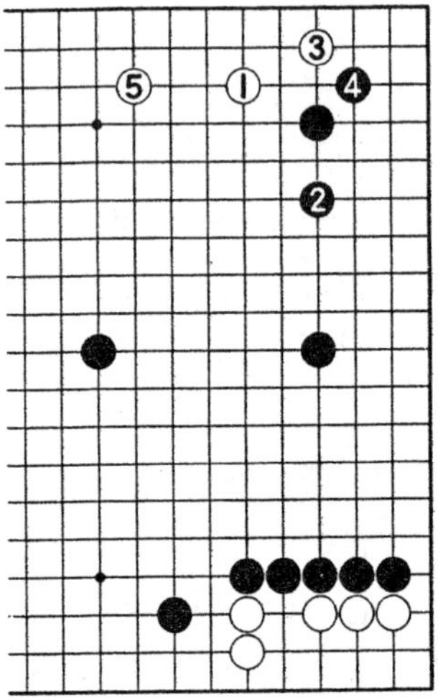

8도

해지는 이치. 공격은 최대의 방어인 것입니다.

8도

5점 접바둑 또는 7점 접바둑의 상정도입니다.

백 1로 걸쳐 흑 2의 한 칸 받기에서 백 5까지는, 앞에서 화점의 대표적인 정석으로써 소개했읍니다.

9도

백 1입니다.

흑은 놓인 돌의 포위망 속에 백을 몰아넣으려는 것입니다. 흑 2로 마늘모 붙여 흑 4입니다. 흑 4에서는 a의 한 칸도 있을 것입니다.

다음에 백b라면 흑 c. 포위 작전은 잘 될 것 같읍니다.

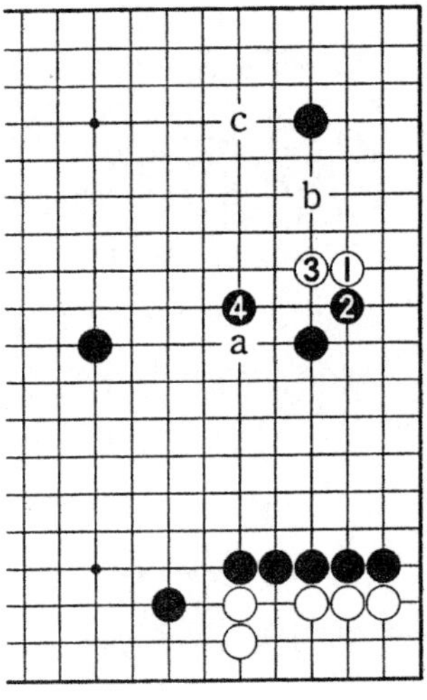

9도

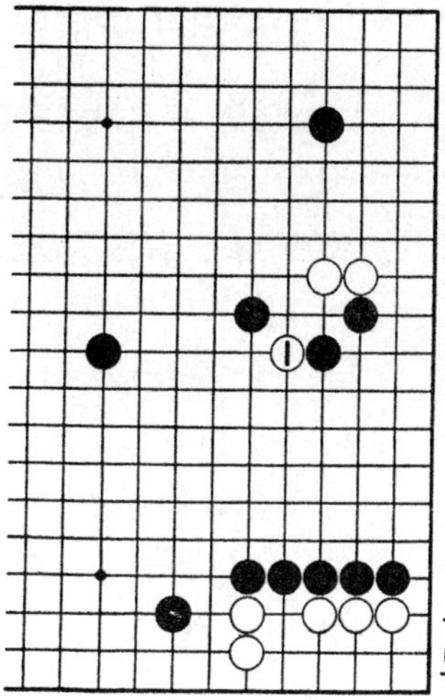

10
도

10도

백 1 은 다소 무리한 수이지만, 보통으로 쳐서는 도저히 이길 승산이 없으므로 난폭하게 해 본 것.

흑은 당황할 필요없읍니다. 자신의 세력권 안에서의 싸움이므로.

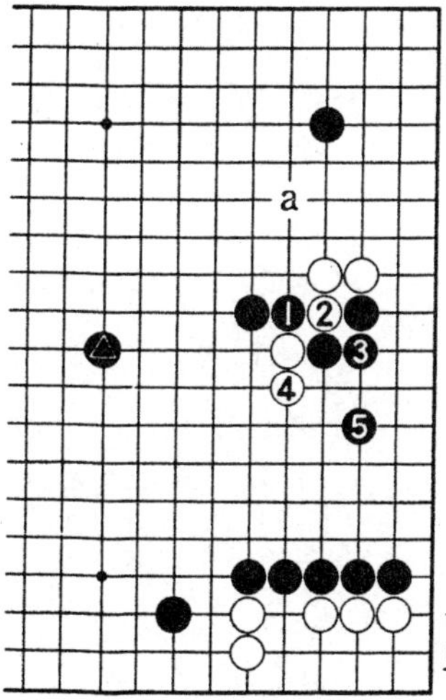

11
도

11도

흑 1 · 3. 이 뒤를 읽는 것은 어려울지도 모르지만, 요는 백을 포위한다는 것을 명심하면 좋은 것입니다. 멀리에서 크게……

백 4 로 뻗은 돌이 도망쳐 나가는 것은 상당히 어렵읍니다. 놓인 돌인 ▲이 엄연히 자리 잡고 있기 때문입니다.

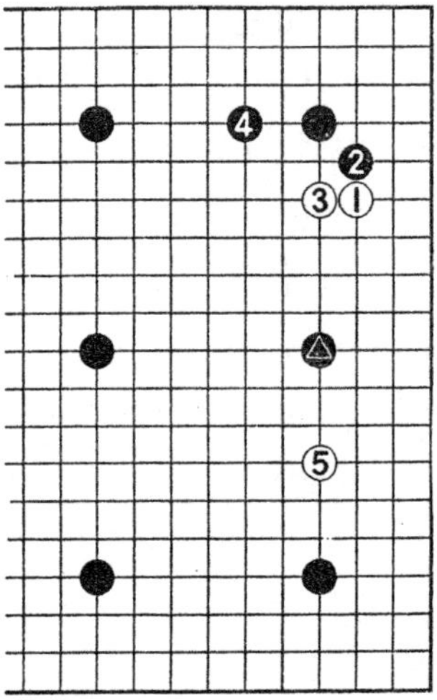

1
도

밖으로 나간다

상대를 포위하는 것과 자신이 밖으로 나가는 것은 실은 같은 것이다.

1도

9점 접바둑을 다시 나타냈읍니다.

백1에 흑2로 마늘모 붙여 흑4로 준비한 것은 ▲을 살리는 정형입니다.

백5에——

2도

흑1로 단단히 귀를 받는 것이 호수입니다.

백2로 위협을 가하는 것은 백이 잘 사용한 작전. 흑이 두려워 a로라도 받는 것을 기대합니다.

정해는 흑3으로 밖으로 나가는 수.

3도

다음에 흑1로 포위

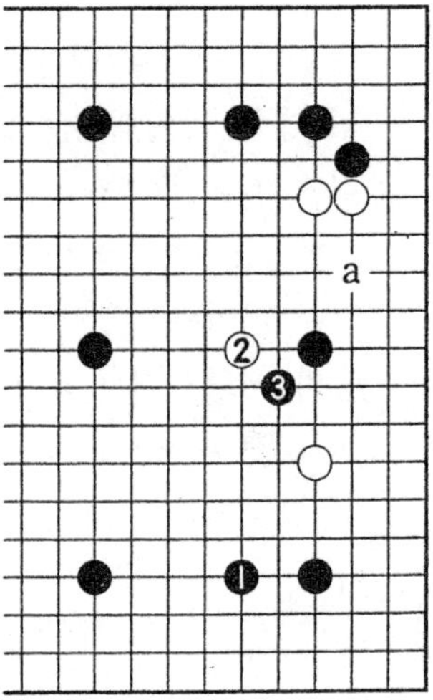

2
도

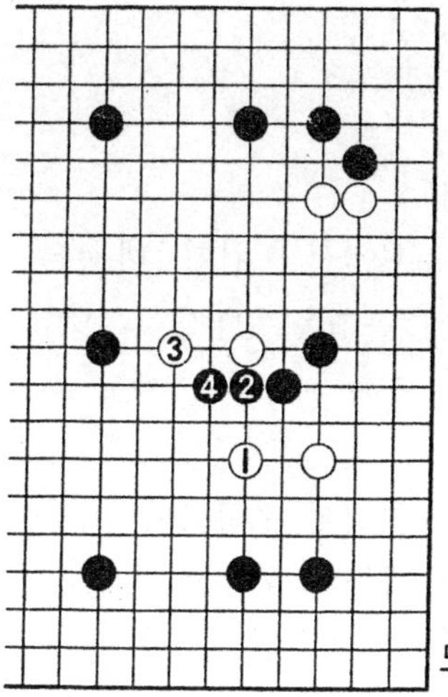

3도

당하여서는 곤란하므로 백1로 한 칸에 도망쳐 나갑니다.

흑은 단지 밖으로 나가는 것만을 생각하면 됩니다. 쉬운 것입니다.

흑2에 백3이라면 흑4. 어느 사이엔가 아래쪽의 백 두 점이 포위망 안에 들어오려고 하고 있읍니다.

4도

백1은 헷갈리게 하려는 수이지만, 흑2로 문제 없읍니다. 백3이라면 흑4. 이번에는 위쪽의 백 두 점이 깊은 포위망 속에 들어가 버렸읍니다.

밖으로 나가는 그것만으로 백으로의 공격이 됩니다.

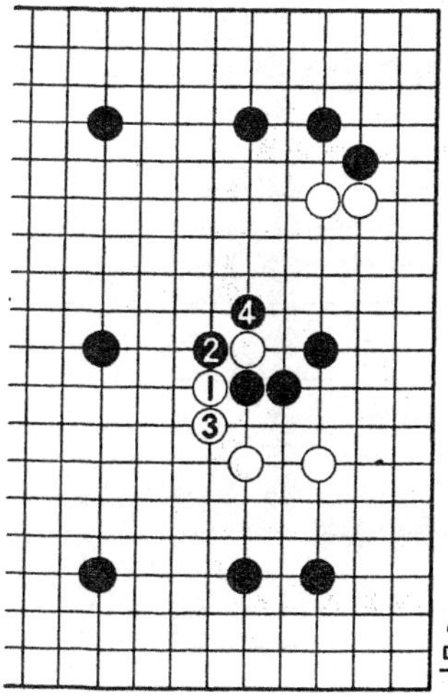

4도

═지식과 기술의 강좌═

3선과 4선의 이야기

백집과 흑집. 어느 쪽이 큰가.

자주 있는 가정도입니다. 3선에서 포위한 백집은 140집. 4선에서 둘러싼 안의 흑집은 121집.

따라서 안을 둘러싸는 것은 손해라는 것을 배울 수 있습니다.

그러나, 그 가르침에는 작은 거짓이 포함되어 있읍니다. 실은 흑돌의 수가 44점, 백돌의 수가 52점. 많은 돌을 친 백이 이기는 것은 당연. 3선의 실리와 4선의 세력은 거의 균형이라고 할 수 있을 것입니다.

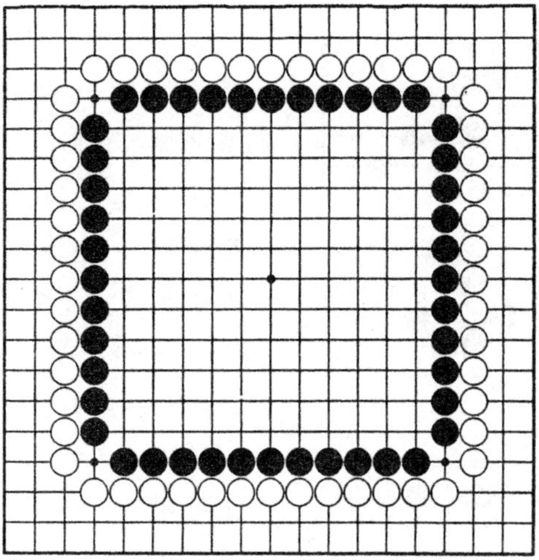

찾아보기

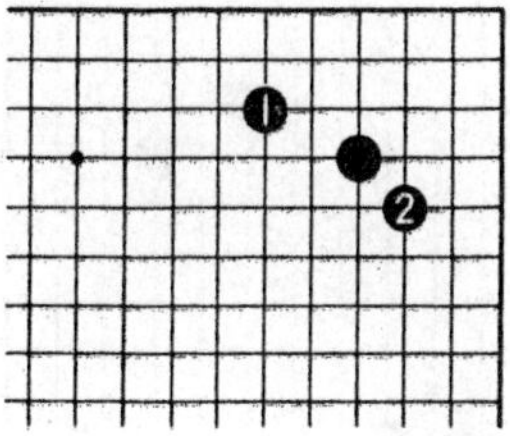

16쪽

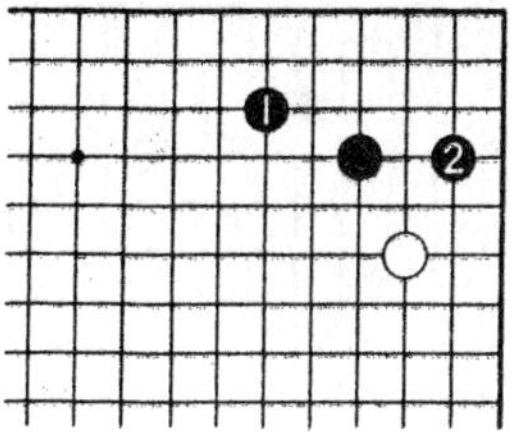

16쪽

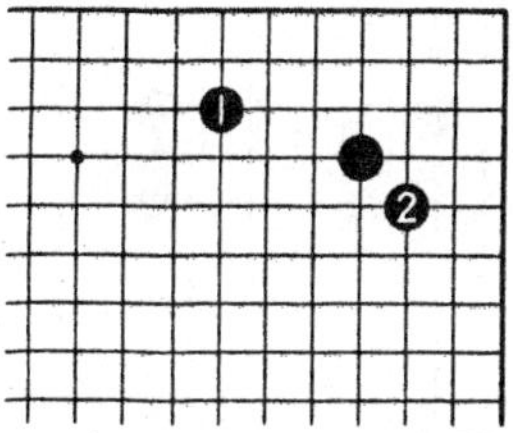

19쪽

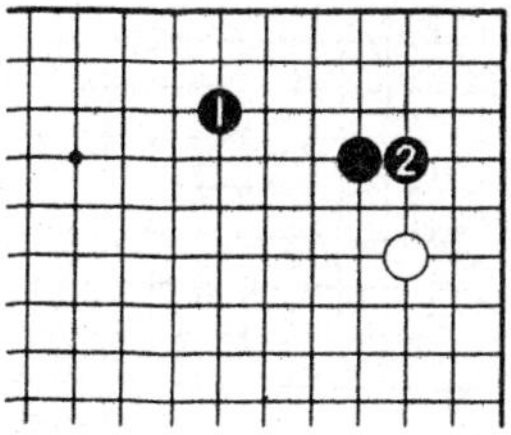

19쪽

이해하여야 할 최소한의 예제도(패턴)를 정리했읍니다. 그 그림의 의미와 이어지는 수순을 떠올릴 수 있으면, 이 책의 이해도는 100%입니다.

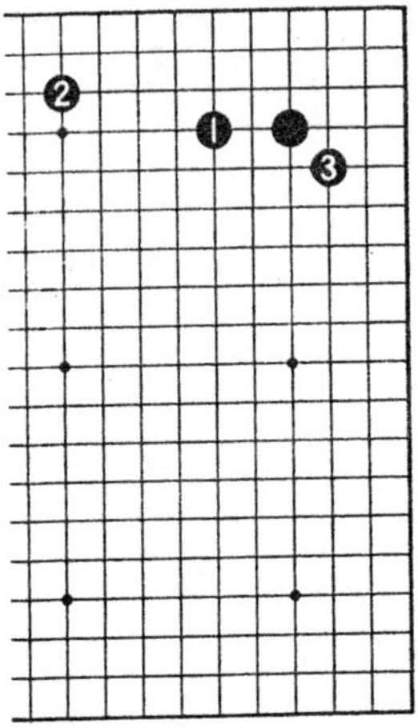

22쪽

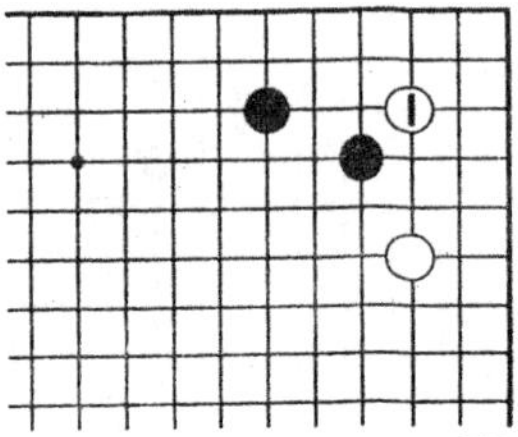

17쪽

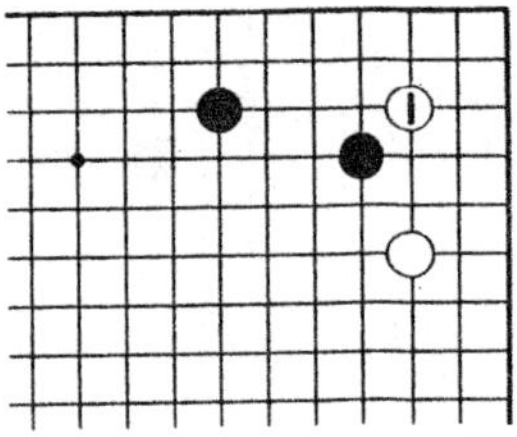

20쪽

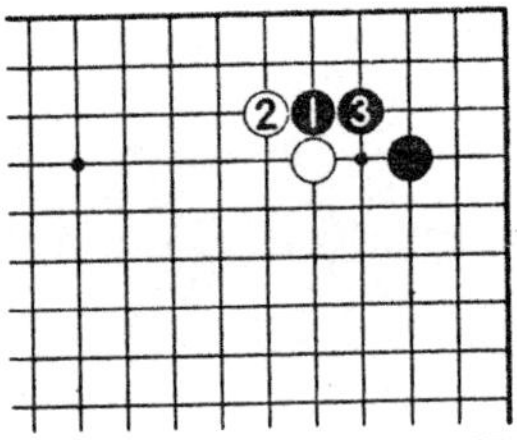

66쪽

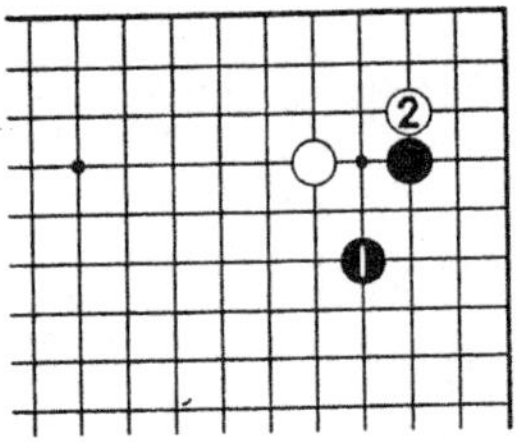

79쪽

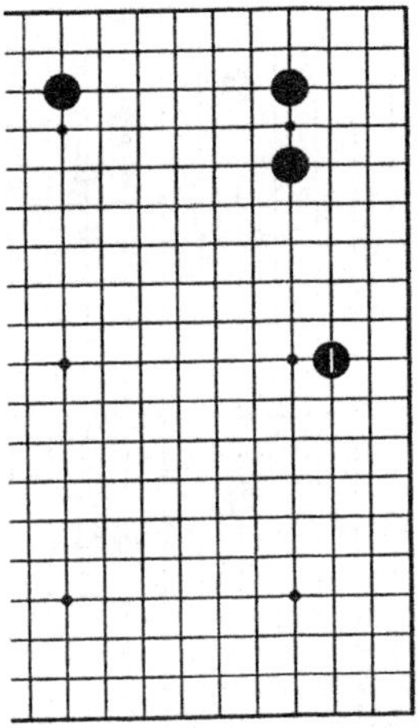

26쪽

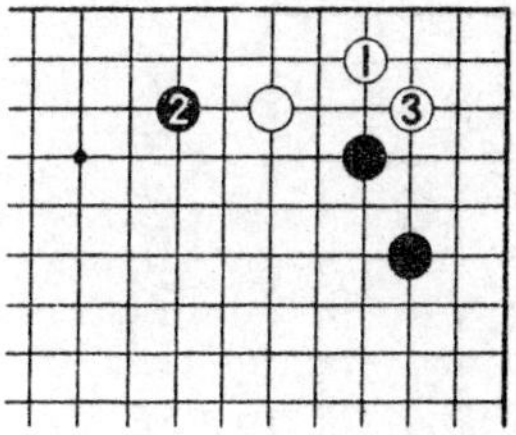

94쪽

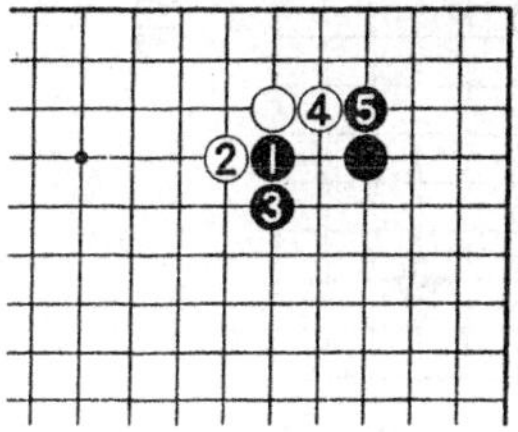

98쪽

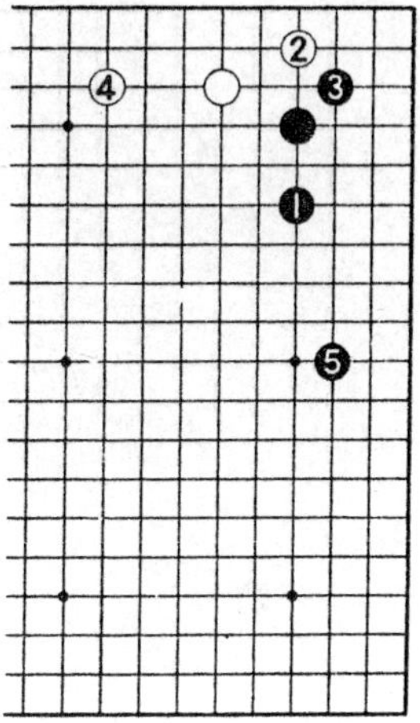

91쪽

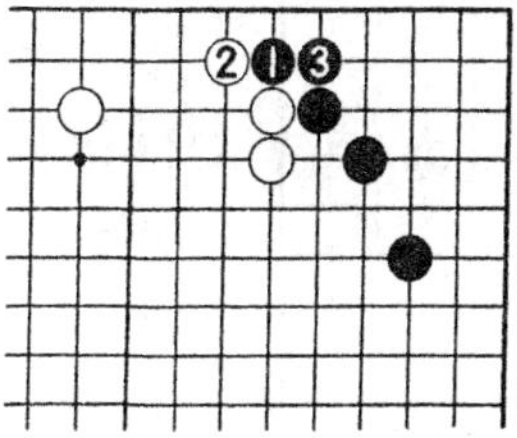

116쪽

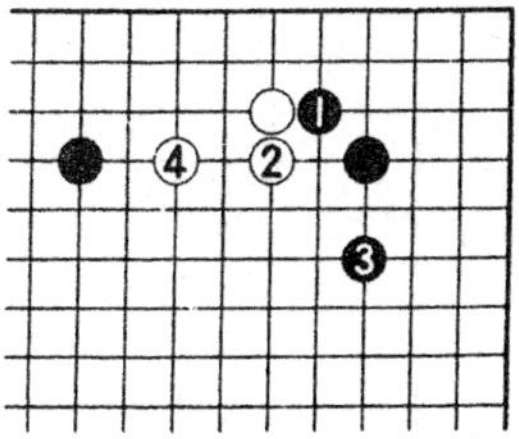

102쪽

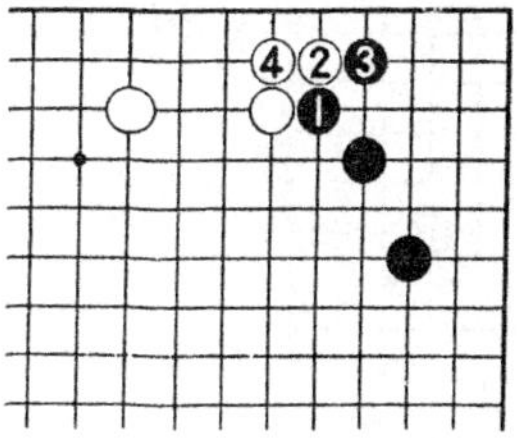

120쪽

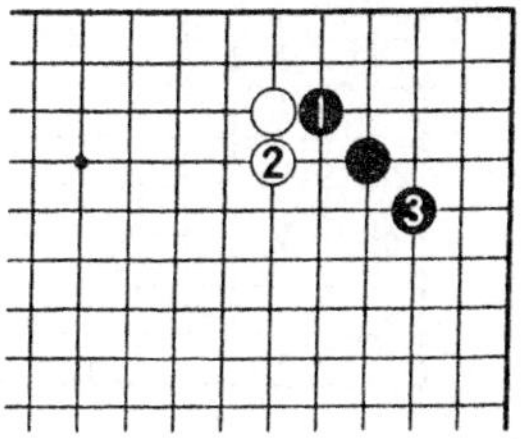

115쪽

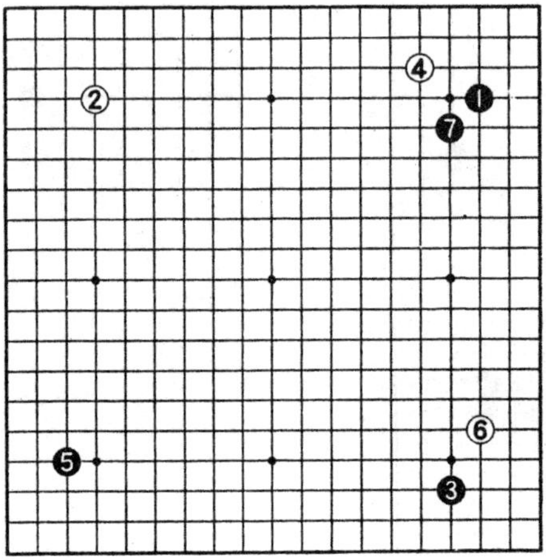

수책류의 포석

54쪽

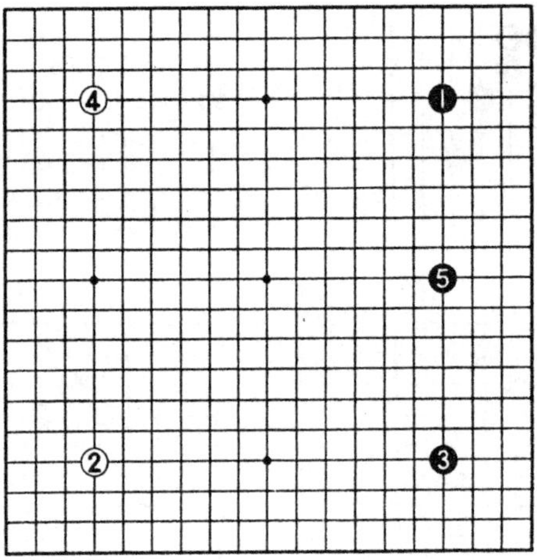

3연성의 포석

60쪽

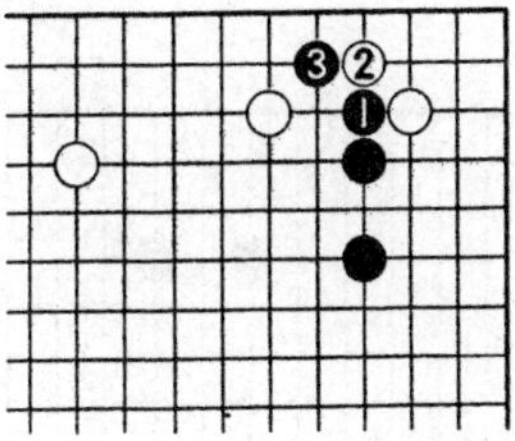

140쪽

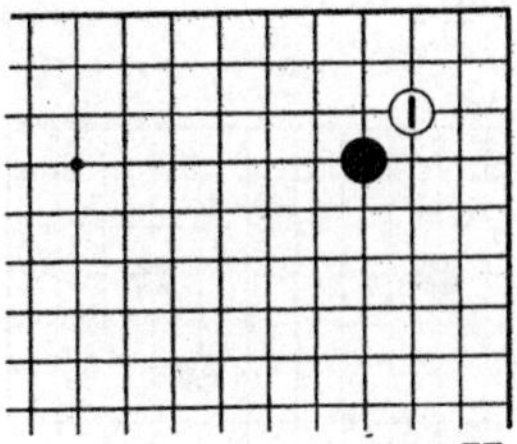

134쪽

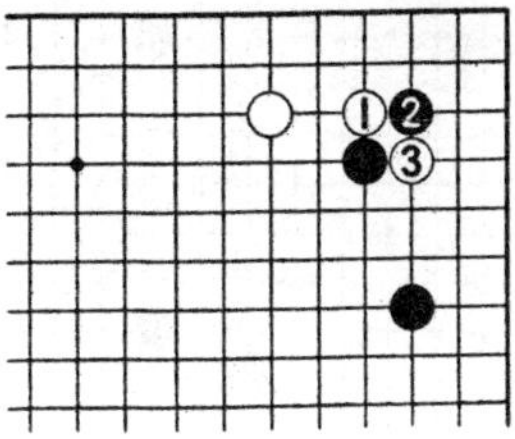

143쪽

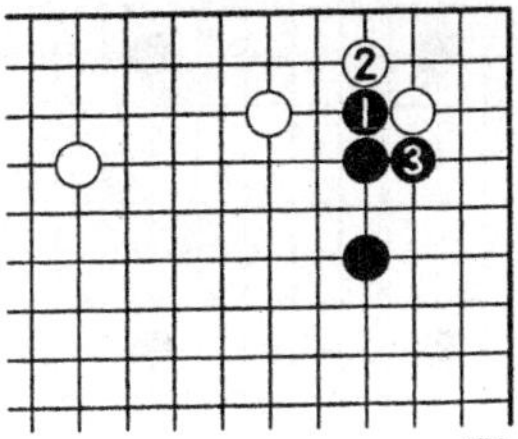

138쪽

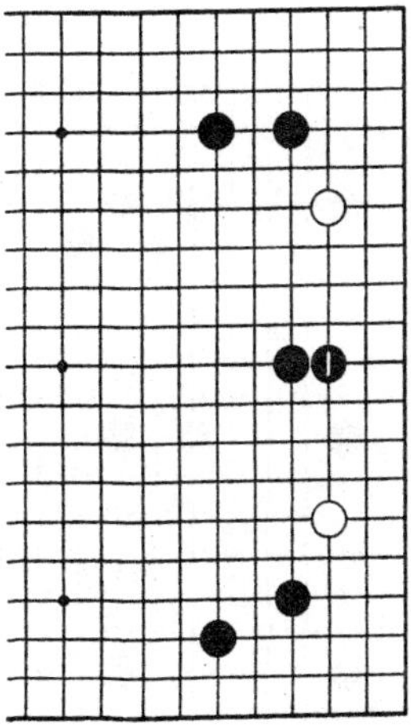

128쪽

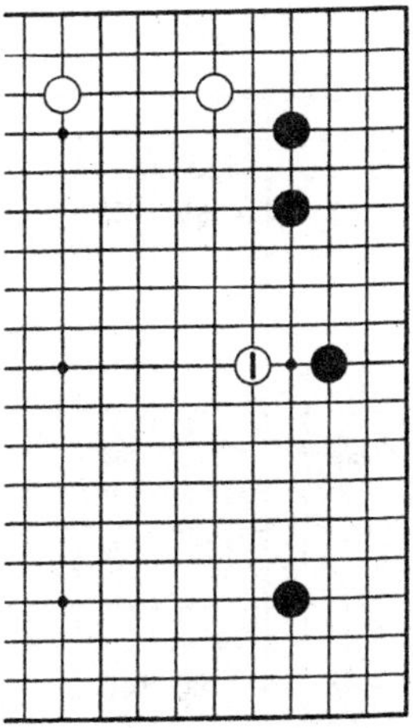

124쪽

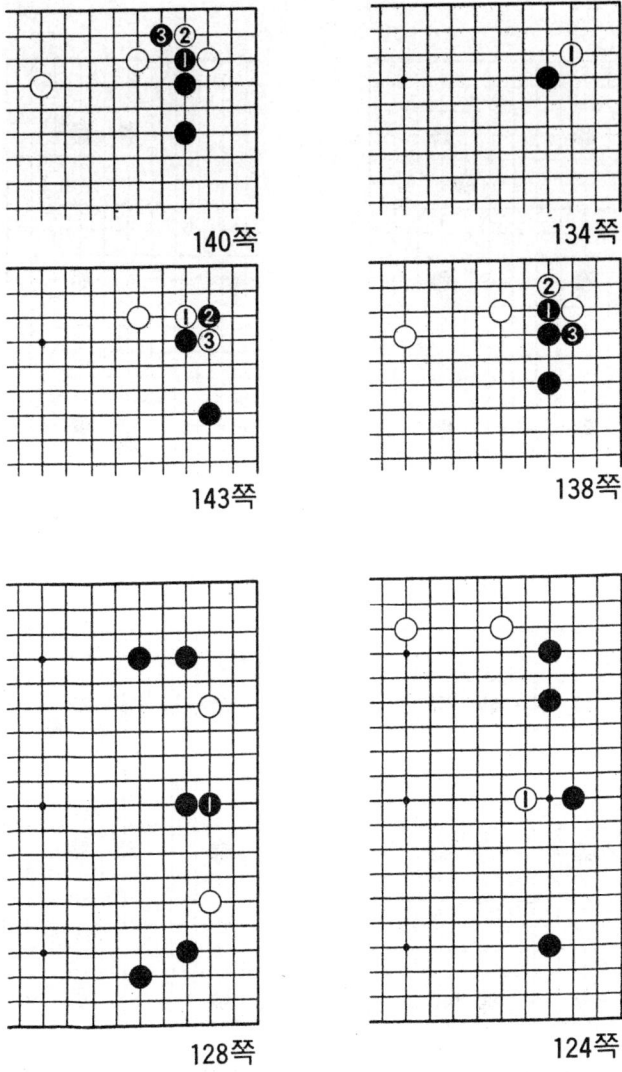

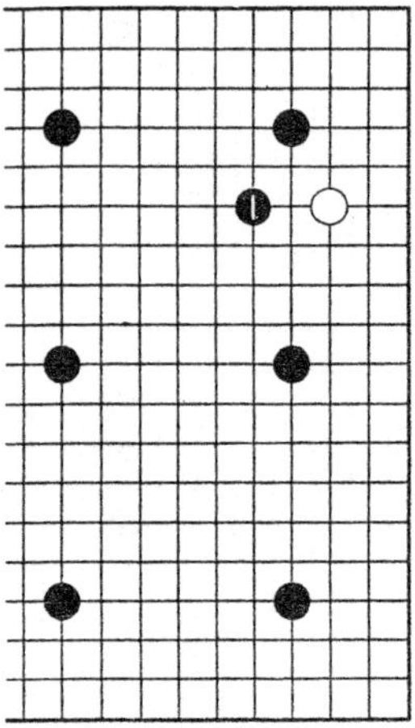

146쪽

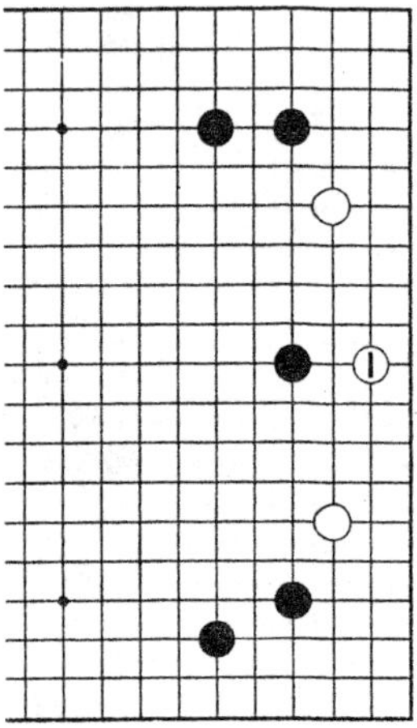

130쪽

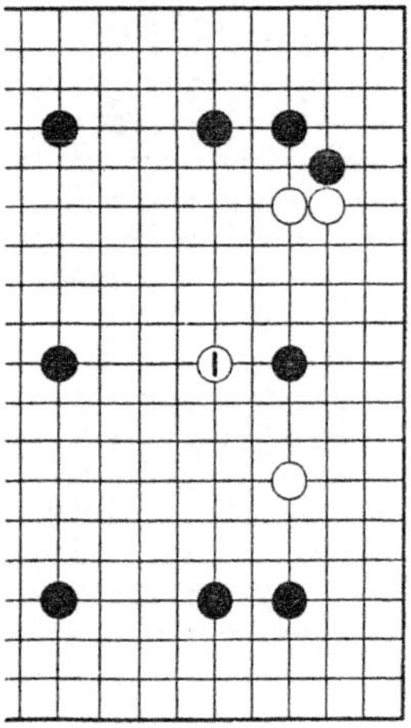

152쪽

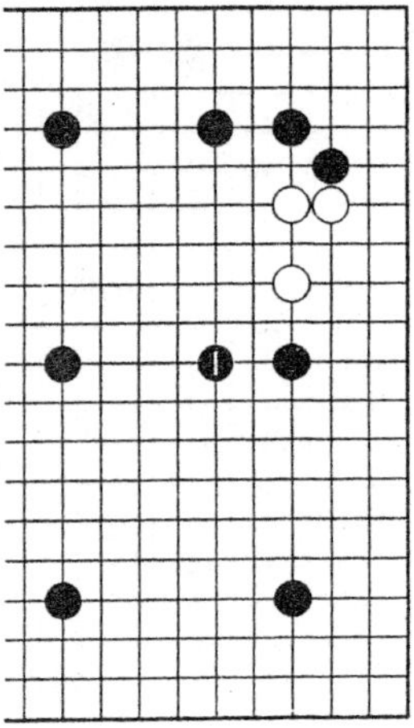

148쪽

알기쉬운 포석과 정석

2016년 5월 15일 인쇄
2016년 5월 30일 펴냄

옮긴이/ 프로바둑연구회
펴낸이/ 최 상 일
펴낸곳/ 태 을 출 판 사
서울특별시 중구 동화동52-107 (동아빌딩내)
등록/1973년 1월 10일(제4-10호)

*잘못된 책은 구입하신 곳에서 교환해 드립니다.

■주문 및 연락처
우편번호 100-456
서울특별시 중구 동화동 52-107 (동아빌딩 내)
전화 / 2237-5577 팩스 / 2233-6166
ISBN 89-493-0360-4 13690